BAC PRO **ASSP**

EN STRUCTURE ET À DOMICILE

2de 1re Tle

Services à l'usager

Sous la coordination de Cécile Brachet et Marie-Christine Tuchagues

Cécile Brachet
Professeure de Biotechnologie Santé Environnement
Lycée des Métiers Francis Jammes, ORTHEZ (64)

Muriel Farnet
Professeure de Biotechnologie Santé Environnement
Lycée polyvalent Émile Zola, AIX-EN-PROVENCE (13)

Christine Mitteau
Professeure de Biotechnologie Santé Environnement
Lycée professionnel La Morlette, CENON (33)

Marie-Christine Tuchagues
Professeure de Biotechnologie Santé Environnement
Lycée professionnel du 4 septembre 1870, OLORON (64)

Mathias Viudes
Professeur de Biotechnologie Santé Environnement
Lycée professionnel Trégey, BORDEAUX (33)

DELAGRAVE

SOMMAIRE

Dans chaque séquence

Retrouvez une **synthèse rédigée** et des **exercices interactifs** pour réviser en toute autonomie !

PARTIE 1

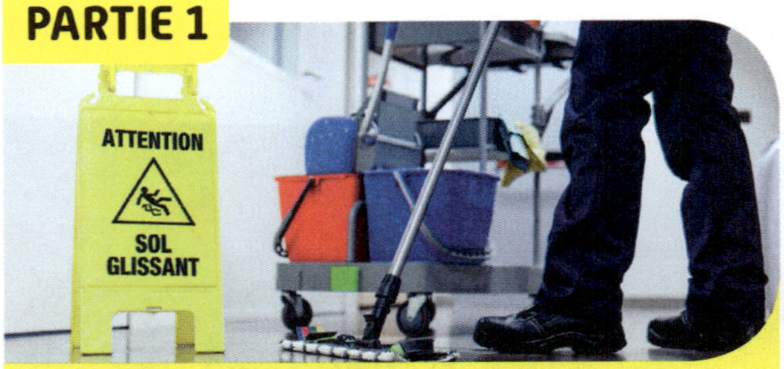

Entretien de l'environnement de la personne

PARTIE 2

Préparation des collations et des repas

23 VIDÉOS d'introduction
pour animer vos séances. > p. 4-5

PARTIE 3

Gestion et organisation

Des logos facilitent le repérage de l'option concernée spécifiquement.

STRUCTURE DOMICILE

Se préparer au BAC

En plus ! **Un lexique des verbes de consigne pour faciliter la compréhension des consignes.**

FICHES TECHNIQUES

Des **fiches techniques** détaillées et des **vidéos** pour maîtriser le techniques professionnelles

DÉCOUVREZ LES RESSOURCES

23 vidéos pour introduire chaque séquence

Les **vidéos d'introduction** permettent de faire émerger des problématiques et de lancer le débat en classe.

Réfléchissons ensemble

VIDÉO
Soigner l'entretien pour mieux vivre ensemble
www.lienmini.fr/5611-0101

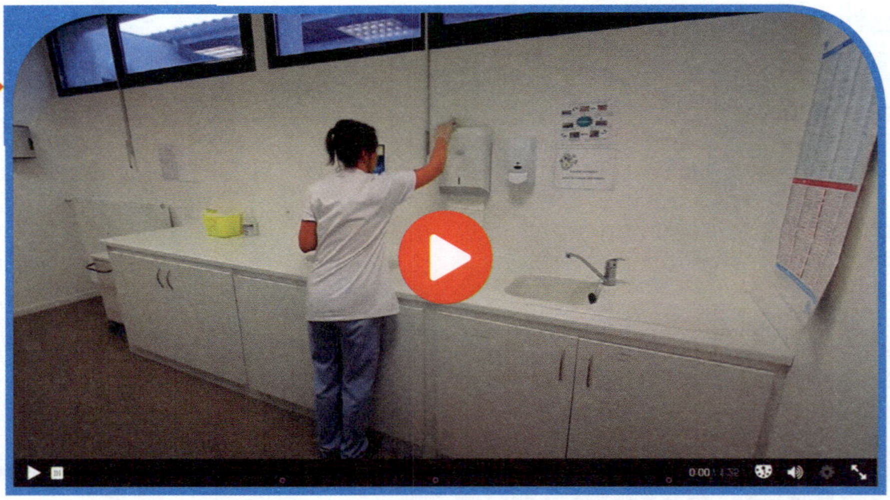

Réfléchissons ensemble

VIDÉO
Le coffre-fort numérique : mode d'emploi ?
www.lienmini.fr/5611-2201

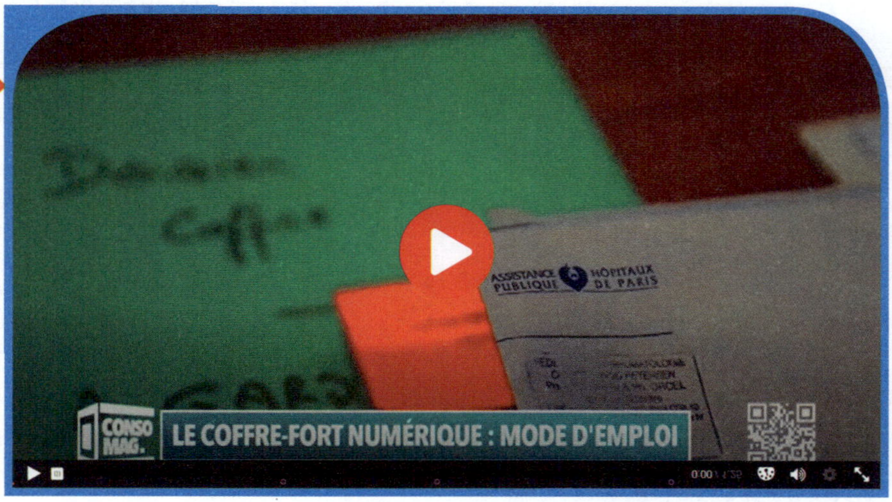

En plus ! **Retrouvez des vidéos supplémentaires dans les activités pour varier les supports de travail et animer la classe.**

SOMMAIRE COMPLET DES VIDÉOS

AUTRES RESSOURCES NUMÉRIQUES

10 fiches techniques détaillées
pour maîtriser les techniques professionnelles

Document

Fiche technique détaillée

www.lienmini.fr/5611-0603

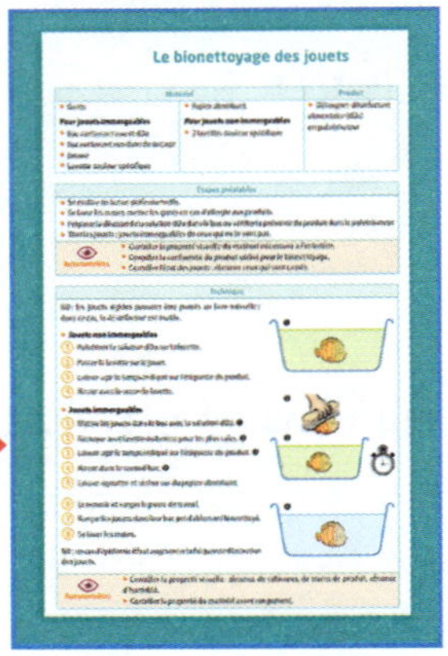

23 synthèses rédigées pour réviser les notions essentielles

Je révise

Synthèse rédigée

www.lienmini.fr/5611-0102

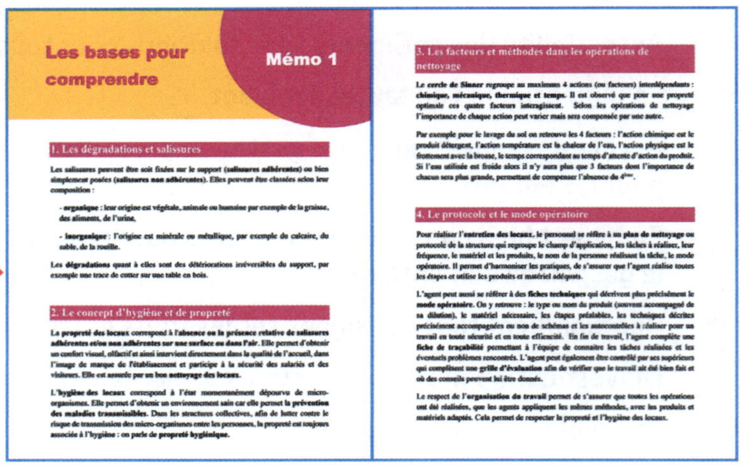

Les bases pour comprendre

Mémo 1

1. Les dégradations et salissures

Les salissures peuvent être soit fixées sur le support (**salissures adhérentes**) ou bien simplement posées (**salissures non adhérentes**). Elles peuvent être classées selon leur composition :

- **organique** : leur origine est végétale, animale ou humaine par exemple de la graisse, des aliments, de l'urine,
- **inorganique** : l'origine est minérale ou métallique, par exemple du calcaire, du sable, de la rouille.

Les **dégradations** quant à elles sont des détériorations irréversibles du support, par exemple une trace de cutter sur une table en bois.

2. Le concept d'hygiène et de propreté

La **propreté des locaux** correspond à l'**absence ou la présence relative de salissures adhérentes et/ou non adhérentes sur une surface ou dans l'air**. Elle permet d'obtenir un confort visuel, olfactif et ainsi intervient directement dans la qualité de l'accueil, dans l'image de marque de l'établissement et participe à la sécurité des salariés et des visiteurs. Elle est assurée par un bon **nettoyage des locaux**.

L'**hygiène des locaux** correspond à l'état momentanément dépourvu de micro-organismes. Elle permet d'obtenir un environnement sain car elle permet **la prévention des maladies transmissibles**. Dans les structures collectives, afin de lutter contre le risque de transmission des micro-organismes entre les personnes, la propreté est toujours associée à l'hygiène : on parle de **propreté hygiénique**.

3. Les facteurs et méthodes dans les opérations de nettoyage

Le cercle de Sinner regroupe au maximum 4 actions (ou facteurs) interdépendants : **chimique, mécanique, thermique et temps**. Il est observé que pour une propreté optimale ces quatre facteurs interagissent. Selon les opérations de nettoyage l'importance de chaque action peut varier mais sera compensée par une autre.

Par exemple pour le lavage du sol on retrouve les 4 facteurs : l'action chimique est le produit détergent, l'action température est la chaleur de l'eau, l'action physique est le frottement avec la brosse, le temps correspondant au temps d'attente d'action du produit. Si l'eau utilisée est froide alors il n'y aura plus que 3 facteurs dont l'importance de chacun sera plus grande, permettant de compenser l'absence du 4ème.

4. Le protocole et le mode opératoire

Pour réaliser l'**entretien des locaux**, le personnel se réfère à un **plan de nettoyage** ou protocole de la structure qui regroupe le champ d'application, les tâches à réaliser, leur fréquence, le matériel et les produits, le nom de la personne réalisant la tâche, le mode opératoire. Il permet d'harmoniser les pratiques, de s'assurer que l'agent réalise toutes les étapes et utilise les produits et matériel adéquats.

L'agent peut aussi se référer à des **fiches techniques** qui décrivent plus précisément le **mode opératoire**. On y retrouve : le type ou nom du produit (souvent accompagné de sa dilution), le matériel nécessaire, les étapes préalables, les techniques décrites précisément accompagnées ou non de schémas et les autocontrôles à réaliser pour un travail en toute sécurité et en toute efficacité. En fin de travail, l'agent complète une **fiche de traçabilité** permettant à l'équipe de connaitre les tâches réalisées et les éventuels problèmes rencontrés. L'agent peut également être contrôlé par ses supérieurs qui complètent une **grille d'évaluation** afin de vérifier que le travail ait été bien fait et où des conseils peuvent lui être donnés.

Le respect de l'**organisation du travail** permet de s'assurer que toutes les opérations ont été réalisées, que les agents appliquent les mêmes méthodes, avec les produits et matériels adaptés. Cela permet de respecter la propreté et l'hygiène des locaux.

23 QCM autocorrectifs pour vérifier ses connaissances

Je m'entraîne

Exercices interactifs

www.lienmini.fr/5611-0103

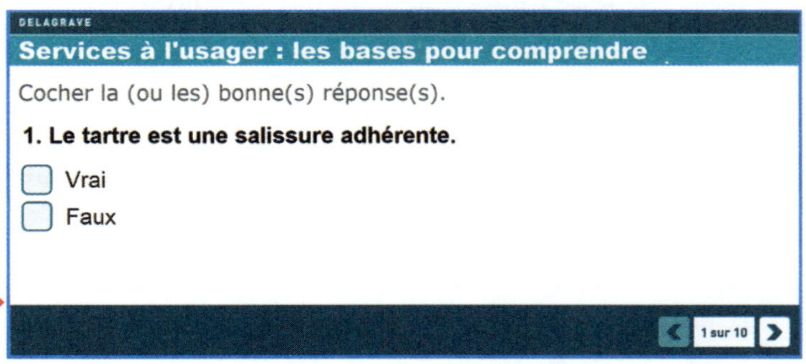

SÉQUENCE 1

Les bases pour comprendre

Réfléchissons ensemble

VIDÉO
Soigner l'entretien pour mieux vivre ensemble (jusqu'à 0'58)
www.lienmini.fr/5611-0101

Activité 1 Les dégradations et salissures

OBJECTIFS
- Différencier dégradations, salissures et déchets.
- Classifier les différentes salissures.

Une des missions de l'élève en Bac pro ASSP est l'entretien des locaux. Avant de commencer l'entretien et de choisir les produits et la technique à utiliser, il est important de bien identifier le type de salissures. Les salissures peuvent être soit fixées sur le support (salissures adhérentes) ou bien simplement posées (salissures non adhérentes). Elles peuvent être classées selon leur composition :
– organique : leur origine est végétale, animale ou humaine par exemple de la graisse, des aliments, de l'urine ;
– inorganique : l'origine est minérale ou métallique, par exemple du calcaire, du sable, de la rouille.
Les dégradations quant à elles sont des détériorations irréversibles du support, par exemple une trace de cutter sur une table en bois.

Doc. 1 Quelques définitions

1 **Souligner**, dans chaque situation, la salissure ou la dégradation puis **cocher** la catégorie correspondante (**Doc. 1**).

Situations	Salissures organiques	Salissures inorganiques	Dégradations
Fanny observe du tartre sur les robinets de la salle de bains.			
Maika nettoie le tapis de change en enlevant les restes de selles.			
Marvyn observe un trou dans le rideau du dortoir des petits.			
Les enfants ont déposé du sable par terre en réalisant l'activité manuelle.			
Ethan, 2 ans, a mordu les barreaux de son lit : on peut voir les traces de ses dents. Sa couche a fui et les draps sont mouillés d'urine.			

2 Parmi les salissures organiques et inorganiques cochées dans le tableau, **entourer** celles qui sont adhérentes (**Doc. 1**).

Activité 2 Le concept d'hygiène et de propreté

OBJECTIFS
- Définir propreté et hygiène.
- Justifier les objectifs de l'hygiène.

Thomas, 20 ans : Aide à domicile

Je m'occupe d'une dame de 96 ans. Tous les jours, je nettoie son appartement. J'enlève toutes les salissures. Mon travail est très important pour elle. Elle est contente de voir son logement propre, ça la rend heureuse et cela donne une bonne image aux personnes qui viennent lui rendre visite. Je sais que je contribue à son bien-être et à son confort.

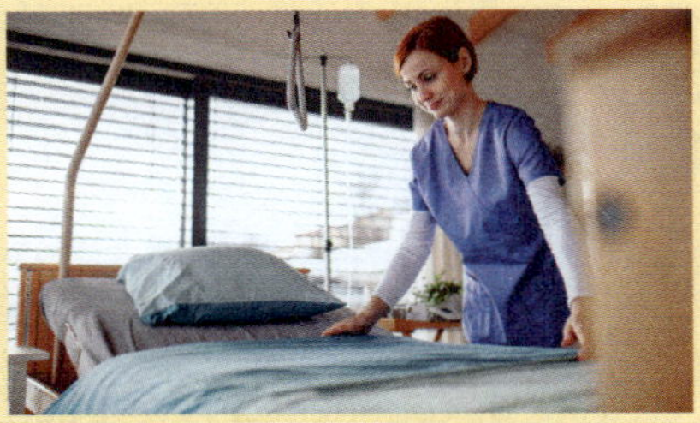

Mélanie, 18 ans : Agent de service hospitalier

Le matin, je commence mon travail par l'entretien des chambres des résidents. Mon travail est indispensable et je le prends très au sérieux, en particulier pendant les épidémies. Je sais que si l'hygiène n'est pas respectée, les micro-organismes restent et les maladies peuvent se propager. Les personnes âgées sont vulnérables, elles risquent d'être malades si je ne fais pas bien mon travail.

Doc. 2 Des témoignages pour comprendre l'hygiène et la propreté

Dans les multi-accueils, les enfants sont exposés à plusieurs risques d'infections. Si l'on regarde de plus près les risques infectieux liés aux repas des bébés, on se rend compte qu'ils sont le fait :

– soit d'un nettoyage incorrect du biberon : dans ce cas, ce sont les micro-organismes de l'enfant (pathogènes ou non) qui sont transmis ;

– soit d'une mauvaise manipulation au moment de la préparation et/ou de la prise du biberon : ce sont alors les micro-organismes des mains du personnel et/ou de l'environnement qui sont transmis.

Toutefois, une hygiène minutieuse des biberons et du personnel permet l'élimination d'une grande partie des micro-organismes.

Source : d'après la Société française d'hygiène hospitalière, avis concernant l'entretien des biberons et tétines en crèche de ville.

Doc. 3 L'hygiène des biberons en multi-accueil

1 **Relier** le terme à sa définition puis à son objectif (**Doc. 2**).

Terme	Définition	Objectif
Hygiène •	• Action d'enlever les salissures. •	• Bien-être, confort et bonne image.
Propreté •	• Action individuelle ou collective éliminant les micro-organismes qui peuvent nous rendre malade. •	• Protéger la santé.

2 **Expliquer** comment atteindre l'objectif de l'hygiène (**Doc. 2 et 3**).

....

....

AIDE Les micro-organismes sont dits pathogènes lorsqu'ils entraînent une maladie.

Activité 3 Les facteurs et méthodes dans les opérations de nettoyage

OBJECTIF • Expliquer l'interdépendance des facteurs intervenant dans les opérations de nettoyage.

Le cercle de Sinner s'articule autour de quatre facteurs interdépendants qui interviennent dans la majorité des opérations de nettoyage : la température, l'action mécanique, l'action chimique, le temps d'action. Pour une propreté optimale, ces quatre facteurs doivent interagir. La diminution d'un ou plusieurs de ces facteurs doit donc être compensée par l'augmentation des autres, afin d'obtenir des résultats équivalents.

Doc. 4 Le cercle de Sinner

Pour l'entretien du sol, je remplis un seau d'eau chaude et j'y mets un produit détergent. J'étale le produit sur le sol et j'attends que le produit agisse avant de frotter avec une brosse.

Doc. 5 Un exemple d'entretien

1 **Compléter** le cercle de Sinner suivant pour le **Doc. 5** en citant un exemple pour chacun des quatre facteurs (**Doc. 4**).

2 Sur le cercle de Sinner suivant, **indiquer** comment serait compensée l'absence d'eau chaude et **justifier**.

Justification : ....

....

AIDE Les facteurs interdépendants agissent les uns avec les autres.

Activité 4 Le protocole et le mode opératoire

OBJECTIFS
- Définir un mode opératoire, un protocole.
- Justifier leur obligation de l'ordonnancement du travail.

Vous arrivez dans notre structure dans laquelle vous allez réaliser l'entretien des locaux. Nous vous demandons de vous renseigner sur :
– le planning de la structure : il vous indique le travail que vous devez faire par jour ;
– le plan de nettoyage ou protocole de la structure : il va vous renseigner sur les tâches à réaliser, le matériel et les produits à utiliser, la fréquence à laquelle l'entretien doit être réalisé, et le mode opératoire, c'est-à-dire les étapes détaillées de l'entretien ;
– les fiches techniques d'entretien : elles précisent le mode opératoire en le détaillant.

En fin de travail vous compléterez la fiche de traçabilité qui indique à vos collègues et vos supérieurs les tâches réalisées et vous y noterez tout problème rencontré : c'est important pour le contrôle des activités et la qualité de l'entretien.
Votre pratique professionnelle est évaluée au moyen d'une grille d'évaluation par vos supérieurs afin de mieux vous aider à progresser dans vos gestes professionnels.

L'entretien des locaux nécessite de bien s'organiser et de respecter avec méthode la planification des activités mises en place par la structure. Ainsi, on s'assure que toutes les opérations ont été réalisées, que les agents appliquent les mêmes méthodes, avec les produits et matériels adaptés. Cela permet de respecter la propreté et l'hygiène des locaux.

Doc. 6 **Extrait du livret d'accueil de l'EHPAD « Au bon coin » pour le stagiaire en entretien des locaux**

Extrait de ....

Entretien de la chambre no 125			
Date	**Heure**	**Nom ASH**	**Observation**
08/03/2020	9 h	Marylin M.	La lampe de la salle de bains ne fonctionne plus.
09/03/2020			

Extrait de ....

Document issu de l'EHPAD « Au bon coin »					
Champ d'application	**Tâches à réaliser**	**Acteurs**	**Fréquence**	**Matériel et/ou produits**	**Mode opératoire**
Chambre	Entretien des vitres	ASH	Mensuelle	Raclette, mouilleur, chiffon, serpillière (protection du sol), raclette, eau, détergent	Voir fiche technique.
	Entretien du sol	ASH	Quotidien	Chariot double seau, balai rasant, détergent/désinfectant	Réaliser un détourage puis la technique de la godille.
	Entretien des surfaces hautes	ASH	Quotidien	Lavette, agglutinant	Commencer par le plus haut vers le plus bas et du plus propre vers le plus sale.
	Lessivage des murs	ASH	Semestriel	Nettoyeur vapeur	Du plus haut vers le plus bas.

Doc. 7 **Des documents relatifs à l'entretien**

1. **Surligner** les définitions de protocole en bleu et mode opératoire en rose (**Doc. 6**).

2. **Identifier** les éléments du **Doc. 7** en replaçant les termes soulignés dans le **Doc. 6**.

3. **Préciser** l'importance de respecter l'organisation rigoureuse du travail (**Doc. 6**).

....

....

Activité 5 Le contrôle visuel des opérations de nettoyage

OBJECTIF • Justifier le contrôle visuel et énoncer les critères.

Le contrôle du nettoyage se fait par une appréciation visuelle. Ce contrôle est essentiel car il consiste à vérifier l'efficacité des opérations de nettoyage, qui conditionnent l'efficacité de la désinfection pouvant avoir lieu par la suite.
Cette évaluation permet de répondre à la question : « Le nettoyage que je viens d'effectuer est-il correct ? ». Pour cela, il faudra observer plusieurs critères qui peuvent être différents suivant les opérations d'entretien effectuées.
Dans certaines opérations d'entretien, dont la désinfection, un contrôle microbiologique est nécessaire.

Doc. 8 Vérifier qu'un nettoyage est correct

1 **Souligner** l'objectif du contrôle visuel et sa justification (**Doc. 8**).

2 **Identifier** les différents critères visuels à partir des photos suivantes.

Entretien non conforme

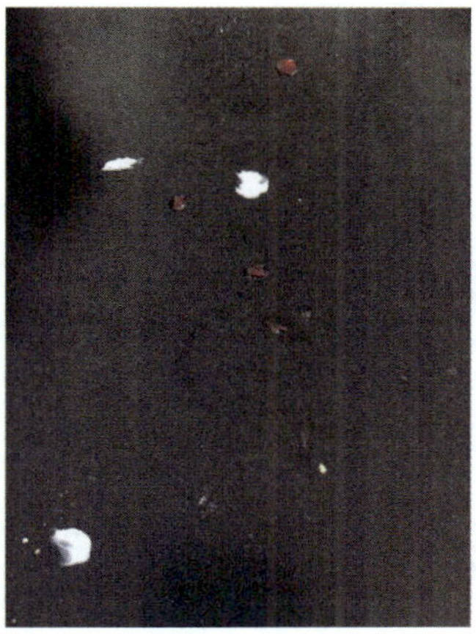

Absence de ....
....

Absence de ....
....

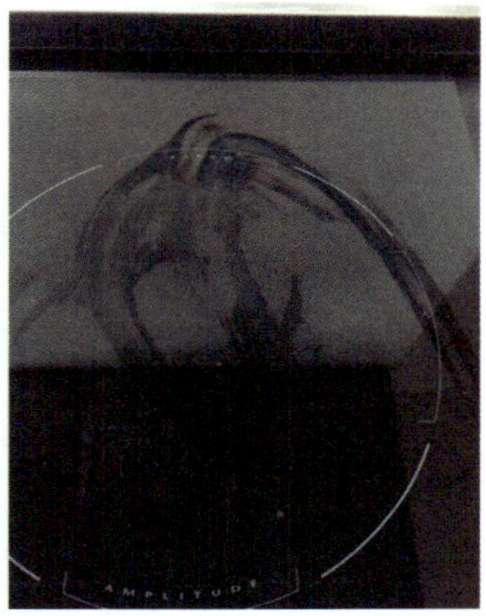

Absence de ....
....

Absence de ....
....

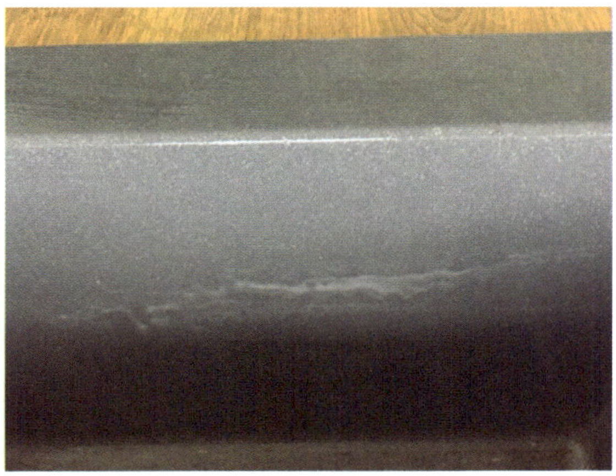

Absence de ....
....

L'essentiel à retenir

Je révise
Synthèse rédigée
www.lienmini.fr/5611-0102

Je m'entraîne
Exercices interactifs
www.lienmini.fr/5611-0103

Les salissures et dégradations rencontrées lors des opérations d'entretien

Salissures

Organiques (végétale, animale ou humaine) ou **inorganiques** (minérale ou métallique)

Adhérentes ou **non adhérentes**

Dégradations

Détériorations irréversibles du support

ENTRETIEN DES LOCAUX

L'organisation du travail

1. Lecture du planning
2. Connaissance du protocole ou plan de nettoyage
3. Connaissance des modes opératoires
4. Traçabilité de son travail
5. Évaluation du travail effectué

Contrôle visuel
Absence de salissures, de traces de produits

Facteurs intervenant dans les opérations d'entretien

Cercle de Sinner

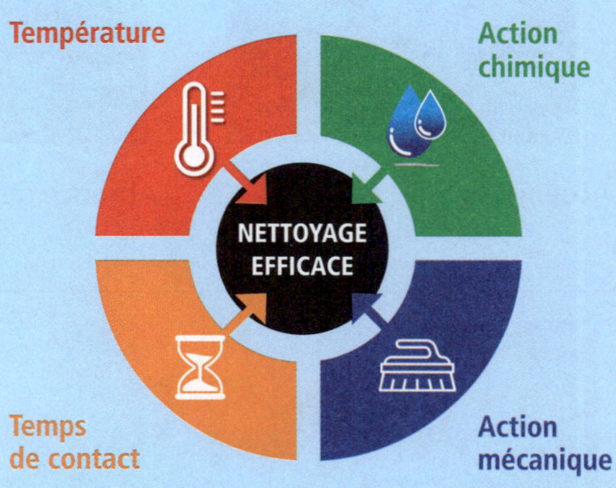

→ **Facteurs interdépendants** : lorsqu'un est absent ou diminué, les autres le compensent.

Objectifs et intérêts

Propreté : enlever les salissures adhérentes et non adhérentes pour une bonne image des locaux, être bien dans un environnement, pour le confort.

Hygiène : enlever les micro-organismes pour éviter la transmission des maladies.

SÉQUENCE 2 Les produits d'entretien

Réfléchissons ensemble

VIDÉO
Produits ménagers : faites le tri !
www.lienmini.fr/5611-0201

Activité 1 Les différents types de produits d'entretien

OBJECTIF • Citer le mode d'action, les principales caractéristiques physico-chimiques et les précautions d'emploi des produits d'entretien.

Les produits d'entretien font partie de deux familles principales :
– les **produits nettoyants** assurent une propreté visuelle et un cadre agréable pour les personnes en termes d'odeur, d'hygiène, de sécurité, de confort. On y trouve les détergents, les détartrants, les agglutinants et les abrasifs ;
– les **produits désinfectants** visent à réduire le nombre de micro-organismes à un niveau acceptable pour l'être humain.

Doc. 1 Les familles de produits d'entretien

• **Les détergents**

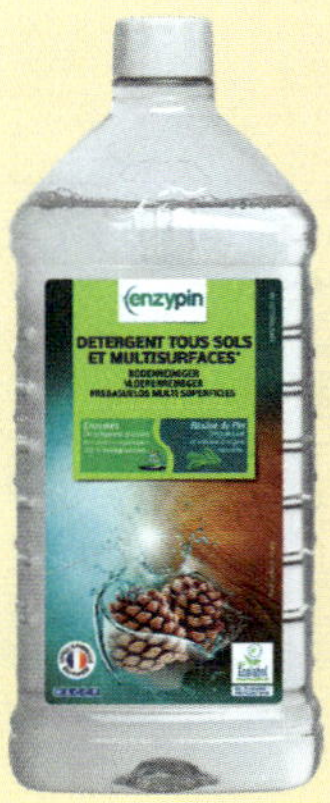

<table>
<tr><td>Mode d'action</td><td>Éliminent les salissures adhérentes sur les surfaces.</td></tr>
<tr><td>Caractéristiques physico-chimiques</td><td>Ont un pouvoir mouillant, émulsifiant, dispersant et moussant grâce à leurs tensio-actifs qui diminuent la tension superficielle de l'eau. Le détergent se caractérise également par son pH qui lui confère une action complémentaire (détartrante, dégraissante…) :
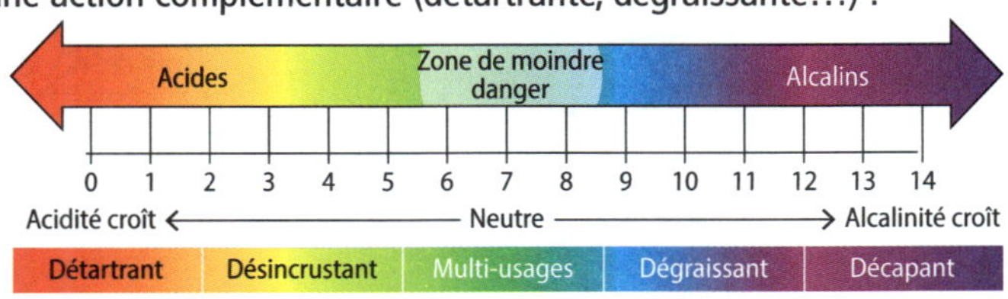
</td></tr>
<tr><td>Précautions d'emploi</td><td>Toujours utilisés dilués dans l'eau, certains sont efficaces dans l'eau froide et d'autres dans l'eau chaude.</td></tr>
</table>

• **Les détergents particuliers : les détartrants**

Mode d'action	Éliminent les dépôts calcaires sur les surfaces.
Caractéristiques physico-chimiques	Ont un pH acide leur permettant de dissoudre les salissures minérales comme le tartre.
Précautions d'emploi	Étant corrosifs, il est donc important de porter des gants et des lunettes de protection lors de leur utilisation.

Doc. 2 Les détergents et les détartrants

Mode d'action	Capturent et retiennent les salissures non adhérentes.
Caractéristiques physico-chimiques	Agissent en collant les poussières sur un tissu d'essuyage ou sur une gaze pré-imprégnée grâce au fait qu'ils contiennent de l'eau, de l'huile minérale ou végétale, ou de par leur structure en fibres torsadées et entremêlées leur conférant une force électrostatique.
Précautions d'emploi	Les gazes pré-imprégnées sont à conserver hermétiquement pour éviter leur dessèchement et leur perte de propriété agglutinante.

Doc. 3 **Les agglutinants**

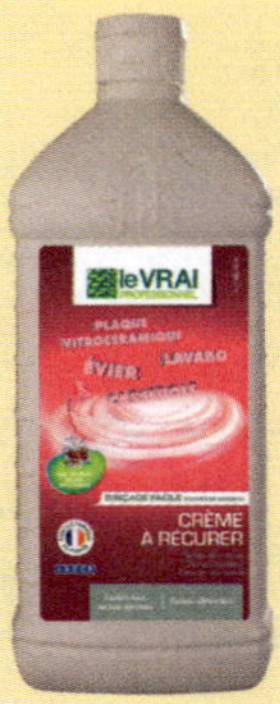

Mode d'action	Éliminent les salissures adhérentes par action mécanique.
Caractéristiques physico-chimiques	Contiennent des particules minérales sous forme de grains plus ou moins gros. Leur dureté (abrasion) varie selon la nature du minéral et la grosseur des grains. On les trouve sous forme de poudre (poudre à récurer) pour une utilisation sur des matériaux non fragiles, sous forme de crème ou de liquide pour une action plus douce sur des matériaux plus fragiles, ou encore sous forme de fibres synthétiques (disques de monobrosse).
Précautions d'emploi	Employés toujours en milieu humide. Mal utilisés, ils peuvent faire disparaître la brillance, provoquer une usure ou une détérioration des revêtements et des surfaces.

Doc. 4 **Les abrasifs**

- **Les désinfectants**

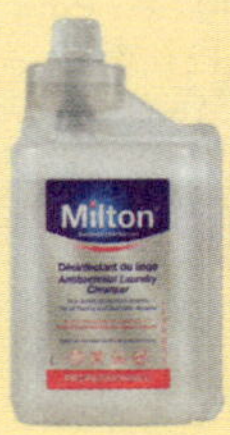

Mode d'action	Éliminent les micro-organismes d'une surface inerte propre.
Caractéristiques physico-chimiques	Contiennent un biocide (produit qui agit sur les micro-organismes en les détruisant ou en les rendant inoffensifs).
Précautions d'emploi	Il est impératif de nettoyer les surfaces avant d'appliquer un désinfectant et de respecter les conditions d'utilisation du produit.

- **Les détergents-désinfectants**

Mode d'action	Nettoient et désinfectent.
Caractéristiques physico-chimiques	Ces produits associent un détergent et un désinfectant (gain de temps). Les DDA (détergents – désinfectants à contact alimentaire) sont utilisés plus spécifiquement en cuisine collective ou sur des surfaces en contact avec de la nourriture.
Précautions d'emploi	Pour les zones en contact avec les denrées alimentaires, il est nécessaire de rincer ces surfaces après avoir respecté le temps de pose.

Doc. 5 **Les désinfectants et les détergents-désinfectants**

1 **Citer** et **distinguer** les deux familles de produits d'entretien (**Doc. 1**).

....

....

2 **Surligner** dans le **Doc. 2** en vert les pouvoirs des détergents et en rose le(s) paramètre(s) physico-chimique(s) lui (leur) conférant ces pouvoirs.

3 **Surligner** dans les **Doc. 4 et 5** en bleu le paramètre conférant aux abrasifs et aux désinfectants leurs pouvoirs.

4 **Entourer** sur l'étiquette du produit ci-dessous l'action détergente et les trois actions désinfectantes (**Doc. 2 à 5**).

....

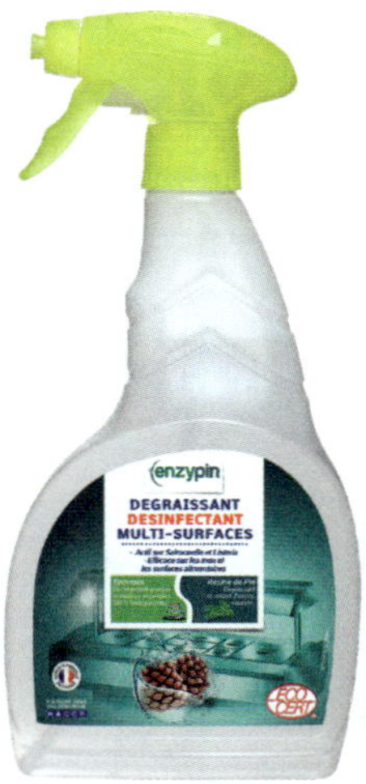

La triple alliance des enzymes aux propriétés naturelles de biodégradations des graisses et matières organiques, des dérivés issus de la Résine de Pin des Landes aux pouvoirs dégraissant et solvant et de l'acide lactique, désinfectant d'origine biologique.

ACTIVITÉ	DOSES	NORMES & SOUCHES ADDITIONNELLES	MODE D'EMPLOI
BACTÉRICIDE	PAE	NF EN 1276 en 5 min en CS* à 20 °C NF EN 13697 en 5 min en CS* à20 °C NF EN 13697 sur Salmonelle en 5 min en CS* à 20 °C NF EN 13697 sur Listeria en 5 min en CS* à 20 °C NF EN 1650 en 15 min en CS* à 20 °C NF EN 13697 en 15 min en CS* à 20 °C NF EN 14476 sur Rotavirus en 5 min en CS* à 20 °C *CS = conditions de saleté	Pulvériser sur une lavette et appliquer ou pulvériser directement sur les surfaces à nettoyer, laisser agir 5 à 15 minutes selon l'activité recherchée, essuyer. Rincer à l'eau potable lorsque les surfaces sont destinées à entrer en contact avec les denrées alimentaires (conformément à l'arrêté du 19/12/2013). Rincer le matériel d'application à l'eau clair après utilisation.
LEVURICIDE	PAE		
ACTION VIRUCIDE	PAE		

5 **Associer** à chaque situation ci-dessous le produit d'entretien le plus adapté parmi ceux présentés dans les **Doc. 2 à 5**.

Situation	Produit d'entretien le plus adapté
1. Nettoyer tous types de surfaces.	....
2. Enlever le tartre de la cuvette des WC.	....
3. Dépoussiérer le sol en linoleum de la salle TV d'un EHPAD.	....
4. Désinfecter la cuisine d'une école maternelle.	....
5. Nettoyer en profondeur le carrelage d'une salle de bains.	....
6. Désinfecter les draps de lit de résidents d'un EHPAD.	....

6 **Citer** parmi les produits d'entretien des **Doc. 2 à 5** celui qui a une action mécanique.

....

Activité 2 Les produits éco-responsables

OBJECTIF • Identifier les produits d'entretien éco-responsables et donner leurs caractéristiques.

Afin de réduire au maximum l'empreinte environnementale tout au long du cycle de vie des produits d'entretien, les fabricants se tournent de plus en plus vers la production de produits tout aussi efficaces que les produits d'entretien traditionnels et devant être certifiés par des labels écologiques visibles par le consommateur et provenant d'organismes indépendants comme NF Environnement, Ecolabel ou Ecocert. Ces produits éco-responsables doivent répondre à plusieurs critères : procédés de production et de transformation respectueux de l'environnement, promotion de l'utilisation d'ingrédients d'origine naturelle ou biologique, gestion responsable des ressources naturelles (eau, air, fertilité des sols) et de l'énergie, interdiction de la plupart des ingrédients pétrochimiques et une meilleure qualité et sécurité des produits.
De par son exigence écologique globale et non pas seulement pour une limitation de l'impact sur l'environnement, Ecocert est le label écologique le plus exigeant.

Doc. 6 Les labels écologiques : NF Environnement – Ecolabel EU -Ecocert

A

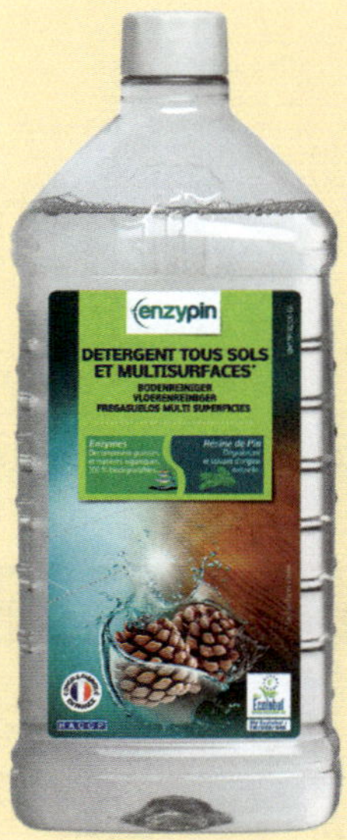

B

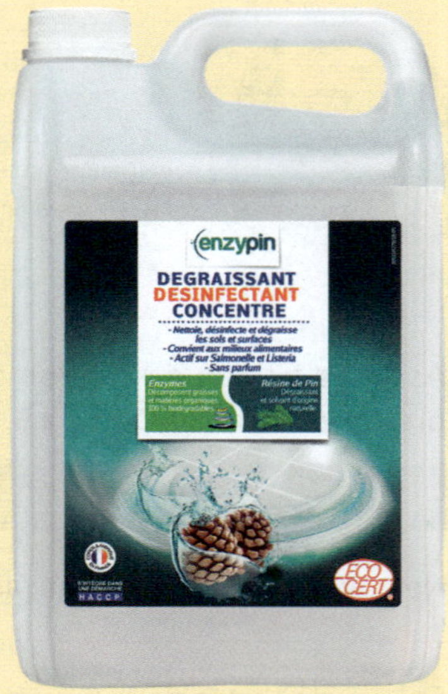

C

Doc. 7 Quelques détergents

1 **Relever** l'objectif premier des produits éco-responsables (**Doc. 6**).

....

....

2 **Surligner** dans le **Doc. 6** les critères déterminant un produit comme étant éco-responsable.

3 **Identifier** le ou les détergents les plus écologiques du **Doc. 7** et **justifier** votre choix.

....

....

Activité 3 L'étiquetage des produits chimiques

OBJECTIF • Identifier sur une étiquette de produit les règles d'utilisation et les précautions à prendre.

Les produits d'entretien ne sont pas inoffensifs pour l'environnement et la santé des personnes qui les emploient. Chaque produit est unique et correspond à un usage bien défini.

Tout produit possède ainsi sa propre étiquette et doit être manipulé et utilisé selon les règles et précautions d'utilisation du fabricant.

Doc. 8 **Les règles et précautions d'utilisation des produits chimiques**

L'étiquetage d'un produit est complété réglementairement par la fiche de données de sécurité (FDS) qui recense les dangers, les moyens de protection et les gestes de premiers secours en cas d'accident.

Doc. 9 **La fiche de données de sécurité (FDS)**

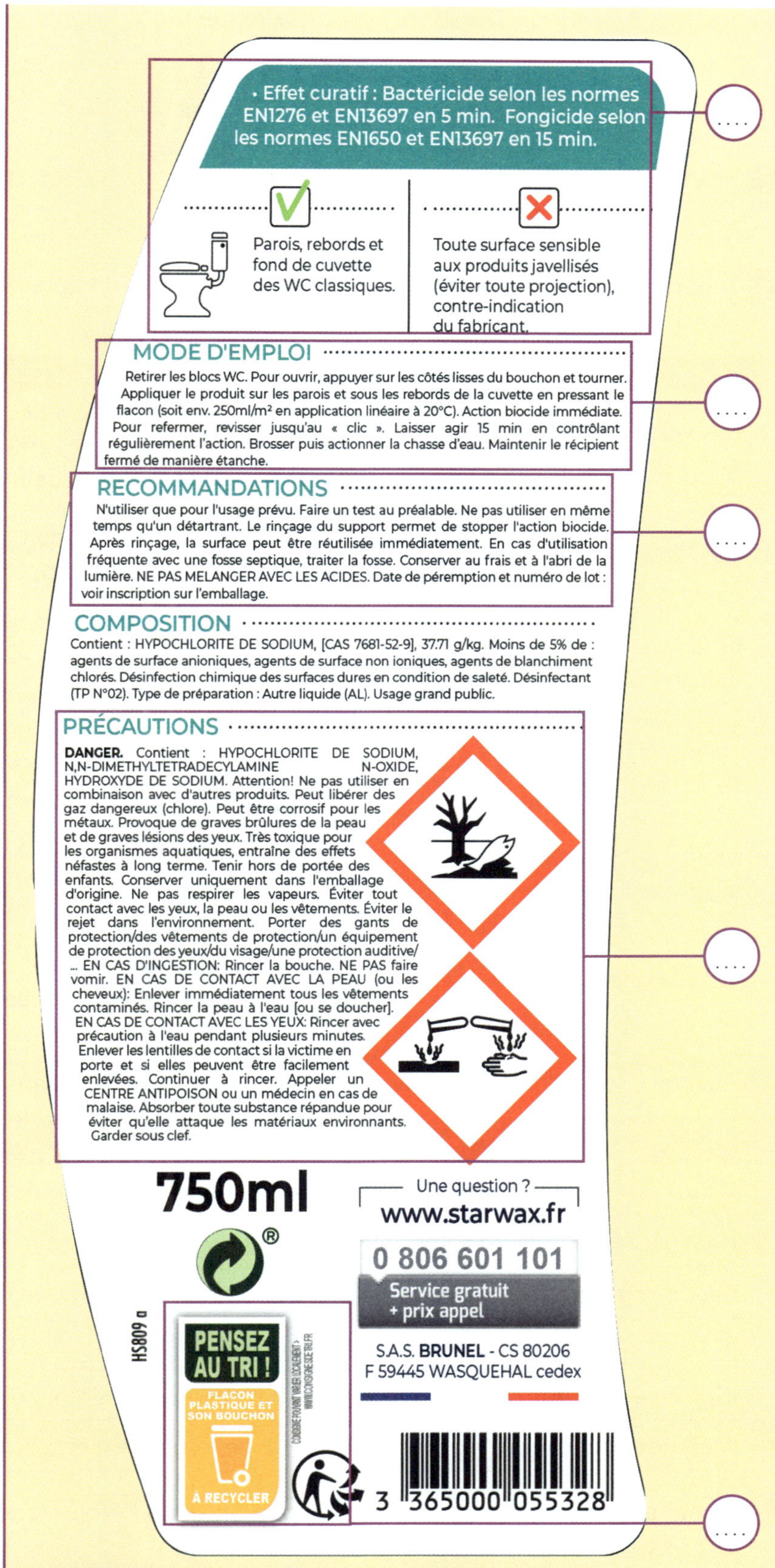

Doc. 10 **Un désinfectant-nettoyant WC**

1 **Identifier**, en reportant le bon numéro dans les bulles du **Doc. 10**, les éléments suivants :
(1) Ce que fait le produit, (2) Que faire de l'emballage vide ? (3) Les conseils de prudence,
(4) Ce qu'il ne faut pas faire, (5) Comment utiliser le produit.

2 **Justifier** à partir du **Doc. 10** le port de la tenue professionnelle pour utiliser ce produit.

....

....

3 **Préciser** l'importance de l'étiquetage d'un produit d'entretien pour les utilisateurs (**Doc. 8 et 10**).

....

4 À partir de vos connaissances, **relier** chaque principe de base d'utilisation d'un produit chimique à sa caractéristique.

Grands principes de base			Caractéristiques
A. Respecter les consignes d'utilisation.	•	•	1. Un produit a besoin de temps pour agir afin de garantir l'efficacité de son action et réduire la nécessité de frotter pour obtenir le résultat.
B. Bien doser.	•	•	2. Chaque produit a un mode d'emploi qui lui est propre.
C. Respecter le temps d'action.	•	•	3. Le produit doit être dosé selon les préconisations indiquées afin de garantir le résultat attendu et de limiter le risque de toxicité pour l'utilisateur.
D. Ne pas mélanger les produits.	•	•	4. Les conditions de manipulation de certains produits exigent le port de gants, lunettes de protection, chaussures de sécurité…
E. Utiliser du matériel adapté.	•	•	5. L'association produit/matériel assure du résultat attendu et diminue la pénibilité du travail en limitant les risques professionnels.
F. Porter des EPI.	•	•	6. Permet d'éviter toute réaction chimique incontrôlée et dangereuse pour la santé.

5 **Cocher** si les affirmations suivantes sont vraies ou fausses dans le tableau ci-dessous.

Affirmations	Vrai	Faux
1. Il faut penser à bien se laver les mains après chaque manipulation.		
2. Il est indispensable de toujours refermer les récipients.		
3. On peut transvaser les produits dans des bouteilles de type alimentaire.		
4. Si ça sent bon, c'est que c'est propre.		
5. Plus on augmente le dosage du produit d'entretien, mieux on nettoie.		
6. Mélanger des produits entre eux permet de gagner en efficacité.		

6 **Nommer** le document réglementaire qui complète l'étiquetage des produits chimiques mis à disposition des salariés (**Doc. 9**).

....

Activité 4 Les pictogrammes de danger des produits chimiques

OBJECTIF • Identifier sur une étiquette de produit les pictogrammes de danger des produits chimiques.

Reconnus partout dans le monde, les pictogrammes de danger permettent un décodage rapide d'éléments importants de l'étiquette du produit chimique. Ils précisent notamment le (ou les) risque(s) toxicologique(s) et/ou chimique(s), ainsi que la (ou les) classe(s) de dangers spécifique(s) du produit concerné.

DANGERS PHYSIQUES

Produits pouvant exploser si source de chaleur, étincelle, choc…

Produits pouvant s'enflammer au contact d'une source de chaleur, de choc, de l'air, de l'eau…

Produits comburants : ils peuvent provoquer ou aggraver des incendies.

Gaz comprimés liquéfiés ou dissous.

Produits corrosifs pouvant attaquer les métaux.

DANGERS POUR LA SANTÉ

Produits pouvant entraîner des effets graves sur la santé à moyen terme : cancérogènes, mutagènes, reprotoxiques, allergiques respiratoires, effets graves sur certains organes…

Produits pouvant empoisonner rapidement même à faible dose.

Produits corrosifs pouvant attaquer la peau et/ou les yeux.

Produits irritants, pouvant provoquer des allergies cutanées, des somnolences ou empoisonner à fortes doses.

DANGERS POUR L'ENVIRONNEMENT

Produits dangereux pour la couche d'ozone.

Produits ayant des effets néfastes sur le milieu aquatique.

Doc. 11 Les pictogrammes de danger des produits chimiques

1 **Indiquer** l'intérêt international de l'utilisation de ces pictogrammes sur les produits chimiques.

....

2 **Entourer** dans le **Doc. 11** les pictogrammes présents sur l'étiquette du produit chimique du **Doc. 10** (p. 17) et **justifier** leur présence par la précaution citée sur l'étiquette.

....

....

....

....

3 **Cocher** si les affirmations suivantes sont vraies ou fausses dans le tableau ci-dessous.

Affirmations	Vrai	Faux
1. Seuls les pictogrammes peuvent être décodés pour utiliser un produit chimique.		
2. Les pictogrammes sont différents dans chaque pays.		
3. Le pictogramme remplace le mode d'emploi.		
4. Un produit chimique peut avoir plusieurs pictogrammes.		
5. Un pictogramme ne concerne qu'un type de danger.		

L'essentiel à retenir

Je révise
Synthèse rédigée
www.lienmini.fr/5611-0202

Je m'entraîne
Exercices interactifs
www.lienmini.fr/5611-0203

1. Identifier la surface à nettoyer et la salissure

2. Choisir le bon produit d'entretien

Détartrant	Désincrustant	Multi-usages	Dégraissant	Décapant

Si possible, choisir un produit éco-responsable

NF ENVIRONNEMENT — EU Ecolabel www.ecolabel.eu — ECOCERT®

3. Lire l'étiquette du produit chimique choisi et utiliser ce dernier à bon escient

- Respecter les règles d'utilisation.
- Veiller aux mentions d'avertissement, de danger et aux conseils de prudence.
- Identifier le ou les pictogrammes de danger.

DANGERS PHYSIQUES

- Produits pouvant exploser si source de chaleur, étincelle, choc…
- Produits pouvant s'enflammer au contact d'une source de chaleur, de choc, de l'air, de l'eau…
- Produits comburants : ils peuvent provoquer ou aggraver des incendies.
- Gaz comprimés liquéfiés ou dissous.
- Produits corrosifs pouvant attaquer les métaux.

DANGERS POUR LA SANTÉ

- Produits pouvant entraîner des effets graves sur la santé à moyen terme : cancérogènes, mutagènes, reprotoxiques, allergiques respiratoires, effets graves sur certains organes…
- Produits pouvant empoisonner rapidement même à faible dose.
- Produits corrosifs pouvant attaquer la peau et/ou les yeux.
- Produits irritants, pouvant provoquer des allergies cutanées, des somnolences ou empoisonner à fortes doses.

DANGERS POUR L'ENVIRONNEMENT

- Produits ayant des effets néfastes sur le milieu aquatique.
- Produits dangereux pour la couche d'ozone.

SÉQUENCE 3

L'entretien des surfaces

Réfléchissons ensemble

VIDÉO
Le lavage des vitres

www.lienmini.fr/5611-0301

Activité 1 Les techniques de dépoussiérage

DOMICILE

OBJECTIFS
- Expliquer le principe de la technique de dépoussiérage.
- Préciser les critères de choix d'une technique en fonction de la nature et de la quantité de salissures et du résultat attendu.

La poussière est composée de minuscules particules en suspension dans l'air qui peuvent se déposer sur les surfaces. Ces salissures proviennent de l'intérieur des habitations (1/3) et de l'air extérieur (2/3). Leur composition est donc très variable mais on y trouve principalement des fibres textiles, du pollen, des fragments d'insectes, des poils d'animaux et des cheveux, des cellules mortes de peau humaine et des polluants chimiques divers. Certaines personnes sont sensibles à ces poussières et peuvent développer des allergies. Ces particules sont également le support de nombreux micro-organismes et d'agents pathogènes.

Doc. 1 La composition de la poussière

Dépoussiérage à sec
Permet de capter les salissures non-adhérentes sur un chiffon doux sans utilisation de produit, idéal pour les surfaces délicates mais moins efficace que le dépoussiérage humide.

Dépoussiérage humide
Permet d'enlever la poussière grâce à des gazes imprégnées d'agglutinant (huile minérale) ou simplement des lavettes humidifiées.

Dépoussiérage électrostatique
Permet d'éliminer les salissures non-adhérentes grâce à la force électrostatique. Ces lingettes dépoussiérantes sont composées de minuscules fibres torsadées et entremêlées. Elles sont deux fois plus efficaces qu'un simple chiffon de dépoussiérage.

Doc. 2 Les différentes techniques de dépoussiérage

1 **Surligner** dans le **Doc. 1** les justifications du dépoussiérage régulier de son domicile.

2 **Relier** le matériel à la technique de dépoussiérage correspondante (**Doc. 2**).

Dépoussiérage humide •	• 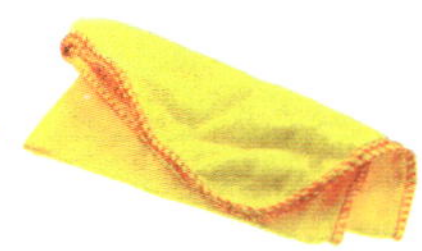

Dépoussiérage électrostatique •	• 

Dépoussiérage à sec •	• 

Activité 2 Le dépoussiérage du mobilier en bois

DOMICILE

OBJECTIFS
- Justifier le choix d'une technique de dépoussiérage en fonction de la nature du support.
- Justifier la technique et les précautions à respecter lors du dépoussiérage du mobilier.

Les meubles en bois ciré ont un bel aspect mais sont très sensibles à l'humidité et aux taches d'eau. Ils doivent être entretenus régulièrement. Le dépoussiérage peut être réalisé avec des produits spécifiques à base de cire qui entretiennent la couche de protection. Ces dépoussiérants, conditionnés souvent en aérosol, sont pulvérisés sur la surface à nettoyer et les poussières sont capturées avec un chiffon propre.

Doc. 3 Le dépoussiérage des meubles en bois

FICHE TECHNIQUE 1

Le dépoussiérage du mobilier en bois

MATÉRIEL ET PRODUIT

- Chiffon, lavette, lavette microfibre ou tout autre tissu spécifique pour le dépoussiérage
- Produit dépoussiérant adapté au matériau

TECHNIQUE

1. Ouvrir les fenêtres pour aérer la pièce avant d'effectuer le dépoussiérage.

   Pourquoi ? ……………………………………………………………………………

2. Plier la lavette ou le tissu d'essuyage en quatre.

   Pourquoi ? ……………………………………………………………………………

3. Vaporiser le produit dépoussiérant adapté sur la lavette ou sur la surface.

   Pourquoi ? ……………………………………………………………………………

4. Dépoussiérer.
   - Pour les surfaces planes : travailler en bandes parallèles.
   - Pour les bordures : placer la main en crochet.

   Pourquoi ? ……………………………………………………………………………

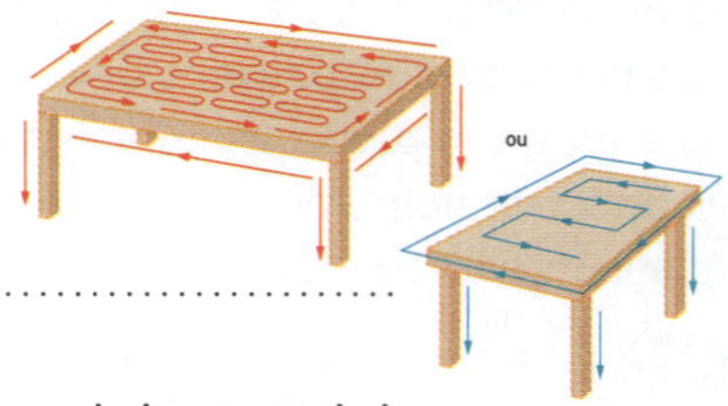

   - Pour le piétement : essuyer de haut en bas.
   - Pour les surfaces verticales : travailler en bandes parallèles et toujours du haut vers le bas.

   Pourquoi ? ……………………………………………………………………………

CRITÈRES DE RÉUSSITE

……………………………………………………………………………

1. **Surligner** dans le **Doc. 3** un inconvénient des meubles en bois ciré.
2. **Justifier** l'usage des dépoussiérants spécifiques pour les meubles en bois (**Doc. 3**).

……………………………………………………………………………

……………………………………………………………………………

3. **Compléter** la **fiche technique 1** en justifiant les étapes 1 à 4 et en indiquant deux critères de réussite.

Activité 3 Les propriétés des surfaces en verre et faïence

OBJECTIF • Mettre en relation les propriétés d'usage du verre et de la faïence et les méthodes d'entretien.

Les carreaux de faïence sont des céramiques recouvertes d'un émail qui vitrifie la surface, ce qui la rend parfaitement imperméable. La faïence est essentiellement utilisée en pose murale du fait de sa finesse et de sa fragilité. Elle présente une surface lisse et brillante, très sensible aux chocs et aux abrasifs durs mais qui résiste à tous les produits chimiques.

Doc. 4 La faïence

Le verre est un matériau fragile, transparent, lisse et imperméable. Il peut se rayer et se briser dès que sa limite de résistance est atteinte.
Ce matériau résiste à la plupart des produits d'entretien mais est sensible aux produits très alcalins qui peuvent diminuer la brillance et la visibilité par transparence. Ce matériau isolant attire et retient les poussières sous l'effet de l'électricité statique.

Doc. 5 Le verre

1 **Justifier** les affirmations suivantes sur les méthodes d'entretien des faïences (**Doc. 4**).

Méthodes d'entretien	Justifications
1. En présence de calcaire incrusté sur les carreaux de faïence, il est possible d'utiliser un détergent acide pour l'éliminer.	....
2. Le rinçage des carreaux de faïence peut se faire avec la douchette pour éliminer les produits de nettoyage.	....
3. On ne peut pas utiliser de tampon abrasif dur pour éliminer les salissures très adhérentes.	....

2 **Souligner** dans le **Doc. 5** :
– en vert les propriétés du verre qui facilitent son entretien ;
– en rouge celles qui le contraignent.

3 **Justifier** l'affirmation suivante : « Pour entretenir le verre, il est conseillé d'utiliser des lavettes en microfibres plutôt que des chiffons en coton qui peluchent » (**Doc. 5**).

....

4 **Indiquer** trois précautions à respecter pour entretenir le verre (**Doc. 5**).

....

....

....

Activité 4 Le lavage des vitres

OBJECTIFS
- Mettre en œuvre les techniques d'entretien des vitres en respectant les règles de sécurité et d'ergonomie.
- Justifier le choix des matériels utilisés.

Les nettoyants pour vitre contiennent un mélange d'alcool et de tensio-actifs. Ils nettoient et dégraissent rapidement les surfaces vitrées et modernes. Ces produits possèdent un pouvoir nettoyant élevé et sèchent rapidement sans laisser de traces.

Doc. 6 Les produits spécifiques pour les vitres

1 **Compléter**, à l'aide de vos connaissances, le tableau à l'aide des mots suivants : raclette, seau à vitres, mouilleur, perche télescopique, racloir (ou grattoir).

Matériel de lavage des vitres		Description
	1	Housse amovible en coton ou en microfibres sur un support cylindrique en T
	2	Lame de rasoir adaptée sur un support en plastique ou acier
	3	Lame de caoutchouc insérée dans une armature métallique munie d'une poignée
	4	Composée de deux tubes encastrables fixés sur un manchon de serrage
	5	Seau spécifique de forme rectangulaire avec grille d'essorage du mouilleur

2 **Relier** chaque matériel du lavage des vitres à sa fonction.

Matériel de lavage	Fonction
Mouilleur •	• Sert à sécher la surface lavée en éliminant la solution de lavage chargée de salissures.
Racloir ou grattoir •	• Sert à laver la surface à traiter.
Perche télescopique •	• Permet d'éliminer certaines salissures très adhérentes.
Seau à vitres •	• Permet d'atteindre les vitres situées en hauteur avec le matériel adapté.
Raclette •	• Contient la solution détergente et permet d'essorer le mouilleur.

3 **Surligner** dans le **Doc. 6** les avantages des produits spécifiques pour les vitres.

FICHE TECHNIQUE 2

Le lavage des vitres

Document
Fiche technique détaillée
www.lienmini.fr/5611-0302

MATÉRIEL ET PRODUITS

• Mouilleur ou éponge • Racloir à vitre • Seau à vitres • Lavette • Raclette

TECHNIQUE

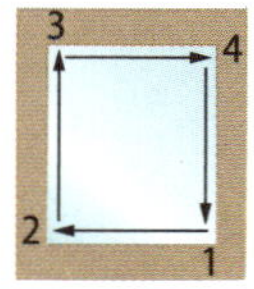

1

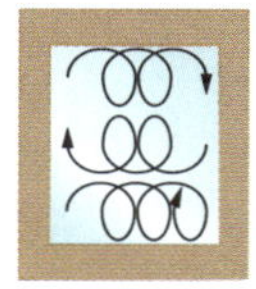
2

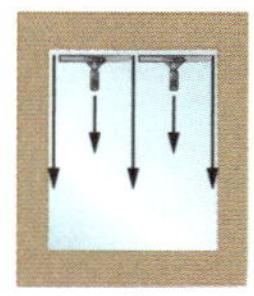
3

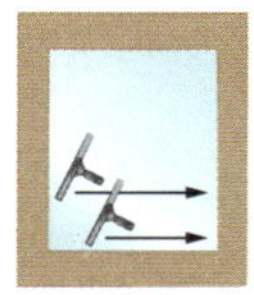
4

5

1. Réaliser le dépoussiérage de l'encadrement ou le lavage si nécessaire avec une lavette humide (1).
2. Laver la totalité de la surface vitrée au mouilleur ou à l'éponge :
   - détourer la surface en insistant bien dans les angles ;
   - frotter en décrivant des spirales, en insistant sur les saletés adhérentes (utiliser le racloir si nécessaire) (2).
3. Essuyer à la raclette :
   - tirer la raclette de haut en bas sur les ¾ supérieurs de la vitre en faisant chevaucher légèrement les bandes de passage (3) ;
   - passer la raclette horizontalement pour sécher le tiers inférieur de la vitre (4) ;
   - accompagner la raclette avec la lavette pour recueillir les gouttes d'eau (5) ;
   - parfaire le travail en passant une lavette sèche ou un chiffon non pelucheux sur le pourtour de la vitre.

Recommandations

• Essuyer la lame de la raclette entre chaque passage.

Pourquoi ? ....

• Éviter de laisser sécher la solution de lavage sur la vitre.

Pourquoi ? ....

• Utiliser la perche pour les vitres en hauteurs.

Pourquoi ? ....

• Éviter de nettoyer les vitres par temps ensoleillé et chaud.

Pourquoi ? ....

CRITÈRES DE RÉUSSITE

....

....

....

....

4 **Compléter** la fiche technique 2 en justifiant les recommandations sur le lavage des vitres et en indiquant trois critères de réussite.

5 **Justifier** le conseil suivant : « Toujours utiliser un racloir sur une surface préalablement mouillée. »

....

....

L'essentiel à retenir

Je révise
Synthèse rédigée
www.lienmini.fr/5611-0303

Je m'entraîne
Exercices interactifs
www.lienmini.fr/5611-0304

DÉPOUSSIÉRAGE DES SURFACES

Élimination des salissures non-adhérentes sur une surface pour préserver le confort et la santé des usagers.

TECHNIQUES DE DÉPOUSSIÉRAGE

Différentes techniques à choisir en fonction de la surface à dépoussiérer et de l'efficacité recherchée.

Dépoussiérage à sec

Dépoussiérage humide

Dépoussiérage électrostatique

Dépoussiérer toute la surface en respectant la règle du moins sale au plus sale et du haut vers le bas, avec des produits spécifiques pour les meubles en bois par exemple.

SURFACES À ENTRETENIR

Surface en bois

Propriétés : aspect esthétique, sensible à l'humidité et aux taches d'eau.

Entretien : dépoussiérage régulier avec des produits spécifiques à base de cire.

Surface en faïence

Propriétés : lisse, brillante, très sensible aux chocs et abrasifs, résiste à la plupart des produits chimiques.

Entretien : entretien avec des détergents acides, rinçage à grandes eaux.

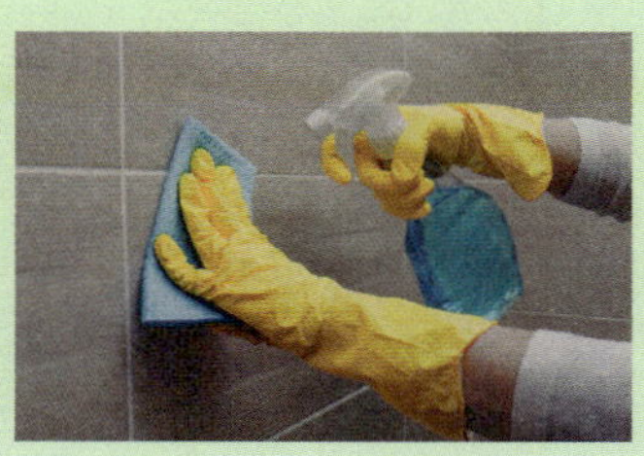

Surface en verre

Propriétés : transparent, imperméable, résistant à la plupart des produits chimiques, sensible aux rayures et aux chocs.

Entretien : entretien avec du matériel spécifique (mouilleur, racloir, raclette, perche télescopique, seau et grille, produit spécial vitre ou détergent).

SÉQUENCE 4

Le dépoussiérage du sol

Réfléchissons ensemble

VIDÉO
Le balayage humide
www.lienmini.fr/5611-0401

Activité 1 Les sols à entretenir en structure

STRUCTURE

OBJECTIFS
- Indiquer les propriétés des matériaux à entretenir.
- Préciser les critères de choix d'un sol dans des structures de soins.

Les sols dans les structures collectives doivent être lisses, lessivables, résistants aux différents produits de nettoyage et de désinfection, aux charges lourdes et au fort trafic.

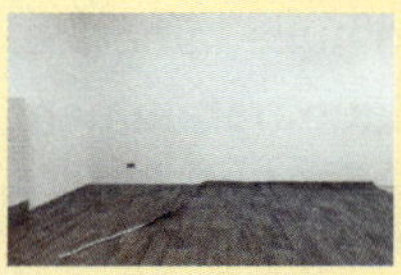

Les sols souples répondent à ces exigences et notamment le **PVC** (polychlorure de vinyle) qui représente 80 % des sols dans le milieu hospitalier. Ce matériau, issu du pétrole, peut bénéficier d'un traitement de type « Sanitized » : ce traitement bactériostatique et fongistatique agit dans toute l'épaisseur du revêtement.

Le **linoléum** est composé à base d'huile de lin, de résine naturelle, de liège et de poudre de bois, ce qui lui permet d'être résistant aux opérations d'entretien (balayage humide et lavage). De plus, il possède des propriétés antibactériennes naturelles, grâce à la présence de résine de pin et d'huile de lin.

Doc. 1 Les revêtements de sols en structure de soins

1 **Surligner** dans le **Doc. 1** les caractéristiques des sols en structures collectives.

2 **Expliquer** pourquoi les sols souples type PVC ou linoléum sont adaptés au milieu hospitalier (**Doc. 1**).

....

....

....

3 **Relier** chaque revêtement à ses différentes caractéristiques (**Doc. 1**).

Revêtements	Caractéristiques
	• Constitué de composants naturels
Linoléum •	• Résiste au balayage humide et au lavage
	• Issu du pétrole
PVC •	• Propriétés antibactériennes naturelles
	• Traitements bactériostatique et fongistatique
	• Résistant aux trafics et charges lourdes

AIDE Bactériostatique et fongistatique : empêche ou ralentit le développement des bactéries et des champignons microscopiques.

Activité 2 Le matériel de dépoussiérage manuel du sol

STRUCTURE

OBJECTIFS
- Indiquer l'objectif du balayage humide et expliquer le principe de sa technique.
- Justifier les règles d'hygiène, d'économie et d'ergonomie.
- Indiquer les critères de réussite.

Le balayage humide est une technique recommandée en collectivité et obligatoire en milieu hospitalier. Cette méthode très efficace permet d'éliminer 90 % des salissures non adhérentes présentes sur un sol, contrairement au balayage à sec classique qui laisse sur la surface jusqu'à 35 % des poussières.
Simple, rapide, hygiénique, le balayage humide prépare les sols au lavage et élimine la poussière, support de nombreux micro-organismes pathogènes (1 gramme de poussière peut contenir jusqu'à 1,5 million de bactéries).

On effectue le balayage humide avec un matériel adapté. Un balai trapèze extra-plat, de forme particulière, permet d'accéder à tous les recoins d'une pièce. Constitué d'un manche en aluminium (léger et résistant aux produits d'entretien), ce matériel de balayage est très maniable grâce à une rotule articulée à 360°. Une semelle en mousse alvéolée ou en lamelles de caoutchouc permet de fixer, grâce à des clips de fixation, des gazes à usage unique pré-imprégnées d'agglutinant.

Doc. 2 Le balayage humide

- Composition : 100 % viscose, 15 % d'imprégnation d'huile minérale.
- Alternative pratique notamment en milieu hospitalier permettant d'utiliser une gaze par chambre en évitant tout risque de contamination croisée, conditionnée en sachet à refermer hermétiquement pour éviter la perte des propriétés agglutinantes.

Doc. 3 Les gazes pré-imprégnées pour le balayage humide

1 **Indiquer** deux intérêts du balayage humide (**Doc. 2**).

....

....

....

2 **Expliquer** pourquoi le balayage humide est la méthode de balayage obligatoire en milieu hospitalier et conseillée en structure collective (**Doc. 2 et 3**).

....

....

....

....

3 **Souligner** dans le **Doc. 3** une précaution d'emploi des gazes pré-imprégnées.

AIDE Un agglutinant agit en collant les poussières sur un tissu d'essuyage grâce à la présence d'huile minérale ou végétale.

4 **Légender** le balai trapèze à partir des mots soulignés dans le **Doc. 2** et **relier** l'organe du balai trapèze à un ou plusieurs avantages de ce matériel.

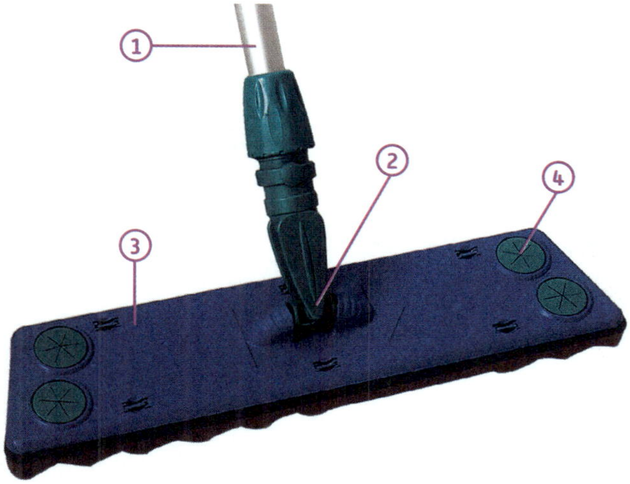

Organes du balai trapèze	Avantages
① .... •	• Maniable
	• Permet d'accéder à tous les recoins d'une pièce
② .... •	• Léger
③ .... •	• Résiste aux produits d'entretien
④ .... •	• Permet une fixation adaptée de la gaze pré-imprégnée

5 **Justifier** le nettoyage et la désinfection du balai trapèze après utilisation.

....

....

....

6 **Cocher** parmi les propositions ci-dessous les opérations de maintien en état du balai trapèze.

❑ Vérifier les clips de fixation.

❑ Bionettoyer les différentes parties du balai trapèze.

❑ Vérifier l'état de la semelle.

❑ Fixer correctement la gaze pré-imprégnée.

❑ Vérifier l'articulation mobile du balai trapèze.

❑ Ne jamais soulever le balai pendant le travail.

❑ Garder le dos droit pendant le balayage humide.

Activité 3 La technique de dépoussiérage manuel du sol

STRUCTURE

OBJECTIFS
- Expliquer le principe de la technique.
- Indiquer les critères de réussite.

FICHE TECHNIQUE 3

La technique du balayage humide

MATÉRIEL ET PRODUIT

- Balai trapèze
- Pelle et balayette
- Gants
- Sac-poubelle
- Gaze pré-imprégnée d'agglutinant

TECHNIQUE

1. Se mettre en position pour fixer la gaze : plier les jambes, un genou au sol en gardant le dos droit. Poser le balai trapèze sur la gaze au sol, et le manche du balai contre l'épaule.

Pourquoi ? ....

2. Une fois la gaze en place, ne jamais soulever le balai ni revenir en arrière. Le grand côté du trapèze est positionné dans le sens du déplacement du balai.

Pourquoi ? ....

3. Suivant l'encombrement de la pièce deux techniques sont préconisées :

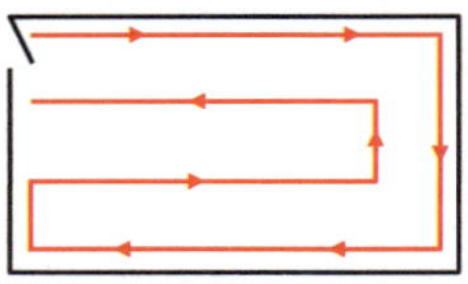

Technique au poussé pour les pièces dégagées ou couloirs : pousser le balai devant soi en commençant par les bords de la pièce et en terminant par la partie centrale.

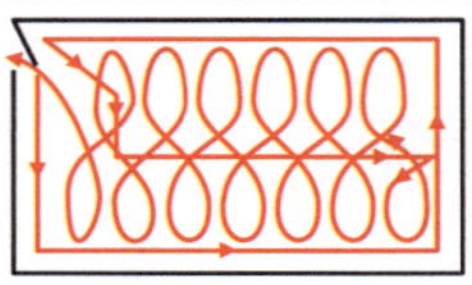

Technique à la godille pour les pièces encombrées : commencer en effectuant un détourage le long des plinthes. Puis procéder en reculant en dessinant des S en chevauchant légèrement les bandes.

Pourquoi ? ....

4. À la fin du travail, détacher la gaze du balai trapèze en la maintenant au sol. Enfermer les salissures à l'intérieur en repliant la gaze puis l'évacuer en utilisant la pelle et la balayette.

Pourquoi ? ....

5. Nettoyer et ranger le matériel utilisé.

CRITÈRES DE RÉUSSITE

....

....

1 À partir de la fiche technique 3, **justifier** les étapes indiquées de la technique du balayage humide et **déduire** les critères de réussite.

2 **Relier** pour chaque situation présentée la technique la plus appropriée.

- Le couloir d'un EHPAD •
- Une salle de classe en maternelle •
- Le hall d'accueil d'une clinique •
- Une chambre en milieu hospitalier •

- • Technique au poussé
- • Technique à la godille

Activité 4 L'appareil de dépoussiérage mécanique

OBJECTIF • Indiquer la fonction globale, le principe de fonctionnement, les consignes d'utilisation et d'entretien de l'aspirateur à poussières.

Le fonctionnement de l'aspirateur est simple : un **suceur brosse** (1) redresse les fibres et retient la poussière. Le moteur crée un flux d'air qui aspire les salissures non adhérentes et de petites dimensions et les entraîne à l'intérieur de l'appareil.

Les déchets sont collectés dans un sac à poussières. Si le **témoin du niveau de remplissage du sac** (2) est rouge alors que la puissance d'aspiration est réglée au maximum, le sac à poussière doit être remplacé. Pour cela, éteignez l'appareil grâce à la **pédale marche/arrêt** (3), débranchez-le et ouvrez le couvercle grâce au **loquet d'ouverture** (4) et procédez au changement de sac.

Pour régler le débit d'air, vous pouvez utiliser le **variateur électronique de puissance** (5) ou le **régulateur manuel de débit** (6).

Doc. 4 L'appareil de dépoussiérage mécanique : l'aspirateur

1 **Indiquer** la fonction globale de l'aspirateur à poussières (Doc. 4).

....

2 **Replacer** les organes de l'appareil, en gras dans le texte, en reportant les numéros sur la photo du Doc. 4.

3 **Souligner** dans le Doc. 4 les opérations à effectuer lorsque le témoin de niveau de remplissage du sac s'allume.

4 **Repérer** si chaque consigne est une consigne de sécurité, d'utilisation ou d'entretien en cochant dans le tableau (Doc. 4).

	Consignes d'utilisation	Consignes de sécurité	Consignes d'entretien
1. Ne pas utiliser l'appareil si le câble est endommagé ou défectueux.			
2. Régler la hauteur du tube télescopique.			
3. Ne pas aspirer d'eau ou autres liquides.			
4. Vérifier régulièrement l'état du sac à poussière.			
5. Nettoyer et dépoussiérer l'appareil après utilisation.			

Activité 5 La technique de dépoussiérage mécanique

DOMICILE

OBJECTIFS
- Expliquer le principe de la technique.
- Indiquer les critères de réussite.

FICHE TECHNIQUE 4

Le dépoussiérage mécanique du sol

MATÉRIEL

- Aspirateur et ses accessoires : tuyau flexible, tuyau télescopique rigide, le(les) suceur(s)
- Poubelle, pelle, balayette (pour les gros déchets)

TECHNIQUE

1. Préparer le matériel : régler la hauteur du tuyau télescopique de façon à garder le dos droit.

   Pourquoi ? ....

2. Régler le suceur en fonction de la nature du sol :

   – sol lisse : brosse sortie

   – sol textile : brosse rentrée

   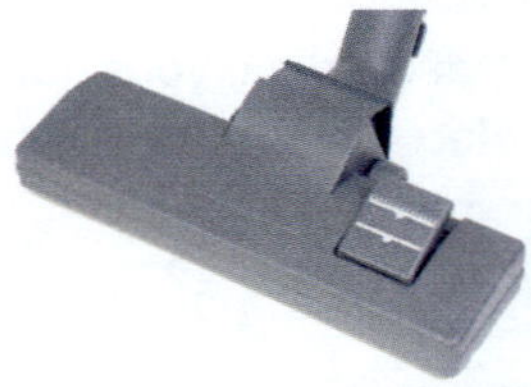

3. Ramasser les déchets trop gros pour être aspirés.

   Pourquoi ? ....

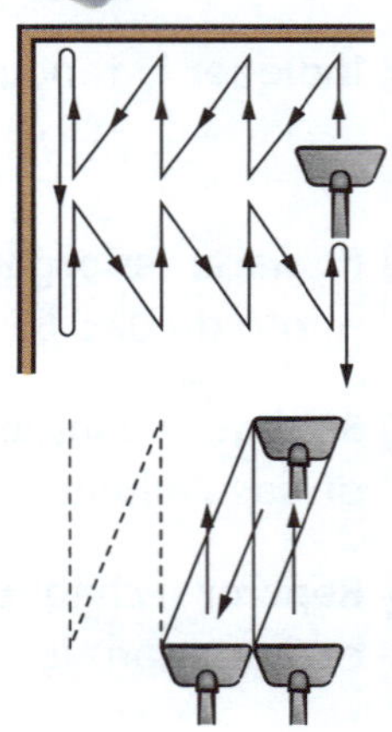

4. Commencer l'aspiration au fond de la pièce.
5. Déplacer l'aspirateur en tenant le flexible dans une main, le tuyau rigide de l'autre.
6. Déplacer le suceur en bandes parallèles qui se chevauchent légèrement, la vitesse de déplacement doit être régulière et assez lente. Être attentif à n'oublier aucune zone.

   Pourquoi ? ....

7. Nettoyer et ranger le matériel.

CRITÈRES DE RÉUSSITE

....

....

1 À partir de la fiche technique 4, **justifier** les étapes indiquées de la technique de dépoussiérage mécanique et **déduire** les critères de réussite.

2 **Relier** le type de sol à son action mécanique correspondante brosse rentrée ou sortie.

Revêtement en bois •	• Brosse rentrée
Revêtement textile •	
Carrelage •	• Brosse sortie

Activité 6 Les revêtements textiles

DOMICILE

OBJECTIFS
- Identifier les propriétés des matériaux à entretenir.
- Préciser les critères de choix d'une technique en fonction de la nature du support.

Les sols textiles recouvrent différents types de sol en milieu familial et dans certaines collectivités : moquette (en rouleaux ou en dalles), tapis, sols en fibres végétales ou tapis d'accueil et de propreté.

Le velours ou la couche d'usage est la partie visible de la moquette. Elle peut être constituée de :
– fibres naturelles animales (laine) : les fibres de laines absorbent l'humidité et influencent la teneur en humidité de l'air ;
– fibres végétales (sisal, fibre de coco) : les fibres végétales sont légères, résistantes à l'usure et insensibles aux taches d'eau ;
– fibres synthétiques (polyamide, polyester ou polypropylène) : les moquettes synthétiques sont généralement traitées anti-statiques et anti-taches.

En général, les revêtements textiles absorbent les bruits de choc, assurant ainsi une isolation phonique. Ils constituent une sécurité contre les chutes et sont souvent choisis pour leur confort et leur aspect décoratif. En revanche, ces matériaux sont sensibles aux taches et aux produits chimiques, et ils peuvent retenir les poussières et ainsi provoquer des risques d'allergies. Seul le dépoussiérage mécanique permet d'entretenir régulièrement ces revêtements et il existe des produits et matériel spécifiques pour nettoyer en profondeur ces revêtements textiles.

Doc. 5 Les revêtements textiles

1 **Souligner** dans le **Doc. 5** les différents usages possibles des revêtements textiles.

2 **Compléter** le tableau en indiquant un exemple et un avantage de chaque type de fibres (**Doc. 5**).

Fibres	Exemples	Avantages
Fibres naturelles animales	....	....
Fibres naturelles végétales	....	....
Fibres synthétiques	....	....

3 **Indiquer** trois inconvénients des revêtements textiles (**Doc. 5**).

....

....

....

4 **Indiquer** les opérations d'entretien courant à réaliser sur un revêtement textile (**Doc. 5**).

....

....

L'essentiel à retenir

Je révise
Synthèse rédigée
www.lienmini.fr/5611-0402

Je m'entraîne
Exercices interactifs
www.lienmini.fr/5611-0403

DIFFÉRENTS TYPES DE SOLS À DÉPOUSSIÉRER

Sols souples

- PVC et linoléum.
- Souvent utilisés en structure collective.
- Avantages : lessivables, lisses, résistants aux produits de nettoyage et de désinfection, résistants à l'usure et au fort trafic.

Revêtements textiles

- Fibres naturelles, végétales ou synthétiques.
- Avantages : isolant acoustique, confort et aspect esthétique, sécurité pour les chutes.
- Inconvénients : retient la poussière, sensible aux taches et difficile à entretenir.

DÉPOUSSIÉRAGE DES SOLS

Éliminer les salissures non adhérentes des surfaces.

DÉPOUSSIÉRAGE MANUEL

- Efficace et hygiénique.
- **Balai trapèze et gazes pré-imprégnées** : matériel extra-plat et léger, permet d'accéder à tous les recoins d'une pièce.

Technique au poussé pour les espaces dégagés.

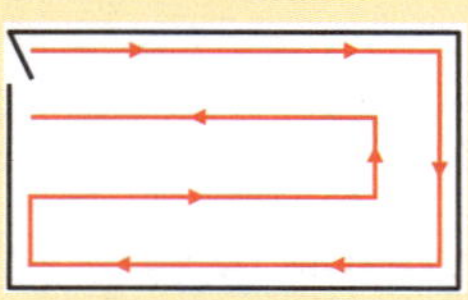

Technique à la godille pour les espaces encombrés.

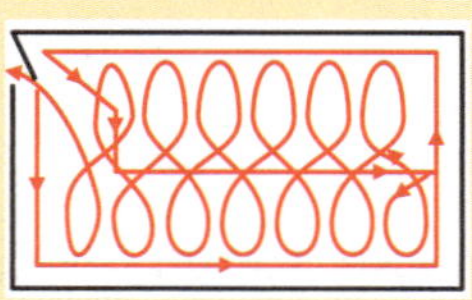

DÉPOUSSIÉRAGE MÉCANIQUE

- Éliminer par aspiration les poussières et les salissures présentes au sol.
- Efficace sur les revêtements textiles.

SÉQUENCE 5

Le lavage des sols

Réfléchissons ensemble

VIDÉO
Le lavage manuel
www.lienmini.fr/5611-0501

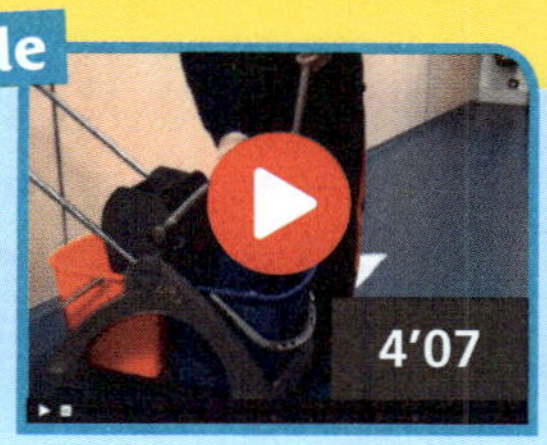

Activité 1 Le lavage des sols

OBJECTIFS
- Indiquer l'objectif et le principe du lavage du sol.
- Justifier le choix du matériel en fonction du contexte professionnel et du résultat attendu.

Le lavage manuel des sols permet d'éliminer les salissures adhérentes visibles par l'action chimique de la solution de lavage et par l'action mécanique de l'opérateur, complétées éventuellement par l'action de la température de l'eau.

En collectivité, ce lavage permet également d'abaisser le taux de contamination en fonction du produit utilisé (détergent-désinfectant) et de la zone dans laquelle se situe le local.

Doc. 1 Le lavage des sols

Le lavage manuel des sols est essentiel pour obtenir la propreté visuelle des locaux, le bien-être et la santé des occupants.
Les fabricants se sont adaptés pour proposer du matériel plus ergonomique que le classique balai-brosse et la serpillière. Équipé d'un système d'essorage intégré, ce nouveau matériel permet un lavage des sols sans se baisser, ni se mouiller les mains. Les housses de lavage en coton ou microfibres sont lavables à 60 °C et réutilisables jusqu'à 200 fois.

Doc. 2 Le lavage des sols en milieu familial

Plusieurs techniques et matériels de lavage existent :
– **le chariot de lavage à deux seaux** : un chariot est équipé d'un seau bleu contenant la solution de lavage et d'un seau rouge contenant l'eau de rinçage. C'est la méthode la plus utilisée, elle permet de laver une grande surface de façon hygiénique et ergonomique ;
– **les bandeaux de lavage imprégnés de détergent-désinfectant à usage unique** : des franges sont récupérées dans un bac, égouttées au fur et à mesure de leur utilisation et fixées sur le balai. Cette méthode est préconisée en milieu hospitalier car les franges sont changées entre chaque chambre, permettant d'éviter les contaminations croisées et la manipulation des seaux ;
– **le balai réservoir** : un réservoir fixé sur un manche en aluminium contient la solution de lavage, un bandeau de lavage se fixe sur une semelle et s'humidifie grâce à un bouton situé sur le manche du balai. Cette méthode est utile pour les petites surfaces peu souillées, l'avantage est d'appliquer sur le sol la quantité souhaitée de produit.

Doc. 3 Les différentes techniques utilisées pour le lavage du sol en collectivité

Une lavette en microfibres est constituée de fibres synthétiques extrêmement fines.

La finesse du filament microfibres augmente la force mécanique en allant chercher la salissure dans les plus petites irrégularités du sol, renforçant ainsi son efficacité par rapport à un bandeau de lavage en coton. De plus, ces lavettes sont lavables à hautes températures et réutilisables.

La densité du réseau, c'est-à-dire le nombre de microfibres au cm², permet une grande capacité d'absorption des liquides et des particules de petite taille comme la poussière et les salissures adhérentes.

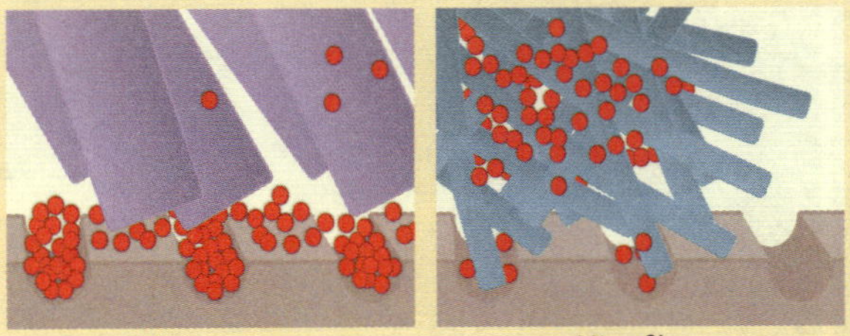

Source : d'après www.decitex.com/fr/microfibre

Doc. 4 Les bandeaux en microfibres pour le lavage des sols

1 **Surligner** dans les **Doc. 1 et 2** les objectifs du lavage du sol.

2 **Indiquer**, à partir de ses connaissances et de la séquence 2 (pages 13-20), le produit à utiliser pour obtenir la propreté visuelle d'un sol.

....

....

3 **Indiquer** deux avantages du nouveau matériel de lavage des sols en milieu familial (**Doc. 2**).

....

....

4 **Relier** la méthode de lavage du sol au matériel présenté et à ses avantages (**Doc. 3**).

Matériels	Méthodes de lavage	Avantages
 •	• Chariot à deux seaux •	• Évite les contaminations croisées et supprime la manipulation des seaux.
 •	• Lavage à plat avec bandeau de lavage imprégné •	• Utilisable sur des petites surfaces, ergonomique et hygiénique.
 •	• Balai réservoir •	• Méthode la plus utilisée, permet de laver de grandes surfaces de façon ergonomique et hygiénique.

5 **Souligner** deux avantages des bandeaux en microfibres pour le lavage des sols (**Doc. 4**).

Activité 2 La technique de lavage à deux seaux

STRUCTURE

OBJECTIFS
- Expliquer le principe de la technique du lavage des sols au chariot de lavage.
- Justifier l'ordre des opérations, les règles d'hygiène, de sécurité et les critères de réussite.

FICHE TECHNIQUE 5

Le lavage manuel des sols au chariot de lavage

MATÉRIEL ET PRODUIT

- Gants
- Chariot de lavage équipé de deux seaux (seau bleu et seau rouge) et d'une presse
- Balai de lavage à plat ou balai rasant
- Panneau « Sol glissant »
- Détergent ou Détergent-désinfectant

TECHNIQUE

1. S'assurer que le sol a subi un balayage humide.
   Pourquoi ? ....
   ....
2. Préparer la solution détergente dans le seau bleu en respectant le dosage du produit. Remplir le seau rouge d'eau claire.
   Pourquoi ? ....
3. Fixer le bandeau de lavage sur le balai de lavage à plat en pliant les jambes et en gardant le dos droit.
   Pourquoi ? ....
4. Baliser la zone de lavage et travailler toujours le chariot de lavage derrière soi.
   Pourquoi ? ....
5. Tremper le balai dans le seau bleu contenant la solution de lavage ① et l'essorer avec la presse au-dessus du seau rouge ②.
6. Commencer par un détourage de la pièce le long des plinthes.
   Pourquoi ? ....
7. Travailler en reculant, en effectuant des « S » ③ (méthode à la godille).
   Pourquoi ? ....
8. Lorsque le bandeau de lavage est sale, le rincer ④ en le trempant dans le seau rouge puis l'essorer ⑤.
9. Poursuivre le lavage en répétant les étapes précédentes.
10. À la fin du travail, vider les seaux, nettoyer et ranger le matériel.

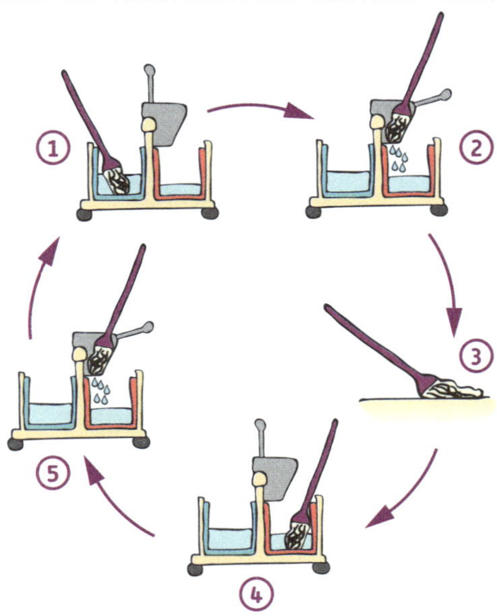

CRITÈRES DE RÉUSSITE

....

....

1 À partir de la fiche technique 5, **justifier** les étapes indiquées de la technique du lavage du sol et **déduire** les critères de réussite.

Activité 3 Le lavage du sol en cuisine collective

STRUCTURE

OBJECTIFS
- Énoncer la fonction globale et le principe de fonctionnement de la centrale d'hygiène.
- Identifier les consignes d'utilisation, de nettoyage et de maintien en état.

Les centrales d'hygiène sont conçues pour proposer aux utilisateurs une solution pour nettoyer et désinfecter les sols et les surfaces en s'assurant d'une dilution précise du produit en industrie agro-alimentaire, en collectivité ou en cuisine centrale. Cette centrale évite le gaspillage de l'eau et permet une économie des produits d'entretien grâce à un dosage maîtrisé. Elle garantit donc un mélange efficace tant en termes de nettoyage que de respect des normes de désinfection.
L'ouverture de la poignée permet l'arrivée d'eau qui crée une aspiration du produit dont la quantité dépend de la buse de calibrage.
En position « rinçage », le produit n'est pas aspiré et seule l'eau est projetée sur les surfaces à rincer.
Les centrales d'hygiène peuvent avoir plusieurs configurations avec un seul produit ou deux produits. Dans le cas d'une centrale à un produit, on utilisera plus généralement un détergent ou un détergent-désinfectant. Avec deux produits, on pourra compléter le nettoyage avec un dégraissant ou tout autre produit.

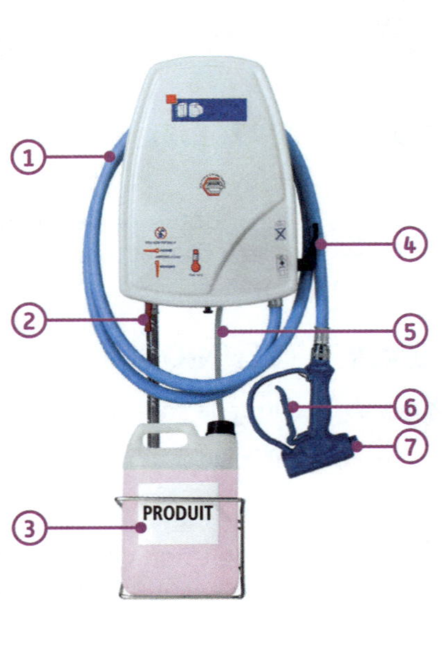

Doc. 5 La centrale d'hygiène

AVANT	**1. Mise en service de la centrale d'hygiène**
	• Contrôler le niveau du produit ③ et vérifier que le tuyau d'aspiration ⑤ plonge bien dans le bidon. • Ouvrir la vanne d'arrivée d'eau ②. • Mettre la vanne de sélection du produit ④ en position « lavage ». • Dérouler le tuyau de lavage ① jusqu'aux surfaces à entretenir.
PENDANT	**2. Nettoyage – désinfection des surfaces**
	• Appuyer et maintenir l'appui sur la gâchette ⑥ du pistolet ⑦. • Diriger le jet de solution nettoyante-désinfectante sur les surfaces à entretenir. • Relâcher la gâchette du pistolet pour arrêter la pulvérisation de la solution. • Procéder au brossage des surfaces et à l'évacuation de l'eau.
	3. Rinçage des surfaces
	• Mettre la vanne de sélection ④ en position « rinçage ». • Appuyer et maintenir l'appui sur la gâchette ⑥ du pistolet ⑦. • Procéder au rinçage des surfaces et à l'évacuation de l'eau à l'aide d'une raclette.
APRÈS	**4. Opérations de fin de service**
	• Fermer la vanne d'arrivée d'eau ②. • Appuyer sur la gâchette pour purger le pistolet et décompresser le tuyau de lavage. • Nettoyer le tuyau avec une lavette humide et l'enrouler sur son support.

Doc. 6 Fiche méthode du lavage à la centrale d'hygiène

1 **Énoncer** la fonction globale de la centrale d'hygiène (**Doc. 5**).

....

....

2 **Relier** chaque organe indiqué dans le **Doc. 5** à sa fonction.

Organes		Fonctions
Tuyau d'aspiration •		• Permet un dosage précis du produit.
Pistolet •		• Permet de sélectionner la position : – « Lavage » : eau et produit ; – « Rinçage » : eau seule.
Buse de calibrage •		• Amène le produit jusqu'au doseur.
Vanne du produit •		• Projette la solution au sol sur les surfaces.

3 **Souligner** dans le **Doc. 5** les principaux locaux où est utilisée la centrale et **justifier**.

....

....

....

4 **Surligner** dans le **Doc. 5** le principe de fonctionnement.

5 **Citer** trois avantages des centrales d'hygiène (**Doc. 5**).

....

....

....

6 **Justifier** l'intérêt d'une centrale d'hygiène avec une configuration à deux produits : un détergent pour le produit 1 et un désinfectant pour le produit 2 en collectivité.

....

....

....

....

....

7 **Souligner** dans le **Doc. 6** :
– en bleu une consigne relative au nettoyage de la centrale d'hygiène ;
– en rouge les consignes de maintien en état de l'appareil.

L'essentiel à retenir

Je révise
Synthèse rédigée
www.lienmini.fr/5611-0502

Je m'entraîne
Exercices interactifs
www.lienmini.fr/5611-0503

LAVAGE MANUEL DES SOLS

- Réalisé après un balayage humide.
- Permet d'obtenir une propreté visuelle.
- Permet d'obtenir une propreté hygiénique en utilisant un détergent-désinfectant.

Lavage des sols en milieu familial

DOMICILE

- Permet d'obtenir la propreté visuelle.
- Nouveau matériel ergonomique et hygiénique.
- Housse de lavage en coton ou microfibres lavable à 60 °C.

Règles de sécurité

- Matériel de lavage toujours placé derrière soi.
- Zone de travail balisée.

Critères de réussite

- Absence de salissures adhérentes.
- Absence de traces de produit.

MATÉRIEL POUR LE LAVAGE MANUEL DES SOLS

Chariot de lavage à deux seaux et balai rasant

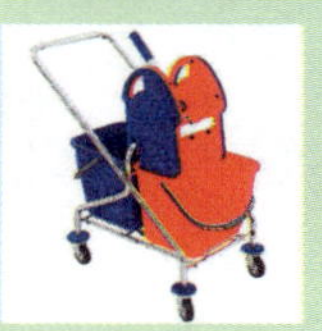

- Facile d'utilisation.
- Hygiénique, ergonomique.
- Adapté pour les grandes surfaces.

Chariot multifonction avec bandeau de lavage pré-imprégné

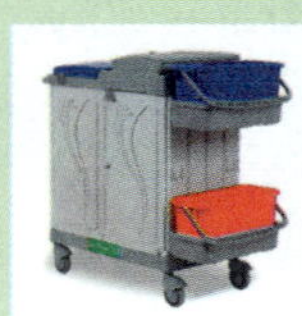

- Évite les contaminations croisées.
- Évite la manipulation des seaux.

Centrale d'hygiène

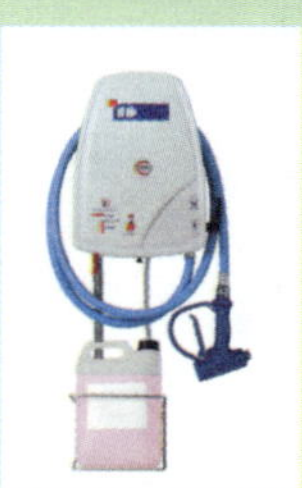

- Projection de la solution sous pression.
- Dosage automatique du produit.
- Différentes fonctions possibles.

Balai réservoir

- Permet d'appliquer au sol la quantité souhaitée de produit.
- Adapté aux petites surfaces peu souillées.

SÉQUENCE 6

Le bionettoyage

STRUCTURE

Réfléchissons ensemble

VIDÉO
Le bionettoyage à la vapeur dans les établissements petite enfance

www.lienmini.fr/5611-0601

Activité 1 Le bionettoyage

OBJECTIFS
- Définir le bionettoyage.
- Justifier les étapes du bionettoyage.
- Justifier le choix des produits en fonction des salissures à éliminer.

Le bionettoyage permet un nettoyage des locaux et leur désinfection, c'est-à-dire une élimination des salissures adhérentes et une réduction temporaire des micro-organismes. Pour cela, on peut utiliser soit un détergent suivi d'un désinfectant, soit un détergent-désinfectant.

DÉSINFECTANT	DÉTERGENT-DÉSINFECTANT
– détruit les micro-organismes.	– élimine les salissures adhérentes ; – détruit les micro-organismes.

Doc. 1 La différence entre désinfectant et détergent-désinfectant

Quotidiennement : bionettoyage combiné

Hebdomadairement : bionettoyage séparé (prévient la formation du biofilm* bactérien)

* Amas de bactéries sur un support : enrobées d'un gel qu'elles produisent et qui les protège, elles peuvent se détacher pour aller contaminer d'autres surfaces.

Doc. 2 Un extrait de plan de nettoyage de crèche : le bionettoyage des sanitaires

1 **Souligner** dans le **Doc. 1** la définition du bionettoyage.

2 **Comparer** les actions d'un détergent-désinfectant et d'un désinfectant (**Doc. 1**).

....

3 **Relier** les produits à utiliser pour chaque type de bionettoyage (**Doc. 1 et 2**).

Bionettoyage	Produits utilisés
Combiné •	• Désinfectant
	• Détergent-désinfectant
Séparé •	• Détergent

Activité 2 Les désinfectants

OBJECTIFS
- Expliquer les principales caractéristiques physico-chimiques des produits désinfectants et leurs principales propriétés.
- Indiquer les conditions de rangement.
- Identifier les pictogrammes du risque chimique.

Description

Oxivir Plus est un détergent-désinfectant concentré pour le nettoyage et la désinfection des surfaces dures résistant à l'eau et surfaces textiles.

Propriétés principales

- Formule acide à base de peroxyde d'hydrogène
- Efficace sur un large spectre de micro-organismes incluant bactéries, virus, levures et champignons
- Détergent efficace

Mode d'emploi

Dosage :

<u>Sols :</u>

Doser le produit de 2 % à 3,5 % selon les propriétés désinfectantes recherchées, dans un seau rempli d'eau.

<u>Surfaces :</u>

Doser le produit à 3,5 % pour une activité désinfectante.

Important :

Ne pas utiliser d'eau chaude. Ne pas mélanger avec d'autres produits. Ne pas utiliser sur des surfaces sensibles à l'eau ou à l'acide.

Application :

<u>Méthode seau et désinfection des sols :</u>

1. Enlever les salissures résiduelles.
2. Appliquer la solution à l'aide d'une microfibre/éponge ou d'un mop.
3. Laisser agir 5 minutes minimum.
4. Rincer la surface si nécessaire et laisser sécher à l'air libre.

<u>Méthode spray et désinfection des surfaces :</u>

1. Enlever les salissures résiduelles.
2. Pulvériser sur un chiffon et nettoyer la surface.
3. Laisser agir 5 minutes minimum.
4. Rincer la surface, si nécessaire et laisser sécher à l'air libre.

Recommandations pour la manipulation et le stockage

Manipulation : les recommandations complètes relatives aux précautions de manipulation et d'élimination du produit sont disponibles sur la Fiche de Données de Sécurité, accessible sur Internet : www.msds.diversey.com.

Uniquement pour usage professionnel.

Stockage : conserver dans son emballage d'origine, fermé, à l'abri des températures extrêmes.

Données microbiologiques

- Bactéricides à 2 % selon la norme EN1276, à 2,5 % selon la norme EN13727 et à 3,5 % EN13697, en conditions de saleté, à 20 °C, en 5 minutes de contact sur les souches de référence
- Levuricide à 2,5 % selon la norme EN1650, à 3,5 % selon la norme EN13624 et à 3 % selon la norme EN13697, sur *Candida albicans*, en conditions de saleté, à 20 °C, en 15 minutes
- Fongicide à 3,5 % selon les normes EN1650, EN1324 et EN13697 sur *Aspergillus niger*, en conditions de saleté, à 20 °C, en 15 minutes
- Tuberculocide selon la norme EN14348, en conditions de saleté, à 20 °C, en 30 minutes de contact sur les souches de référence
- Sporicide à 20 % selon la norme EN13704, à 20 °C, en 30 minutes de contact sur la souche de référence et 15 % sur *Clostridium* difficile en 10 minutes de contact
- Virucide à 3 % selon la norme EN14476, en conditions de saleté, à 20 °C, en 5 minutes de contact sur les souches de référence

Doc. 3 L'étiquette de « Oxivir Plus concentré »

La propriété biocide d'un désinfectant dépend du principe actif qu'il contient. Il existe plusieurs familles de désinfectant dont l'efficacité contre les micro-organismes varie. Lorsque le désinfectant est efficace sur un grand nombre de micro-organismes, on dit que son spectre d'activité est large et inversement.

Doc. 4 L'action biocide des désinfectants

1 **Préciser** si le produit « Oxivir Plus » peut être utilisé en bionettoyage combiné ou séparé, puis **justifier** (Doc. 3).

....

....

2 **Souligner**, dans les propriétés principales du Doc. 3, le composé actif permettant la désinfection.

3 **Relever** dans le Doc. 3 les termes indiquant que le produit a une action destructrice sur les micro-organismes suivants :

Sur les levures : .... Sur les bactéries : ....

Sur les virus : .... Sur les spores : ....

Sur les champignons microscopiques : ....

AIDE ENxxx : le produit a subi des tests qui valident son action biocide sur certaines familles de micro-organismes.

4 **Identifier** les deux actions à respecter pour une efficacité biocide du produit (Doc. 3).

....

5 **Préciser** le temps de contact et la dilution à effectuer pour le produit « Oxivir Plus » pour obtenir une action fongicide (Doc. 3).

....

6 **Identifier** le danger du produit « Oxivir Plus » (Doc. 3).

....

....

7 **Surligner**, dans le Doc. 3, le nom du document regroupant les recommandations de manipulation et d'élimination du produit.

8 **Relever**, dans le Doc. 3, l'étape à réaliser avant l'utilisation du produit.

....

9 **Entourer**, dans le Doc. 3, en rouge les conditions de stockage du produit.

10 **Justifier** que le produit « Oxivir Plus » a un large spectre (Doc. 3 et 4).

....

....

AIDE Les spores sont des formes résistantes des bactéries.

Activité 3 Le bionettoyage des surfaces

OBJECTIF • Justifier les étapes du bionettoyage des surfaces.

FICHE TECHNIQUE 6

Le bionettoyage des surfaces par pulvérisation

Document
Fiche technique détaillée
www.lienmini.fr/5611-0602

MATÉRIEL ET PRODUITS

• Lavette couleur spécifique • Gants • Pulvérisateur • ....
ou ....

TECHNIQUE

1. Enlever les salissures encombrantes du plan de travail.
   Pourquoi ? ....

2. Plier la lavette en 4.

3. Pulvériser le produit sur la lavette humidifiée.
   Pourquoi ? ....

4. Réaliser un détourage ①.
   Pourquoi ? ....
   ....

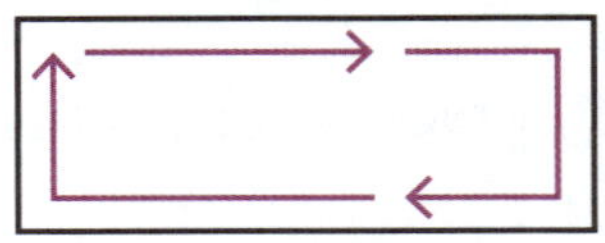

①

5. Changer la face de la lavette.
   Pourquoi ? ....

6. Réaliser la méthode à la godille ②.
   Pourquoi ? ....
   ....

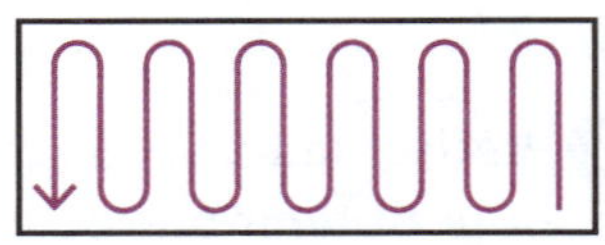

②

7. Laisser agir le temps indiqué sur le mode d'emploi du produit.
   Pourquoi ? ....

   Pour la méthode séparée : La technique décrite ci-dessus est la même pour chacune des étapes suivantes : le nettoyage (détergent), le rinçage, la désinfection (désinfectant).

8. Pour les surfaces alimentaires, il est nécessaire de rincer.
   Pourquoi ? ....

CRITÈRES DE RÉUSSITE

Contrôler la propreté visuelle : ....
Contrôler l'hygiène par prélèvement microbiologique : selon le plan de nettoyage de la structure.

1 À partir de la fiche technique 6, **compléter** la liste des produits, **justifier** les étapes indiquées et **déduire** les critères de réussite.

2 Si le produit présente le pictogramme ci-contre, **préciser** la précaution à mettre en place lors de son utilisation.

....

Activité 4 Le bionettoyage des jouets

OBJECTIF • Identifier les matériaux à entretenir et mettre en relation avec les méthodes d'entretien.

- Les jouets en tissus sont lavables à la machine à laver, de préférence toutes les semaines.
- Les jouets en plastique dur peuvent être nettoyés au lave-vaisselle, 2 fois par semaine.
- Les jouets en plastique souple ou dur (immergeables) sont trempés dans une solution détergente-désinfectante alimentaire, brossés puis rincés à l'eau claire. Il est conseillé de les nettoyer 2 fois par semaine.
- Les jouets en bois ou creux ou contenant des piles sont traités par essuyage humide avec un détergent-désinfectant alimentaire suivi d'un rinçage et ce, tous les jours.

Les jouets peuvent être mis à la bouche par les enfants, il est important d'utiliser un détergent-désinfectant à contact alimentaire et de terminer l'entretien par un rinçage soigné.

Doc. 5 Les différents jouets et leur entretien

1 **Noter** sous chaque jouet le matériau qui le constitue, puis le **relier** à son entretien possible et à la fréquence d'entretien (**Doc. 5**).

	Matériau	Entretien	Fréquence
	.... •	• À la machine à laver •	
	.... •	• Par immersion •	• Bihebdomadaire
	.... •		• Quotidien
	.... •	• Par essuyage humide •	
	.... •	• Au lave-vaisselle •	• Hebdomadaire

2 **Justifier** l'utilisation d'un détergent-désinfectant alimentaire pour l'entretien des jouets (**Doc. 5**).

....

FICHE TECHNIQUE 7

Le bionettoyage des jouets

Document
Fiche technique détaillée
www.lienmini.fr/5611-0603

MATÉRIEL ET PRODUITS

• Gants • Papier absorbant

Pour jouets non immergeables
• 2 lavettes couleur spécifique
• Détergent-désinfectant alimentaire (dDa)

Pour jouets immergeables
• Bac contenant eau et dDa
• Bac contenant eau claire de rinçage
• Brosse
• Lavette couleur spécifique

TECHNIQUE

1 Trier les jouets.

Pourquoi ? ....

2 Le bionettoyage :

• **Jouets rigides :**
Les jouets rigides peuvent être passés au lave-vaisselle, dans ce cas pas besoin de désinfection.

Pourquoi ? ....

• **Jouets non immergeables :**
Pulvériser la solution dDa sur la lavette.
Passer la lavette sur le jouet.
Laisser agir le temps indiqué sur l'étiquette du produit.
Rincer avec la seconde lavette.

• **Jouets immergeables :**
Mettre les jouets dans le bac avec la solution dDa.
Nettoyer avec la lavette ou la brosse pour les plus sales.
Laisser agir le temps indiqué sur l'étiquette du produit.
Rincer dans le second bac.
Laisser égoutter et sécher sur du papier absorbant.

3 Ranger les jouets dans leur bac préalablement bionettoyé.
En cas d'épidémie, il faut augmenter la fréquence d'entretien des jouets.

CRITÈRES DE RÉUSSITE

Contrôler la propreté visuelle : ....

....

Contrôler l'hygiène par prélèvement microbiologique : selon le plan de nettoyage de la structure.

3 À partir de la fiche technique 7, **justifier** les étapes indiquées et **déduire** les critères de réussite.

4 **Repérer** l'action à réaliser sur les jouets en cas d'épidémie puis **justifier**.

....

....

....

Activité 5 Le bionettoyage à la vapeur

OBJECTIFS
- Identifier la fonction globale du nettoyeur vapeur.
- Identifier les règles de sécurité, les consignes de nettoyage et de maintien en état.

Le nettoyeur-vapeur produit une vapeur à haute température (150 °C) et sous pression (5 bars) qui fait fondre les graisses, supprime toutes les particules de saleté et élimine le biofilm bactérien.

Préparation de l'appareil

- Remplir le réservoir d'eau puis brancher l'appareil sur le secteur.
- Appuyer sur les interrupteurs de mise en marche et mise en chauffe : le délai d'attente est variable en fonction des fabricants (7 minutes en moyenne).
- Avant l'utilisation de l'appareil, purger l'eau résiduelle des flexibles (au sol ou dans le réservoir).
- Utiliser les accessoires en fonction des surfaces à nettoyer et désinfecter (raclette pour les surfaces planes ; buse pour atteindre les surfaces inaccessibles ; brosse pour les surfaces hautes et mobiliers, balai mop pour le sol, les murs et plafond). Des microfibres peuvent se fixer sur les accessoires.

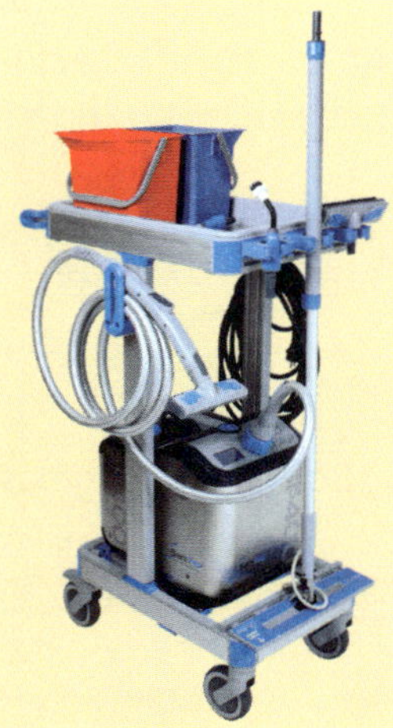

Précautions et maintenance

- Prévoir un temps d'attente pour certains appareils avant d'ouvrir le réservoir pour le remplir en cours d'utilisation.
- Nettoyer les accessoires (retirer les souillures agglomérées) entre chaque pièce.
- Nettoyer et désinfecter l'ensemble des accessoires et l'extérieur de l'appareil avant de ranger l'appareil.
- Purger la chaudière (retirer le tartre) régulièrement.
- Vérifier et renouveler si nécessaire les accessoires.
- Mettre en place une traçabilité de suivi de l'appareil.

Source : CPIAS Nouvelle-Aquitaine

Doc. 6 Le nettoyeur-vapeur

1. **Surligner** dans le **Doc. 6** la fonction globale du nettoyeur-vapeur.

2. **Souligner** dans le **Doc. 6** en vert les règles de sécurité lors de l'utilisation et en rouge les consignes de nettoyage et de maintenance de l'appareil.

3. **Citer** le principal avantage de la méthode à la vapeur en le comparant au bionettoyage classique.

....

4. **Relier** chaque accessoire du nettoyeur-vapeur à son utilisation.

Surfaces planes • Surfaces inaccessibles • Sol • Surfaces hautes •

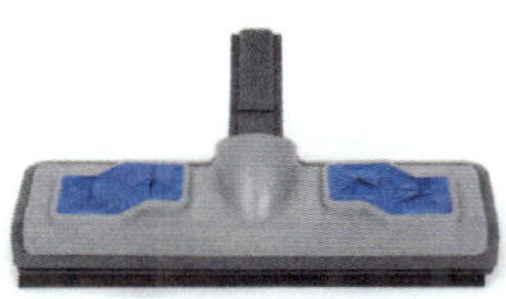

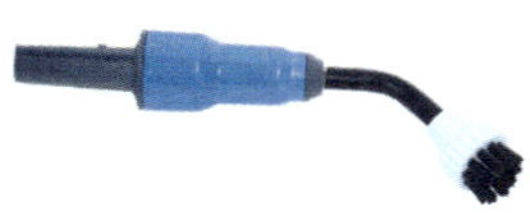

Activité 6 Le contrôle microbiologique

OBJECTIF • Indiquer et justifier les contrôles microbiologiques et les matériels adaptés.

Pour vérifier si un bionettoyage a été correctement réalisé, il est possible d'effectuer des prélèvements microbiologiques sur les surfaces nettoyées et désinfectées.
Plusieurs outils existent, ils fonctionnement selon le même principe.

1 Un agent effectue un prélèvement sur la surface à vérifier : le prélèvement microbiologique peut s'effectuer sur des surfaces, du linge mais aussi dans l'air et dans l'eau ou encore sur des aliments.

Boîte contact gélosée

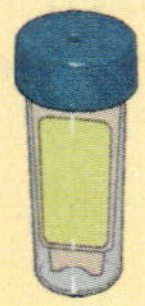
Lame gélosée

La gélose contient un milieu nutritif permettant le développement des micro-organismes.

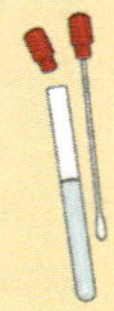
Écouvillon

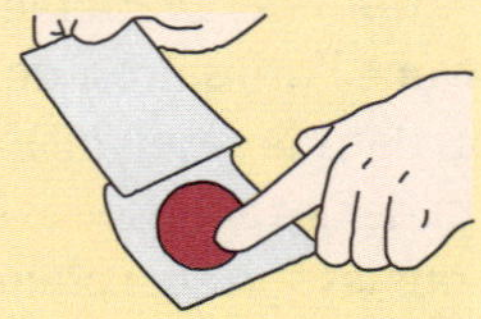
Petrifilm

2 L'agent met le prélèvement en culture dans une étuve pendant 24 à 48 heures : c'est un appareil qui permet d'obtenir une température déterminée constante pour la multiplication des bactéries.

3 La présence de colonie indique qu'il restait des bactéries sur la surface.

Doc. 7 Le matériel de contrôle microbiologique

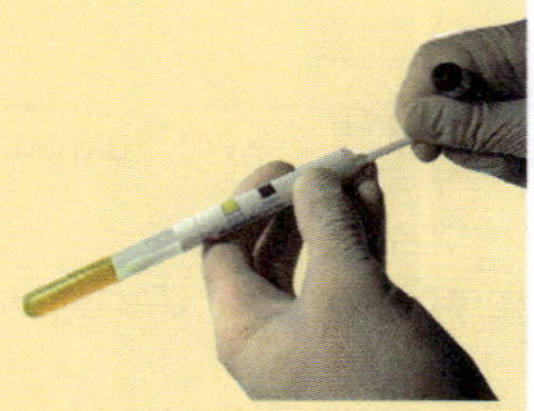

- Prendre l'écouvillon stérile.
- Plonger l'écouvillon stérile dans une solution physiologique stérile.
- Avant de le sortir du tube, presser l'écouvillon contre la paroi pour éliminer le liquide en excès.
- Réaliser l'écouvillonnage en frottant délicatement la surface ou l'équipement dans les 3 dimensions (horizontale, verticale et diagonale).
- Mettre l'écouvillon dans le tube contenant le milieu de culture et fermer le tube.
- Incuber à 37 °C pendant 18-24 heures et interpréter les résultats.

Interprétation des résultats

- Surveiller le changement de couleur du support et interpréter les résultats suivant le tableau suivant :

Jaune	Rose	Rouge
Absence de croissance microbienne	Croissance microbienne modérée	Croissance microbienne importante

Doc. 8 Le mode d'emploi d'un écouvillon pour prélèvement flore totale

AIDE Flore totale : le milieu de culture permet la croissance d'un maximum de type de micro-organismes.

Un agent a réalisé un bionettoyage du plan de travail puis a effectué un prélèvement microbiologique à l'aide d'un écouvillon. Après incubation à l'étuve, voici le résultat ci-contre.

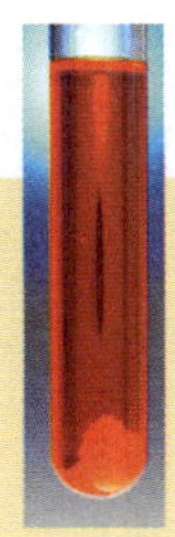

Doc. 9 L'écouvillonnage sur un plan de travail bionettoyé

1 **Justifier** le contrôle microbiologique (**Doc. 7**).

2 **Souligner** dans le **Doc. 7** les supports sur lesquels le contrôle microbiologique peut se faire.

3 **Relier** l'outil le plus approprié pour chaque prélèvement microbiologique indiqué (**Doc. 7**).

Lieux de prélèvement

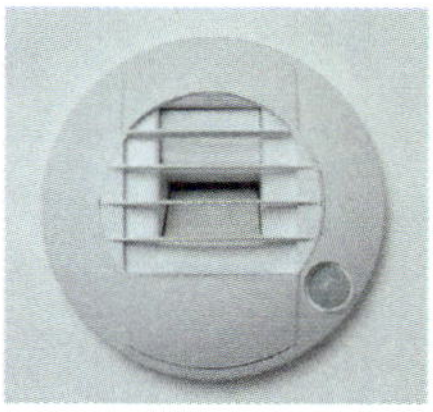

Bouche d'aération

Plan de travail de cuisine

Interrupteur

Rampe d'escalier

Outils

Lame gélosée

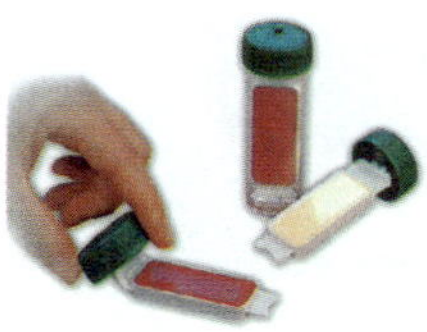

Boîte contact

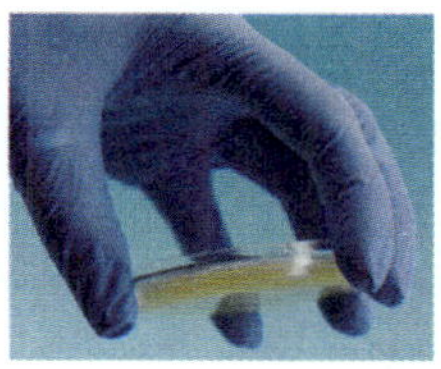

Écouvillon

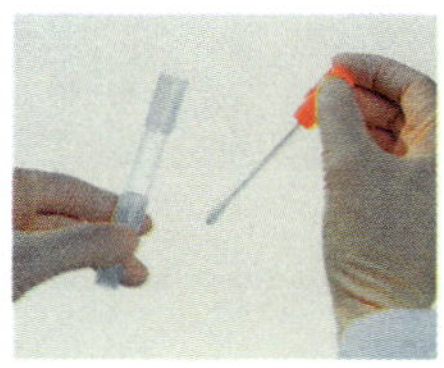

Petrifilm

4 **Identifier**, à l'aide du **Doc. 8** et de vos connaissances, deux précautions à prendre pour un prélèvement microbiologique efficace et les **justifier**.

5 **Observer** le résultat issu du contrôle microbiologique du plan de travail dans le **Doc. 9** et **conclure**.

6 **Proposer** une ou plusieurs interprétations possibles.

L'essentiel à retenir

Je révise
Synthèse rédigée
www.lienmini.fr/5611-0604

Je m'entraîne
Exercices interactifs
www.lienmini.fr/5611-0605

Principe

Permet un nettoyage et une désinfection des locaux.

- **Combiné :** nettoyage et désinfection simultanément avec l'utilisation d'un détergent-désinfectant.
- **Séparé :** nettoyage avec un détergent suivi d'une désinfection à l'aide d'un désinfectant.

Désinfectant

- **Propriétés biocides :** virucide, bactéricide, fongicide, levuricide ou sporicide.
- **Spectre d'activité :** large lorsqu'ils agissent sur plusieurs familles de micro-organismes.
- Efficace si respect de la dilution et du temps de contact préconisés.

LE BIONETTOYAGE

Bionettoyage des surfaces

- En deux temps : détourage, puis technique à la godille.
- Rinçage nécessaire pour les surfaces alimentaires.

Bionettoyage des jouets

- Tri des jouets selon leur matériau, s'ils sont creux ou s'ils ont des piles.
- Par immersion, par essuyage humide ou par passage à la machine à laver ou au lave-vaisselle.

Bionettoyage à la vapeur

- Vapeur à 150 °C qui élimine les salissures et détruit les micro-organismes. Pas d'utilisation de produit chimique.
- Précautions nécessaires pour l'utilisation et sa maintenance.

CONTRÔLES MICROBIOLOGIQUES

Permettent de vérifier si le bionettoyage a été efficace.

- **Prélèvement sur une surface puis mise en culture :** 24 à 48 heures après, la présence de colonies indique qu'il restait des bactéries sur la surface prélevée.
- **Outils :** boîte contact, lame gélosée, écouvillon, Petrifilm. Le choix de l'outil dépend de la surface à prélever.

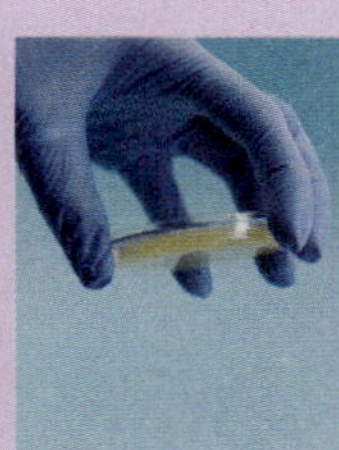
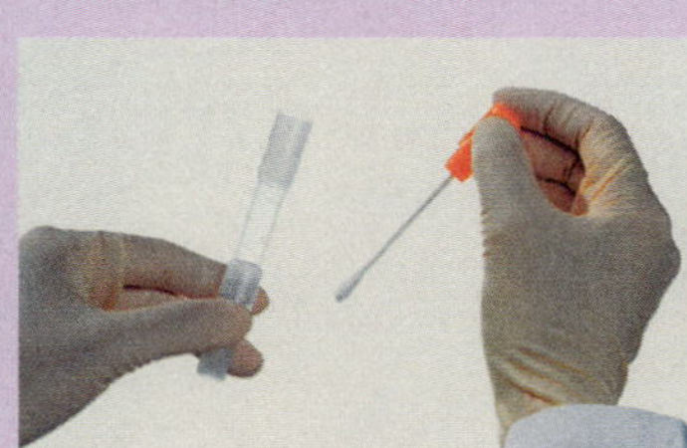
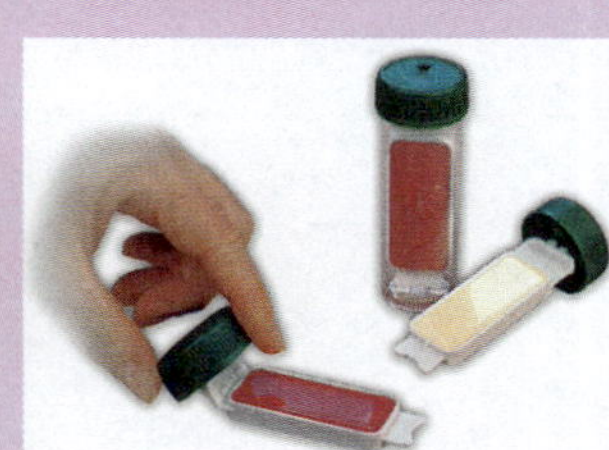

SÉQUENCE 7

L'organisation de l'hygiène en structure

STRUCTURE

Réfléchissons ensemble

VIDÉO
La stérilisation à l'hôpital
www.lienmini.fr/5611-0701

Activité 1 Les zones à risque d'un établissement de soins

OBJECTIF • Définir les différentes zones à risque et énoncer les précautions à prendre dans l'activité professionnelle selon la zone.

Dans un établissement de santé, la classification des locaux permet de déterminer des niveaux d'exigence en matière d'hygiène, selon le risque infectieux.

Zone 1 À risques minimes	Zone 2 À risques moyens	Zone 3 À risques élevés	Zone 4 À risques sévères
Absence de patients (services administratifs, hall…).	Présence de patients non infectés et non fragiles (circulation, consultation, maternité, EHPAD…).	Présence de patients infectés ou fragiles (salle d'accouchement, pédiatrie, médecine, soins intensifs…).	Présence de patients très vulnérables aux biocontaminations (bloc opératoire, service de greffe…).

Doc. 1 Les zones à risque

1 **Identifier** sur le plan ci-dessous le niveau de risque des différentes zones fléchées. **Justifier** votre choix (**Doc. 1**).

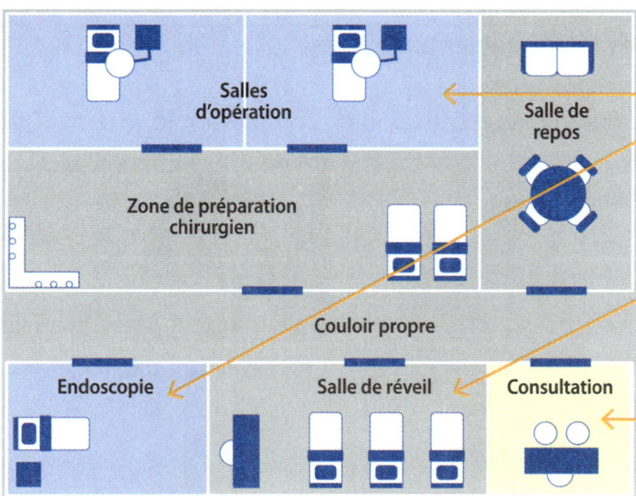

Zone : ....
Justification : ....
....
....
....

Zone : ....
Justification : ....
....
....
....

Zone : ....
Justification : ....
....
....
....

AIDE L'endoscopie est une méthode d'exploration visuelle médicale de l'intérieur d'une cavité inaccessible à l'œil (exemple : tube digestif).

2 **Associer** à chaque zone le niveau d'entretien qui lui correspond en cochant la bonne réponse dans le tableau ci-dessous.

Niveau d'entretien	Zone			
	1	2	3	4
1. Entretien pluriquotidien avec des produits détergents/désinfectants et du matériel décontaminé ou stérile				
2. Entretien biquotidien avec des produits détergents/désinfectants et du matériel décontaminé				
3. Entretien avec des produits d'entretien courant				
4. Entretien quotidien avec des produits détergents/désinfectants et du matériel décontaminé				

3 À l'aide de vos connaissances, **proposer** trois mesures à respecter par le personnel soignant dans les zones à risque élevé.

....

....

....

Activité 2 Organisation des circuits d'une structure

OBJECTIFS
- Analyser les risques de biocontamination lors des circulations et les mettre en relation avec les mesures réglementaires.
- Justifier l'intérêt de la mise en œuvre des circuits.

En structure de soins, la circulation des personnes peut être à l'origine de biocontaminations et d'infections associées aux soins. Que ce soient le personnel, les patients ou les visiteurs, ils peuvent transmettre leurs propres germes, des germes provenant de l'extérieur ou de patients infectés… Il est donc nécessaire de définir des règles strictes de circulation des personnes dans les établissements de soins en fonction des zones à risque. On peut noter l'accès limité à certaines zones, le respect de la marche en avant, la progression du personnel en fonction du degré de contamination…

Doc. 2 La circulation des personnes dans les établissements de soins

1 **Identifier** les risques de biocontamination dans chaque situation en complétant le schéma (Doc. 2).

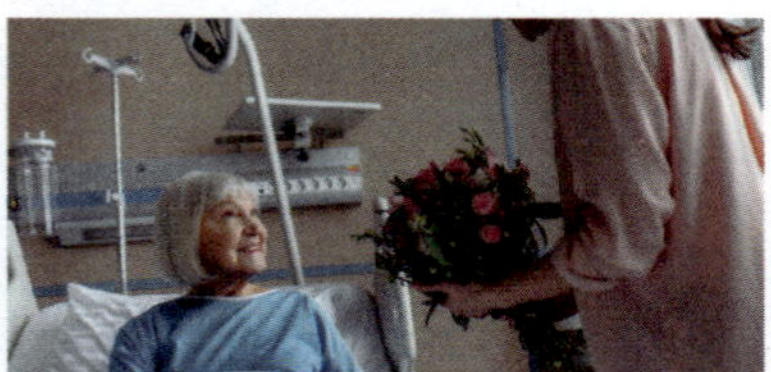

Risque de biocontamination par :

....

....

....

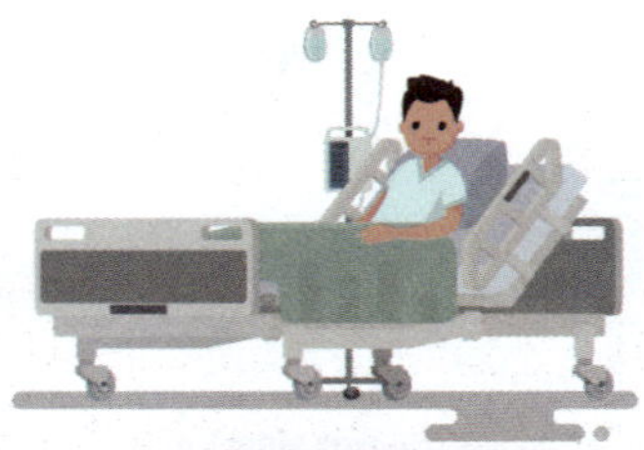

Patient

Risque de biocontamination par :

....

....

....

2 **Justifier** l'intérêt de mettre en œuvre des circuits pour les personnes dans les structures.

....

Activité 3 Les différents types de déchets en structure de soin

OBJECTIF • Indiquer les différentes catégories de déchets et leurs origines et en donner des exemples.

Différents types de déchets peuvent être générés par les activités des structures de soins.

	Catégories de déchets	Exemples de déchets	Conditionnement des déchets
Déchets non dangereux	Déchets assimilables aux ordures ménagères (DAOM)	Emballages, restes de repas, matériel de protection non contaminé, matériel de soins non contaminé, déchets administratifs	Poubelles à ordures ménagères 
Déchets dangereux	Déchets d'activité de soins à risques infectieux (DASRI) 	**Déchets piquants, coupants ou tranchants** (aiguilles, ciseaux, lames, pinces…)	Conteneurs rigides 
		Déchets mous (champs opératoires, blouses, calots, masque, compresses…)	Sacs plastique ou fûts ou conteneurs carton 
		Déchets non mous (seringues non serties, abaisse-langue, flacon, sonde…)	Conteneurs carton ou fûts 
		Déchets anatomiques non identifiables et liquides biologiques	Conteneurs carton ou rigides, fûts ou jerricanes 
	Déchets dangereux chimiques / toxiques	**Médicaments, matériels radiographiques, réactifs de laboratoire…**	Conteneurs agréés proposés par le prestataire de collecte
		Médicaments anticancéreux et déchets associés	Conteneurs rigides spécifiques avec mention « médicaments cytotoxiques » 

Doc. 3 Les différents déchets hospitaliers

1 **Surligner** dans le Doc. 3 les principales catégories de déchets rencontrées en structure de soins.

2 **Proposer** trois exemples de déchets pour chaque catégorie du tableau ci-dessous (Doc. 3).

DAOM	DASRI		
	Mous	Non mous	Piquants/Tranchants/Coupants
....	....	....	....
....	....	....	....
....	....	....	....

Activité 4 Le traitement des déchets en structure de soins

OBJECTIF • Présenter le tri, le conditionnement, l'organisation des circuits, de la collecte, le traitement local des déchets selon la réglementation en vigueur.

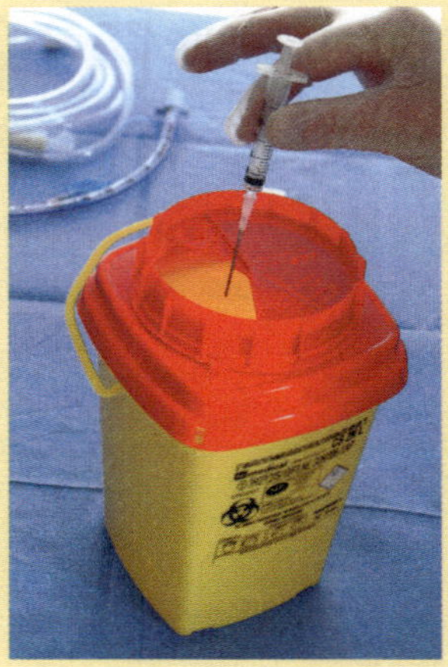

Les DASRI doivent être séparés dès leur production et conditionnés dans un emballage conforme aux normes en vigueur. Les emballages et conditionnements pour DASRI présentent des caractéristiques communes :
- dispositifs à usage unique ;
- munis de fermetures temporaires et définitives ;
- couleur jaune dominante ;
- présence d'un trait indiquant la limite de remplissage ;
- marquage du risque identifié ;
- identification du producteur.

Le choix du conditionnement approprié se fera selon les critères suivants :
- collecteurs adaptés à la taille des déchets à éliminer ;
- collecteurs adaptés à la typologie des déchets produits.

Certaines précautions de remplissage et d'utilisation sont à prendre en compte :
→ ne pas dépasser la limite de remplissage ;
→ ne jamais forcer l'introduction des déchets ;
→ porter une attention particulière lors du remplissage et de la manipulation des collecteurs.

Source : D'après Le Guide Ademe, « Tri des déchets d'activités de soins des professionnels de santé du secteur diffus ».

Doc. 4 Le tri et le conditionnement des DASRI

La durée et les conditions d'entreposage dans la structure de soins dépendent de la quantité de DASRI produite :
- **de 5 à 15 kg par mois :** la durée d'entreposage est de 1 mois maximum dans une zone spécifique identifiable en accès limitée ;
- **de 15 à 100 kg par semaine :** la durée d'entreposage est de 7 jours maximum dans un local réservé et identifié, sécurisé, ventilé, éclairé, protégé des nuisibles, équipé d'un point d'eau, lavable et nettoyé régulièrement ;
- **au-delà de 100 kg par semaine :** la durée maximum d'entreposage est de 72 heures.

Doc. 5 L'entreposage des DASRI conditionnés

La collecte et le transport doivent respecter le cadre réglementaire lié au transport de matières dangereuses et à leur élimination. Les déchets doivent être accompagnés de documents de traçabilité.

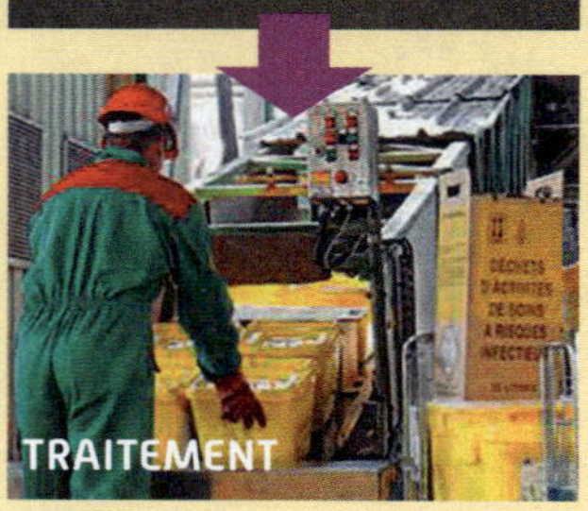

Les DASRI peuvent être éliminés soit par incinération, soit par prétraitement par désinfection.

Doc. 6 De la collecte au traitement des DASRI

1 **Indiquer** à quel moment doit avoir lieu le tri des DASRI (**Doc. 4**).

....

2 **Justifier** les deux précautions soulignées dans le **Doc. 4**.

....

....

....

....

3 **Identifier** les caractéristiques d'un emballage DASRI en complétant la légende ci-dessous (**Doc. 4**).

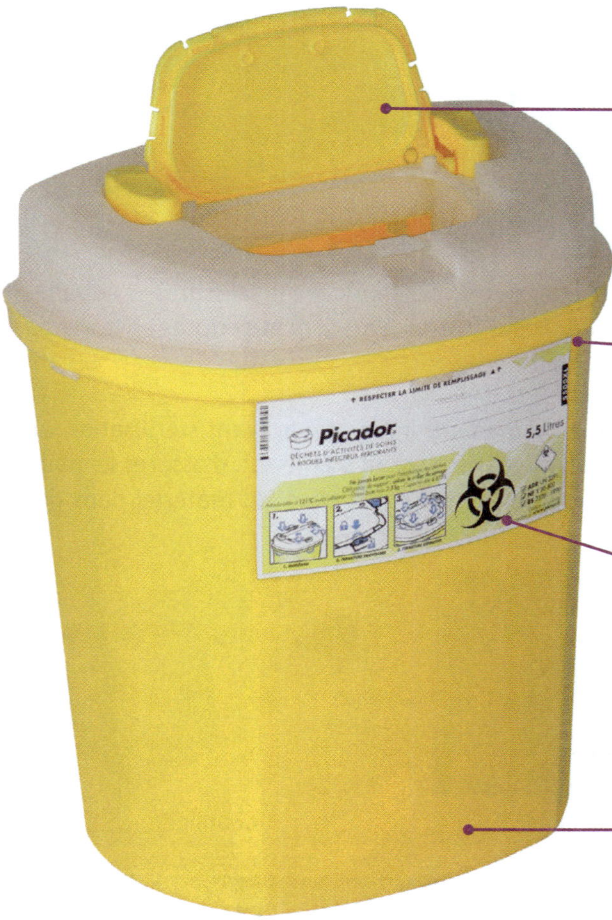

....
....

....
....

....
....

....
....

4 **Indiquer** une précaution à prendre pour chaque étape du circuit des DASRI et la **justifier** dans le tableau ci-dessous (**Doc. 5 et 6**).

Étapes	Précaution	Justification
Entreposage	....	....
Collecte Transport	....	....
Traitement	....	....

Activité 5 Les étapes préalables à la stérilisation des DMR

OBJECTIFS
- Définir stérilisation, prédésinfection.
- Indiquer et justifier les opérations de préparation préalables à la stérilisation : prédésinfection des matériels (trempage, rinçage, lavage…).

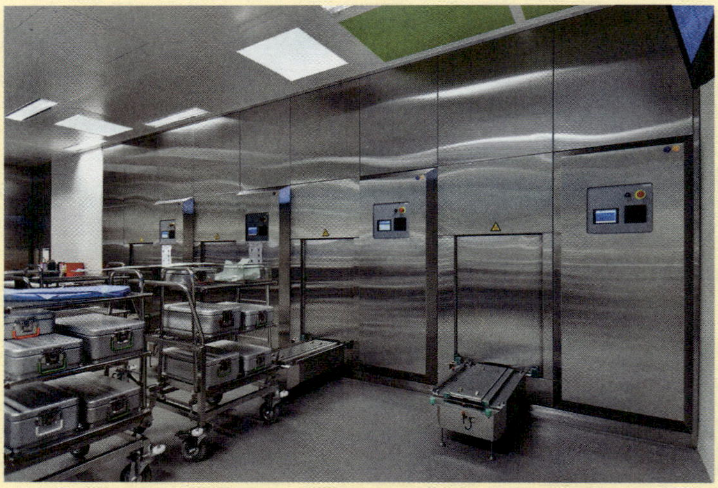

1 La prédésinfection est le premier traitement à effectuer sur les objets et matériels souillés dans le but de diminuer la population de micro-organismes et de faciliter le nettoyage ultérieur. Réalisée au plus près de l'utilisation, elle permet de protéger le personnel lors de la manipulation des instruments et d'éviter la contamination de l'environnement.

2 Après avoir été rincé afin d'éliminer les résidus de produit, le matériel est nettoyé/désinfecté, rincé et séché généralement en laveur/désinfecteur. Ces opérations permettent d'éliminer les salissures résiduelles et de réduire le taux de micro-organismes afin d'obtenir des instruments secs et propres en zone de conditionnement. Seul du matériel propre peut être stérilisé.

3 Le matériel propre et sec est ensuite conditionné de manière à maintenir avant stérilisation un niveau minimum de contamination, de permettre le contact avec l'agent stérilisant, d'assurer le maintien de la stérilité jusqu'au moment de l'utilisation, de permettre l'utilisation du matériel dans des conditions aseptiques.

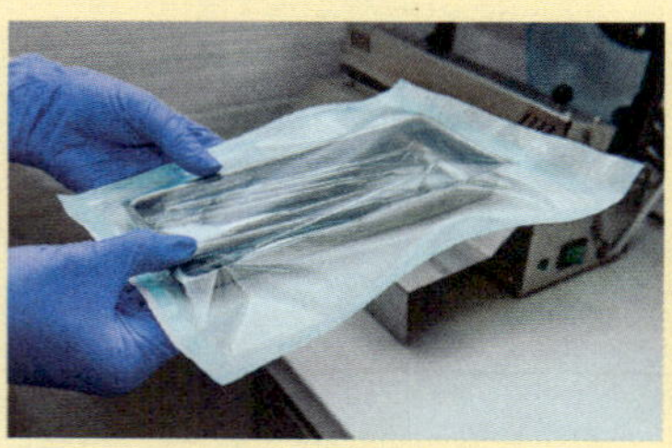

En poche

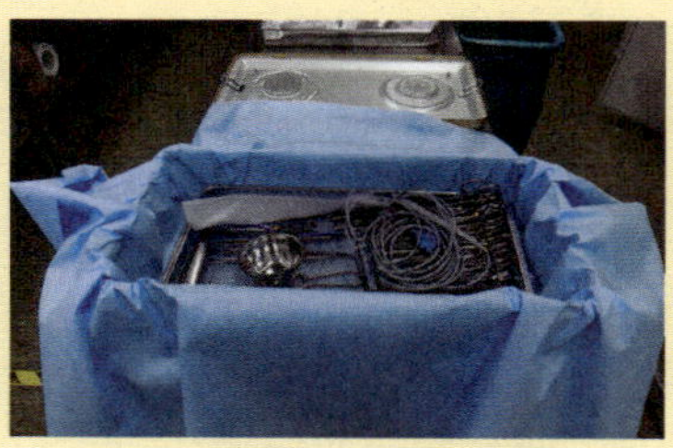

Emballage papier

Container

4 Une fois conditionné le matériel est stérilisé. La stérilisation est l'ensemble des méthodes et des moyens visant à éliminer par destruction tous les micro-organismes vivants de quelque nature ou forme que ce soit, portés par un objet parfaitement nettoyé.
Le matériel est ensuite stocké dans les services pour utilisation.

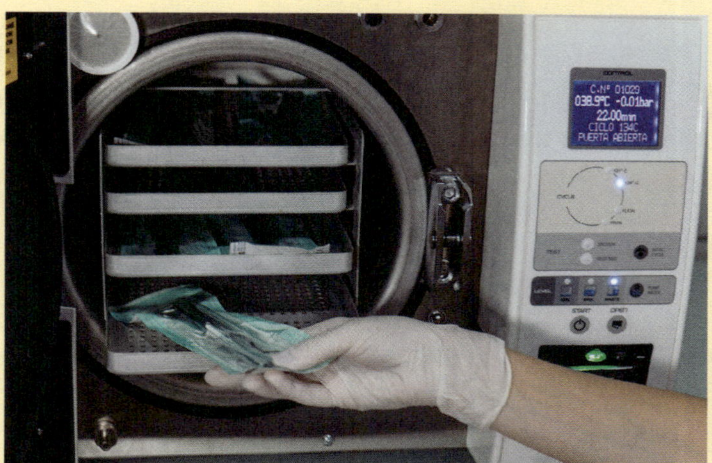

Doc. 7 Les étapes préalables à la stérilisation des dispositifs médicaux réutilisables (DMR)

FICHE TECHNIQUE 8

La prédésinfection des DMR

Document
Fiche technique détaillée
www.lienmini.fr/5611-0702

MATÉRIEL ET PRODUITS

- Gants à manchette longue, lunettes de protection, surblouse, masque, charlotte
- Bac avec couvercle, brosse, compresses, champ propre, support non pelucheux
- Produit détergent-désinfectant

TECHNIQUE

1. Préparer la solution désinfectante dans le bac et le couvrir.
2. Noter l'heure et la date de la préparation sur le bac pour s'assurer du renouvellement au bout de 24 heures.
3. Éliminer sur les DMR les débris tissulaires, osseux et les déchets (compresses).
4. Essuyer les DMR souillés de sang avec un tissu non pelucheux, éliminer les DMR défectueux, à usage unique (symbole ②), lames et aiguilles.
5. Ouvrir les pinces et ciseaux.
6. Immerger complètement les instruments dans le bac.
Faire circuler la solution à l'intérieur des instruments creux.
7. Couvrir et laisser agir en respectant le temps de contact préconisé.
Pourquoi ? ....
....

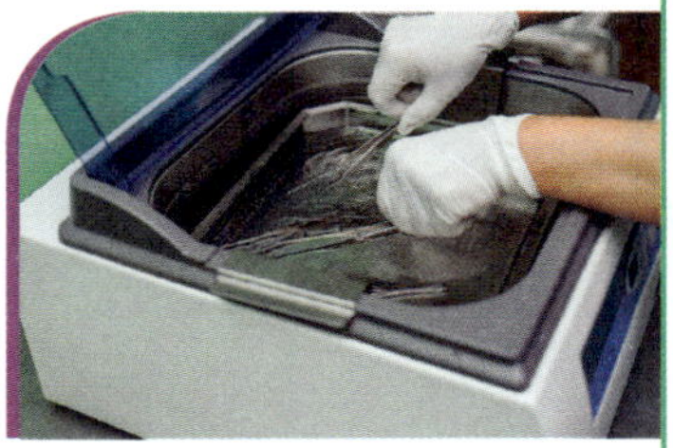

8. Rincer à l'eau et brosser les DMR avec une brosse en plastique.
Pourquoi ? ....
9. Égoutter les DMR sur un champ propre et les sécher avec un support propre et non pelucheux.
10. Disposer les DMR par famille dans les conteneurs et les fermer hermétiquement pour protéger le matériel de la contamination.
11. Noter sur le conteneur la date et l'heure de cette opération et compléter la fiche de suivi.
Pourquoi ? ....
12. Bionettoyer et sécher le bac, bionettoyer le plan de travail pour assurer le maintien en état du matériel.
13. Quitter les gants et tablier jetables.
14. Se laver les mains ou appliquer un gel hydroalcoolique.
Pourquoi ? ....

CRITÈRES DE RÉUSSITE

– Les DMR sont secs.
– Les DMR ne présentent pas de traces.
– Les conteneurs sont hermétiquement fermés et identifiés.

1 **Identifier** dans le **Doc. 7** :
– la définition de la prédésinfection en la surlignant en bleu ;
– la définition de la stérilisation en la surlignant en rose.

2 **Indiquer** les étapes menant à la stérilisation dans le tableau suivant. **Justifier** chacune de ces étapes (**Doc. 7**).

Étapes	Justifications
.... + Rinçage	– Permet d'éliminer les résidus de produit. – Permet de ....
.... + Rinçage + Séchage	– Permet de limiter la prolifération des micro-organismes et d'éviter l'apparition de rouille sur les instruments. – Permet d'.. – Permet d'..
....	Permet de ....
Stérilisation	

3 **Numéroter** dans l'ordre les étapes de la prédésinfection représentées par les images suivantes à l'aide de la **fiche technique 8**.

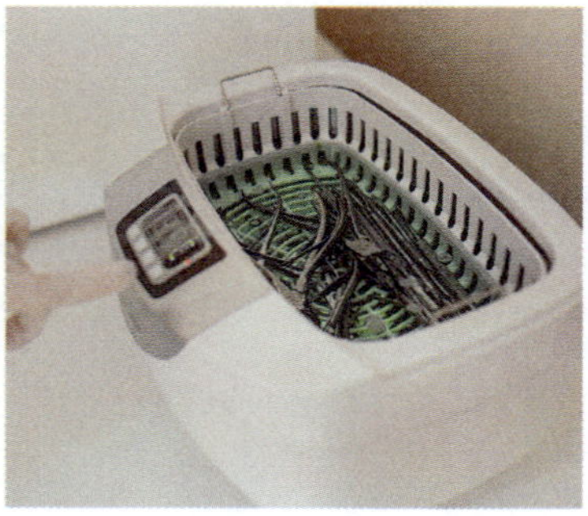

Étape .....

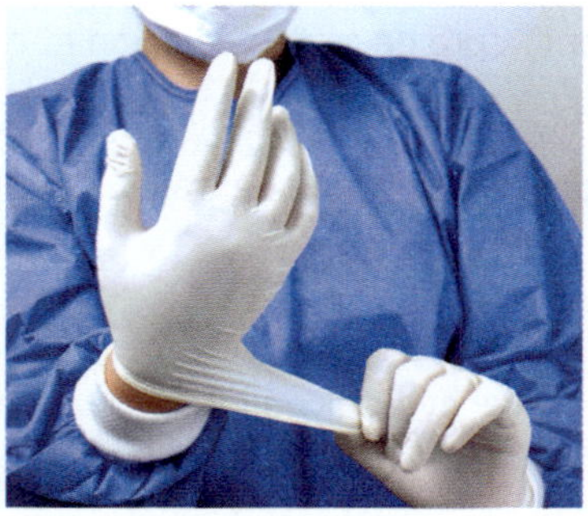

Étape .....

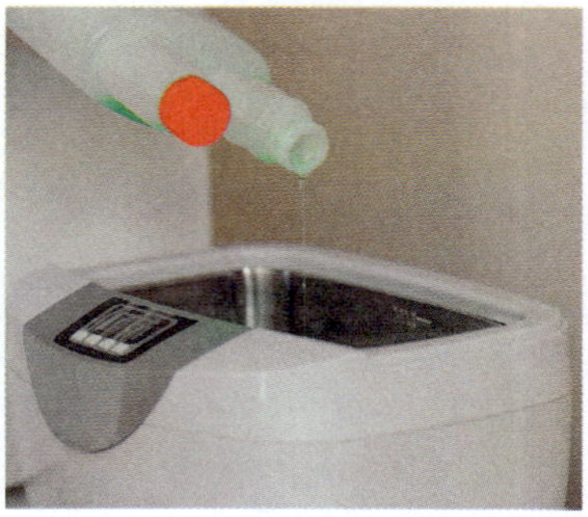

Étape .....

4 **Justifier** le port de gant à manchette et de lunettes.

....

....

5 **Justifier** les différentes étapes de la technique en complétant la **fiche technique 8**.

Activité 6 Les étapes de la stérilisation

OBJECTIFS
- Énoncer les différentes étapes de la stérilisation de matériels médicaux.
- Caractériser les différentes techniques de stérilisation (agents utilisés, paramètres, contrôles de l'efficacité de la stérilisation…).

Procédés	Équipements	Caractéristiques
Vapeur d'eau saturée 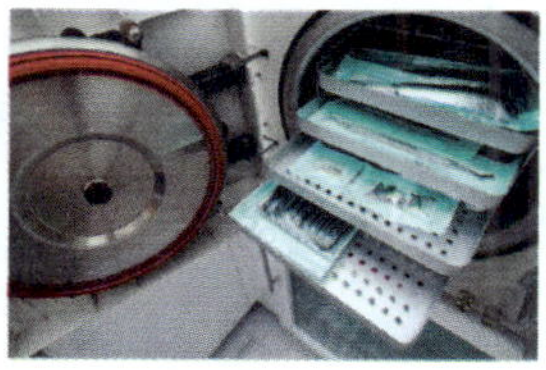	Autoclave	L'agent stérilisant est la vapeur d'eau saturée. Température : 121 à 134 °C Temps : 18 minutes à 134 °C Pression : 2 bar *Pour tout matériel non thermosensible.*
Chaleur sèche 	Four Poupinel	L'agent stérilisant est la chaleur. Température : 160 à 180 °C Temps : 1 heure *Verre et métal uniquement.* *L'efficacité est variable.*
Gaz plasma 	Enceinte close à basse pression	L'agent stérilisant est le peroxyde d'hydrogène à une concentration minimale de 6 mg/L. Température : 45 °C Temps : environ 1 heure *Adapté au matériel thermosensible. Difficultés de traiter les cavités internes. Coût élevé.*
Oxyde d'éthylène 	Autoclave	L'agent stérilisant est l'oxyde d'éthylène à une concentration entre 400 et 1 000 mg/L. Température : 35 à 55 °C Temps : quelques heures *Adapté au matériel thermosensible, phase de désorption longue (élimination du gaz).*

Doc. 8 Les différentes techniques de stérilisations des DMR

Avant la mise en œuvre du procédé de stérilisation, un test de Bowie & Dick est réalisé lors du premier cycle de la journée à vide. Il teste le bon fonctionnement de l'appareil en vérifiant la quantité de vapeur diffusée dans l'autoclave et l'élimination de l'air.

Feuille test **avant** stérilisation

Feuille test **après** stérilisation
Résultat non conforme

Feuille test **après** stérilisation
Résultat conforme

Doc. 9 Les contrôles préalables à la stérilisation

1 Contrôles pendant la stérilisation

Vérification des manomètres (pression), des thermomètres, du déroulement conforme des phases du cycle (absence d'alarmes).

2 Contrôles après la stérilisation

Contrôles physico-chimiques :

– **Indicateurs de passage :** ruban adhésif posé sur la charge, son changement de couleur permet d'identifier les objets passés dans l'autoclave mais ne constitue pas une garantie de l'état stérile.

– **Intégrateurs des paramètres de stérilisation :** indicateurs colorés placés dans la charge à stériliser contrôlant trois paramètres : temps - température - vapeur saturée.

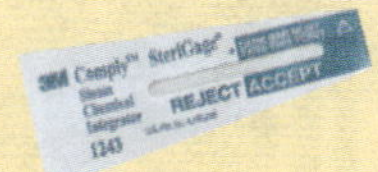

Contrôles bactériologiques :

– Indicateur biologique : tube contenant des spores bactériennes placé dans la charge à stériliser, le tube est mis à incuber après la stérilisation afin de détecter si les spores ont réellement été détruites dans le stérilisateur.

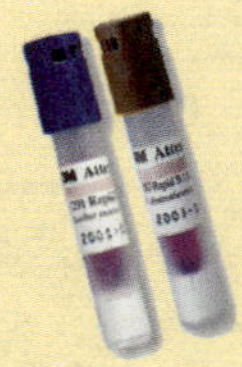

Doc. 10 Les contrôles de l'efficacité de la stérilisation

1 Caractériser chaque technique de stérilisation en complétant le tableau ci-dessous (**Doc. 8**).

Procédés	Agent stérilisant	Paramètres
Vapeur d'eau saturée	... ...	Température : ... Temps : ... Pression : ...
Chaleur sèche	... ...	Température : ... Temps : ...
Gaz plasma	... ...	Température : ... Temps : ... ...
Oxyde d'éthylène	... ...	Température : ... Temps : ... ...

2 Proposer un procédé de stérilisation adapté pour les instruments suivants (**Doc. 8**).

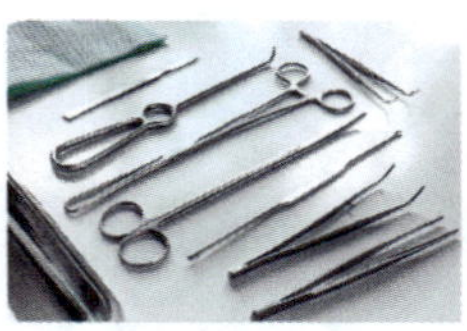

Dispositif : matériel médical en inox

Procédé de stérilisation adapté :

...

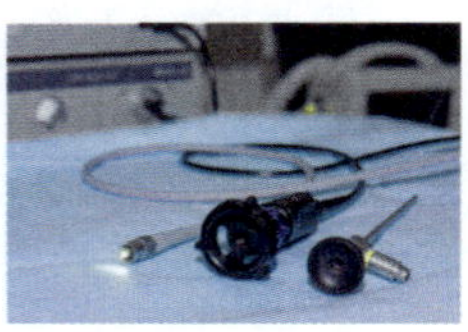

Dispositif : endoscope (optique thermosensible)

Procédé de stérilisation adapté :

...

3 **Associer** chaque contrôle à son objectif à l'aide d'une flèche (**Doc. 9 et 10**).

Contrôles de l'efficacité de la stérilisation		Objectifs
Indicateur biologique •		• Permet d'identifier les objets passés dans l'autoclave.
Indicateurs de passage •		• Teste le bon fonctionnement de l'appareil en vérifiant la quantité de vapeur diffusée dans l'autoclave et l'élimination de l'air.
Intégrateurs des paramètres de stérilisation •		• Détecte si les spores microbiennes ont réellement été détruites dans le stérilisateur.
Test de Bowie & Dick •		• Contrôle les paramètres de stérilisation : temps – température – vapeur saturée.

4 **Identifier** le moment du contrôle en cochant la bonne réponse (**Doc. 9 et 10**).

Contrôles de l'efficacité de la stérilisation	Moment de sa réalisation
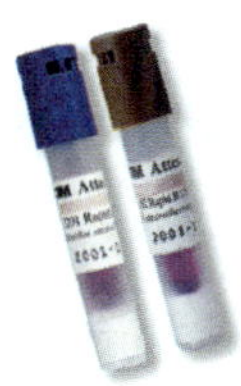	❑ Avant la stérilisation ❑ Pendant la stérilisation ❑ Après la stérilisation
	❑ Avant la stérilisation ❑ Pendant la stérilisation ❑ Après la stérilisation
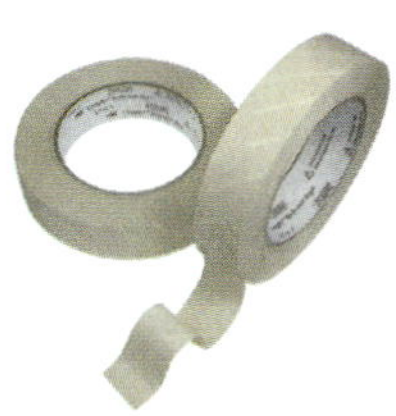	❑ Avant la stérilisation ❑ Pendant la stérilisation ❑ Après la stérilisation
 Manomètre	❑ Avant la stérilisation ❑ Pendant la stérilisation ❑ Après la stérilisation

L'essentiel à retenir

Je révise
Synthèse rédigée
www.lienmini.fr/5611-0703

Je m'entraîne
Exercices interactifs
www.lienmini.fr/5611-0704

HYGIÈNE EN ACTIVITÉ DE SOINS

Identification des zones à risque

→ Permet de déterminer des niveaux d'exigence en matière d'hygiène.

Niveau 1	Niveau 2	Niveau 3	Niveau 4
Risques minimes *Pas de malades*	Risques moyens *Patients ni infectés, ni sensibles*	Risques élevés *Patients infectés ou sensibles*	Risques sévères *Patients hautement sensibles*

Respect des circuits

→ Permet de limiter les bio-contaminations.

– Règles strictes de circulation des personnes (personnel, patients, visiteurs).

– Marche en avant.

Gestion des déchets

Déchets non dangereux

DAOM
Déchets assimilés aux ordures ménagères

Déchets dangereux

DASRI
Déchets d'activités de soins à risques infectieux

Déchets chimiques et toxiques
Médicaments, réactifs, produits anticancéreux…

– Tri dans les services
– Conditionnement dans emballages spécifiques
– Entreposage dans une zone spécifique
– Traitement : incinération ou par prétraitement par désinfection

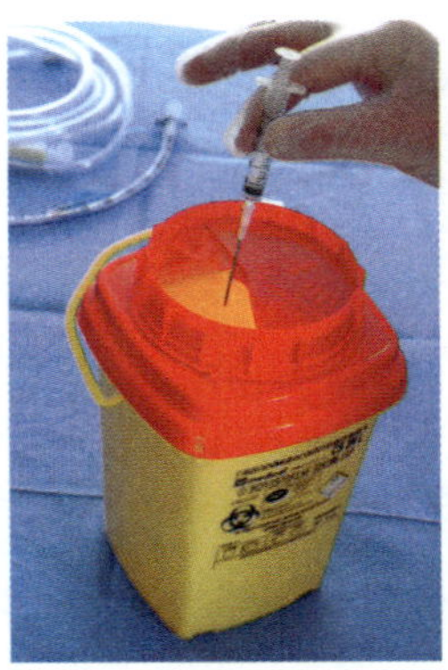

Traitement des DMR
(dispositifs médicaux réutilisables)

Prédésinfection
Opération au résultat momentané permettant d'éliminer ou de tuer les micro-organismes et/ou d'inactiver les virus indésirables

↓

Stérilisation
Opération au résultat durable permettant d'éliminer ou de tuer tout micro-organisme vivant porté par un objet parfaitement nettoyé
DMR thermorésistant : stérilisation en autoclave
DMR thermosensible : stérilisation par oxyde d'éthylène ou gaz plasma

↓

Contrôles physico-chimiques : test Bowie & Dick, indicateur de passage, intégrateur
Contrôle bactériologique : indicateur biologique

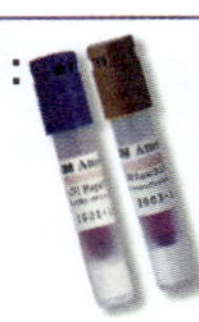

SÉQUENCE 8

Tri et circuit du linge

Réfléchissons ensemble

VIDÉO
Les symboles d'entretien textile
www.lienmini.fr/5611-0801

Activité 1 Les propriétés des matières textiles

DOMICILE

OBJECTIF • Énoncer les propriétés des matières textiles les plus utilisées en lien avec leurs usages.

Matières textiles naturelles		Matières textiles chimiques			
Coton	**Laine**	**Viscose**	**Polyester**	**Chlorofibres**	**Nouvelles fibres textiles**
Peu coûteux, doux, absorbant, facile à entretenir : supporte de hautes températures. Les cotons blancs peuvent être javellisés. **Utilisation :** linge de maison, vêtements pour enfants, sous-vêtements, vêtements de travail.	Bon pouvoir isolant et absorbant, ne se froisse pas et ne retient pas les poussières. Rétrécit au contact de l'eau chaude. Très alourdie par l'eau, s'étire et se déforme. **Utilisation :** pulls, manteaux, écharpes, bonnets.	Fort pouvoir absorbant. Résistance et aspect soyeux et fluide grâce à un traitement chimique. Se froisse très facilement. **Utilisation :** sous-vêtements, tee-shirts, draps.	Très grande élasticité (permet de ne pas se froisser). Peu absorbant, évacue rapidement l'humidité. Bon isolant, résistant et léger, supporte des températures de lavage entre 30 et 40 °C. **Utilisation :** vêtements de sport.	Ininflammables, fort pouvoir isolant. Sensibles à la chaleur (oblige à les laver à 40 °C et interdit le repassage). **Utilisation :** sous-vêtements chauds, fausses fourrures.	Les nanotechnologies permettent d'introduire des substances dans les fibres. L'élasthanne, utilisé dans les vêtements de sport, stimule la circulation et améliore l'oxygénation grâce à la compression musculaire.

Doc. 1 Les différents textiles

1 **Choisir** le textile adapté pour chaque situation et **énoncer** deux propriétés en lien avec leurs usages (**Doc. 1**).

Situations	Textiles	Propriétés
1. Sandra a besoin d'une tenue professionnelle pour sa PFMP en crèche.	....	....
2. Noa souhaite acheter un manteau pour se protéger du froid.	....	....
3. Lou, en PFMP dans un centre d'animation, veut acheter une tenue de sport.	....	....

Activité 2 L'étiquetage des vêtements et les précautions d'entretien

OBJECTIF • Identifier les symboles liés aux conseils d'entretien, en déduire les précautions à prendre pour l'entretien.

DOMICILE

LAVAGE			
Lavage à 50 °C maximum	Lavage à 30 °C avec une action mécanique réduite et très réduite	Lavage à la main	Lavage interdit

SÉCHAGE		
Séchage en sèche-linge à température modérée (60 °C)	Séchage en sèche-linge à température normale (80 °C)	Séchage en sèche-linge interdit
Séchage sur fil, après essorage en machine	Séchage à plat, après essorage en machine	La barre oblique dans le symbole indique un séchage à l'ombre
Séchage sur fil, par égouttage, sans essorage préalable en machine	Séchage à plat, par égouttage, sans essorage préalable en machine	

REPASSAGE			
Température maximale de repassage : 110 °C	Température maximale de repassage : 150 °C	Température maximale de repassage : 200 °C	Repassage exclu

BLANCHIMENT		NETTOYAGE PROFESSIONNEL	
Chlorage possible	Blanchiment interdit	Nettoyage professionnel à sec au perchloréthylène	Nettoyage à sec interdit

Doc. 2 **Les pictogrammes d'entretien des textiles (symboles COFREET : Comité français de l'étiquetage pour l'entretien des textiles)**

1 **Indiquer** l'intérêt de noter ces symboles sur un vêtement (**Doc. 2**).

....

2 **Décoder** et déduire les précautions à prendre pour l'entretien de ce pull (**Doc. 2**).

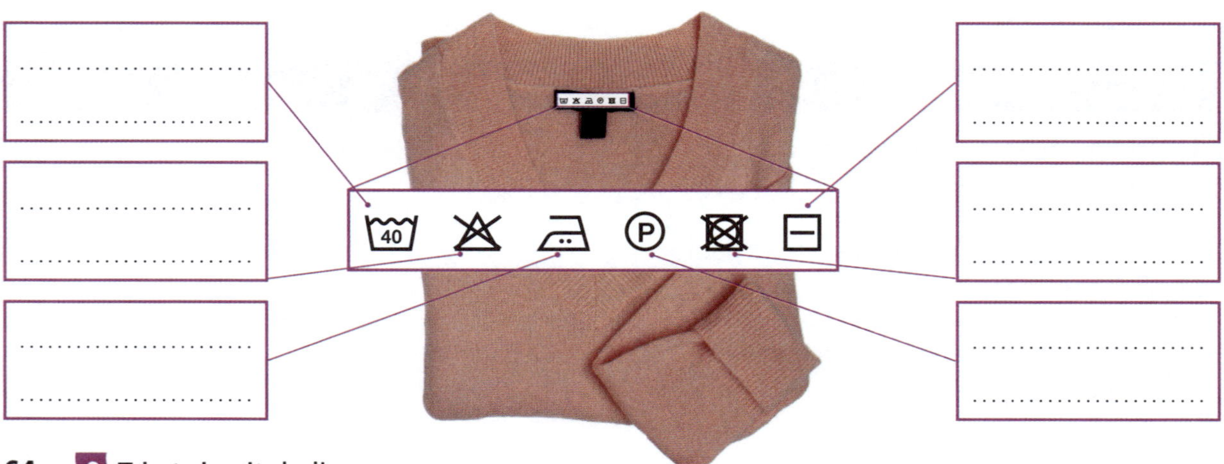

Activité 3 Le tri du linge

OBJECTIF • Énoncer et justifier les critères de tri du linge.

Le tri et la lecture des étiquettes permettent de déterminer le programme de lavage (température, essorage) et le dosage de la lessive pour que le lavage soit optimal sans abîmer le linge. Pour bien trier son linge, il faut commencer par :

1 Séparer le linge plat du linge en forme. Le linge plat nécessite des cycles de lavage très longs et à haute température.

Linge plat

Linge en forme

2 Séparer le linge de couleur claire du linge de couleur foncée. Le linge foncé peut déteindre sur le linge clair. Séparer le linge délicat, qui ne supporte pas les hautes températures.

Linge en forme foncé

Linge en forme clair

Linge en forme délicat

3 Le linge sale doit être séparé du linge peu sale pour éviter le transfert de salissures sur le linge peu sale.

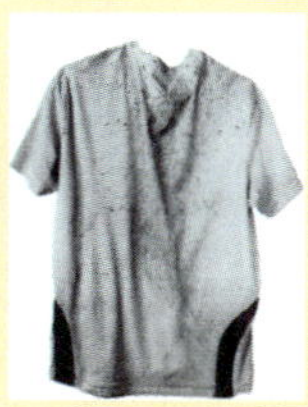

Vider les poches, fermer les fermetures éclair, dérouler les manches, vérifier la présence de tâches, ôter les parties amovibles, nouer les lacets.

Doc. 3 **Les règles et la technique de tri du linge**

1 **Souligner** la fonction du tri du linge (**Doc. 3**).

2 **Associer** chaque linge à une corbeille, en cochant la bonne colonne (**Doc. 3**).

Désignation de la corbeille / Linge à trier	Linge plat	Linge en forme clair	Linge en forme foncé	Linge délicat
Drap plat				
Robe noire				
Serviettes de toilette				
Jeans couleur brut				
Chemise bleu ciel				
Soutien-gorge				
Taies d'oreiller				
Slip blanc en coton				

AIDE Le linge en forme correspond au linge qui peut être porté contrairement au linge plat (drap, torchon, serviette…). On appelle « linge délicat » le petit linge (certains dessous féminins), mais également certains tissus (soie, laine) ou certains vêtements (costumes).

3 Pour chaque illustration, **indiquer** le critère de tri du linge et le **justifier** (**Doc. 3**).

Principes du tri	Justifications
  Tri par ……………………………………	…………………………………… …………………………………… ……………………………………
  Tri par ……………………………………	…………………………………… …………………………………… ……………………………………
 Synthétique  Coton  Laine/soie Tri par ……………………………………	…………………………………… …………………………………… ……………………………………
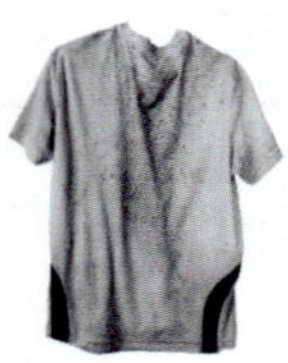 Tri par …………………………	…………………………………… …………………………………… ……………………………………

4 **Indiquer** six opérations préalables et indispensables avant le tri pour optimiser le lavage (**Doc. 3**).

……………………………………………………………………………………

……………………………………………………………………………………

……………………………………………………………………………………

……………………………………………………………………………………

……………………………………………………………………………………

……………………………………………………………………………………

5 **Citer** le matériel nécessaire pour trier le linge sale et **justifier**.

Matériel	Justification
• Masque et charlotte en milieu collectif • …………………………………… • ……………………………………	…………………………………… …………………………………… ……………………………………

Activité 4 Le circuit du linge en structure

STRUCTURE

OBJECTIFS
- Présenter le circuit du linge en structure.
- Justifier l'intérêt de ce circuit pour éviter les risques de biocontamination.

Collecte du linge sale

Linge sale de la chambre du résident (ou patient)

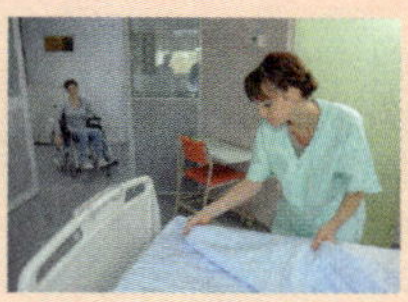

→ Tri et conditionnement du linge sale dans des sacs de couleurs dans le couloir

→ Évacuation et stockage des sacs dans un local spécifique puis transport vers la blanchisserie

→ **Traitement du linge en blanchisserie**

Lavage à haute température (60-70 °C), avec un produit désinfectant (dérivé chloré) et séchage/repassage à 160-180 °C

← Conditionnement du linge propre sous plastique et transport en armoire fermée

← Stockage du linge dans une réserve

← Distribution du linge dans les services

Circuit du linge propre

Doc. 4 **Le circuit du linge en structure**

1 **Relier** les recommandations préconisées pour la collecte du linge sale à leur justification.

Recommandations	Justifications
Effectuer le pré-tri dans la chambre du patient ou résident. •	• Éviter la surcharge des sacs et le risque d'ouverture.
Remplir les sacs au 2/3. •	• Limiter l'aérobiocontamination.
Manipuler le linge sale avec des gestes mesurés, sans les déposer sur le sol ou sur le mobilier. •	• Éviter au linge sale d'être un vecteur de contamination croisée dans les services, limiter les manipulations et les risques infectieux en blanchisserie.

2 **Indiquer** les trois opérations désinfectantes du linge lors du traitement du linge en blanchisserie (**Doc. 4**).

....

....

....

3 **Indiquer** la règle d'hygiène que doit adopter le personnel pour manipuler le linge propre.

....

L'essentiel à retenir

Je révise
Synthèse rédigée
www.lienmini.fr/5581-0802

Je m'entraîne
Exercices interactifs
www.lienmini.fr/5581-0803

TRI DU LINGE

Linge sale = linge contaminé
→ Tri avec des EPI (masque, gants, blouses et tabliers jetables)

1 Tri par catégorie

- Linge plat
- Linge en forme

2 Tri par couleur

- Linge en forme foncé
- Linge en forme clair

⚠ Vider les poches, fermer les fermetures éclair, dérouler les manches, vérifier la présence de tâches, ôter les parties amovibles, nouer les lacets.

3 Tri par matière

Les symboles COFREET dépendent de la nature des textiles et informent le consommateur des conditions d'entretien.

Matières textiles naturelles		Matières textiles chimiques		
Végétales	Animales	Artificielles	Synthétiques	
Coton	Laine	Viscose	Polyester	Chlorofibres

4 Tri par degré de salissure

CIRCUIT DU LINGE EN STRUCTURE

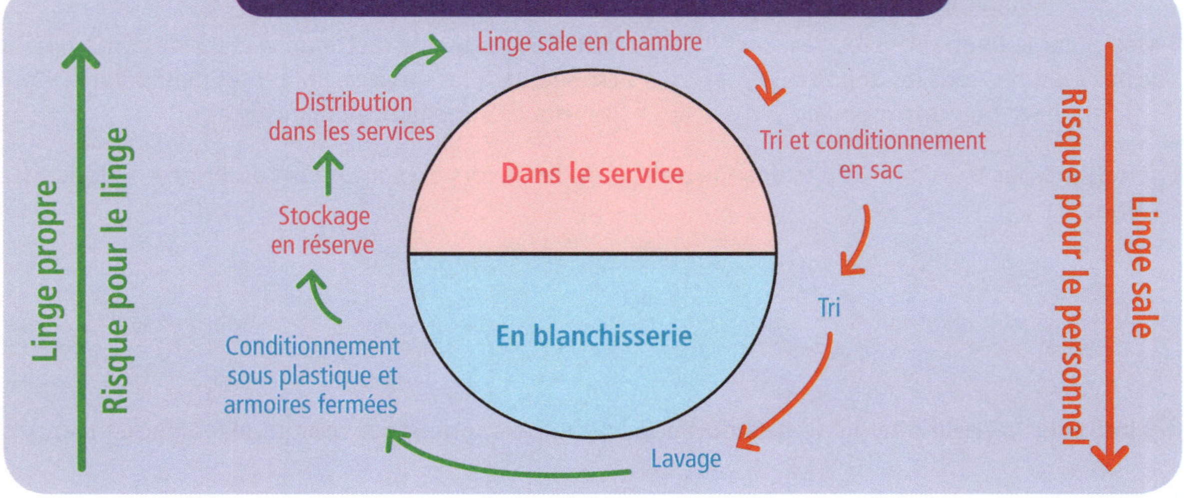

SÉQUENCE 9

L'entretien des textiles

DOMICILE

Réfléchissons ensemble

VIDÉO
Comment bien entretenir le linge ?
www.lienmini.fr/5611-0901

Activité 1 Le détachage

OBJECTIF | • Justifier les techniques et les précautions à prendre lors du détachage.

• **Les absorbants :** absorbent le surplus de taches fraîches qui n'a pas pénétré dans le tissu.
– **Les végétaux** (ex. : serpillières, chiffons, papiers absorbants, éponges).
– **Les minéraux** (ex. : talc, terre de Sommières).

• **Les réactifs chimiques**
– **Les décolorants :** détruisent les taches mais risquent de décolorer certains tissus (ex. : eau de Javel, eau oxygénée).
– **Les neutralisants :** stoppent l'action colorante en se combinant avec la tache, éliminée au rinçage (ex. : vinaigre blanc, jus de citron, ammoniaque, détachant avec enzymes).

• **Les solvants :** dissolvent les taches de graisses, de cire, etc. et permettent leur transfert sur un support absorbant (ex. : white-spirit, alcool à brûler, acétone).

• **Les détergents tensio-actifs :** décollent les salissures grasses et les mettent en suspension dans l'eau (ex. : sels alcalins (savon, détergents de synthèse), cristaux de soude, savon noir).

Doc. 1 Les produits de détachage

1 **Identifier** chaque détachant et **indiquer** la catégorie à laquelle il appartient (**Doc. 1**).

Nom			 ....
Famille	....	....	....
Nom	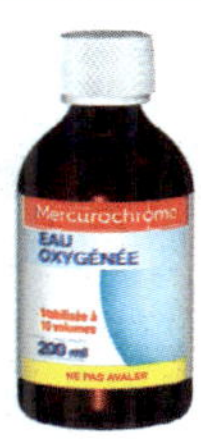		 ....
Famille	....	....	....

Procédé général de détachage		
..... 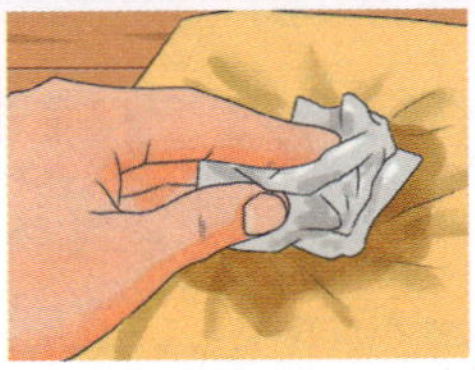 Aérer, mettre des gants, ne pas respirer les détachants. Imbiber la tache du détachant.	..... 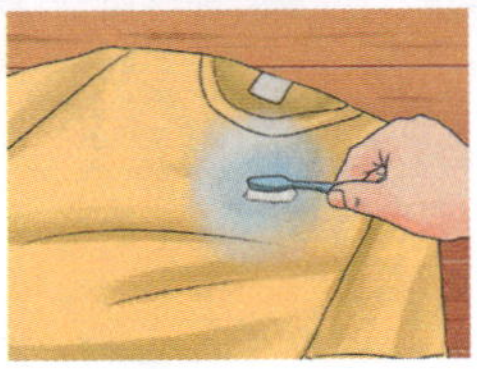 Brosser, gratter, fondre la tache.	.....  Rincer.
.....  Identifier le textile.	..... 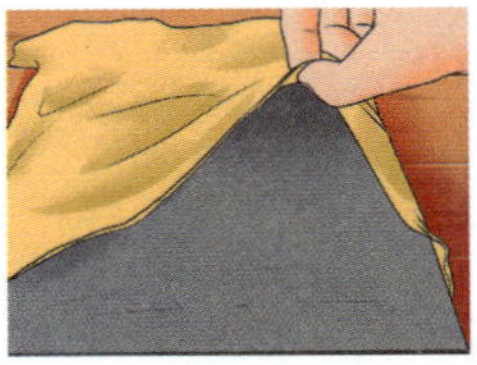 Mettre le tissu sur l'envers et placer un papier absorbant sous la tache.	.....  Répéter l'opération jusqu'à ce que le dégorgement cesse.

Détachage des principales taches			
Taches à base de graisse Cambouis, goudron, huile, beurre, bougie… Détachage : dissoudre la tache avec un solvant organique.	**Taches à base de protéines** Lait, œuf, sang, jus de viande… Détachage : détacher avec de l'eau ammoniaquée ou un détachant spécifique.	**Taches à base de tanins (oxydables)** Café, thé, vin, fruits rouges, herbe… Détachage : détacher dans une eau vinaigrée ou avec un détachant spécifique.	**Taches spécifiques** Encre, rouille, chewing-gum Traitement spécifique *Exemple pour le chewing-gum : poser un glaçon, casser une fois durci et brosser.*
Détachage : décolorer avec de l'eau javellisée ou de l'eau oxygénée.			

Doc. 2 **Le détachage des textiles**

2 **Numéroter** l'ordre des étapes du procédé général de détachage dans le **Doc. 2**.

3 **Relier** chaque situation à la nature de la tache correspondante ainsi qu'à l'opération de détachage nécessaire (**Doc. 2**).

Situations	Natures de tache	Opérations de détachage
Mme Smith a mangé ce midi une tarte aux fruits rouges et a taché sa jupe. •	• Tache à base de protéines •	• Détacher dans une eau vinaigrée ou avec un détachant spécifique.
M. Petit a taché sa chemise avec de la vinaigrette. •	• Tache à base de tanins (oxydables) •	• Détacher avec de l'eau ammoniaquée ou un détachant spécifique.
Mme Thomas a renversé de l'œuf sur son torchon en préparant des crêpes. •	• Tache à base de graisse •	• Dissoudre la tache avec un solvant organique.

4 **Indiquer** trois précautions à prendre lors de l'utilisation des détachants (**Doc. 2**).

....

....

Activité 2 Le lavage en machine

OBJECTIFS
- Expliquer la fonction globale et le fonctionnement d'un lave-linge.
- Justifier les précautions à prendre lors d'un lavage.

Les organes	
1	Distributeur de produit
2	Hublot
3	Bandeau de commandes
4	Plan de travail
5	Prise d'alimentation électrique
6	Tambour
7	Trappe d'accès du filtre à vidange
8	Tuyau de vidange
9	Filtre à vidange

Fonction globale : le lave-linge permet d'.. sans endommager les tissus.

Doc. 3 Le lave-linge

① Introduire pièce par pièce le linge trié, sans le tasser.
② Fermer le lave-linge en vérifiant que rien n'est resté coincé sur les bords.
③ Verser la lessive. Adapter la dose à la dureté (quantité de calcaire) de l'eau, à la charge et au degré de salissure du linge.
④ Sélectionner le programme. En cas de mélange de textiles, choisir la température de lavage la plus basse.
⑤ À la fin du cycle, arrêter le lave-linge et sortir le linge.

Éloigner les enfants du lave-linge (certains cycles peuvent atteindre 90 °C) et veiller à ce qu'ils ne jouent pas avec l'appareil.
En cas d'absence prolongée, couper l'arrivée d'eau et débrancher le lave-linge.
Pour éviter la prolifération microbienne, laisser le hublot ouvert, nettoyer le joint de la porte et le distributeur de produits. En cas de problème de vidange, nettoyer le filtre qui retient les gros résidus (bijoux, pièces, boutons…).

Doc. 4 Le lavage du linge en machine

On distingue deux catégories de lessive.

– **Les lessives en poudre** : elles contiennent des agents de blanchiment, qui évitent le grisaillement du linge blanc. En revanche, les vêtements de couleur peuvent perdre de leur éclat. Elles sont très efficaces à 60 °C ou plus. Toutefois, à 30 °C, elles sont susceptibles de laisser des traces sur les textiles de couleur. Elles sont adaptées pour le blanc et le linge très sale.

– **Les lessives liquides** : plus concentrées en tensioactifs que les lessives en poudre, elles ne contiennent pas d'agents de blanchiment. Si elles permettent de conserver l'intensité des couleurs, elles peuvent avoir tendance à ternir le linge blanc. Facilement et rapidement dissoutes, elles sont adaptées aux programmes rapides et aux lavages à basse température (30 °C ou 40 °C). Elles sont recommandées pour le linge de couleur et le linge du quotidien peu sale.

Doc. 5 Les deux grandes catégories de lessive

Chaque semaine vous mettez vos blouses 100 % coton, peu sales, à laver à la fin du TP Cuisine (étiquette d'entretien ci-dessous). La machine à laver a une capacité de 6 kg et l'eau est dure.

LE BON DOSAGE

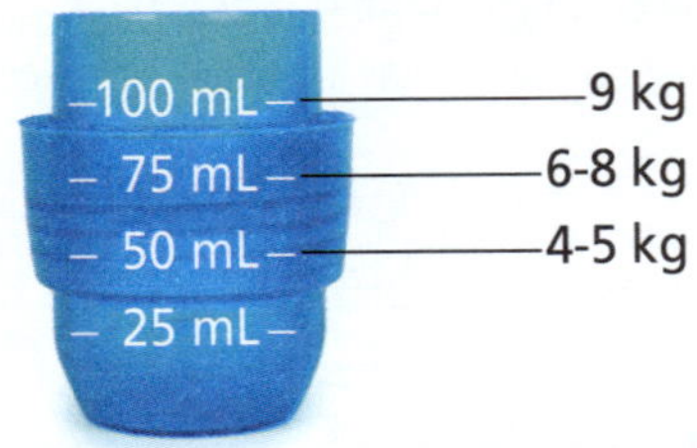

Dosage recommandé pour une eau peu ou moyennement dure.
Ajouter 15 mL de lessive pour une eau dure ou du linge très sale.

Doc. 6 **Extrait de l'étiquette d'une lessive liquide**

1 **Identifier** les organes du lave-linge en reportant leur numéro et **compléter** sa fonction globale (**Doc. 3**).

2 **Remettre** dans l'ordre les étapes du fonctionnement du lave-linge.

......	La lessive et les salissures sont éliminées par plusieurs cycles : rinçages et essorages.
......	Lors du rinçage final, le tambour est mis en rotation à grande vitesse.
......	Le linge est brassé dans une solution détergente, chauffée selon le programme choisi.

3 **Surligner** en vert dans le **Doc. 4** les trois précautions d'utilisation du lave-linge et en bleu les consignes d'entretien et de sécurité du lave-linge.

4 **Cocher** la lessive la plus adaptée à chaque situation et **justifier** son choix (**Doc. 5**).

Corbeille de linge à laver	Poudre	Liquide	Justification
Linge plat blanc en coton, très sale.			....
Linge en forme foncé en matières textiles variées, peu sale.			....

5 **Indiquer** la quantité de lessive à mettre pour laver les blouses (**Doc. 6**).

....

6 **Indiquer** par une flèche le programme à sélectionner ainsi que le compartiment du distributeur de produit à choisir pour la lessive et **justifier** la réponse.

Le sélecteur de programme

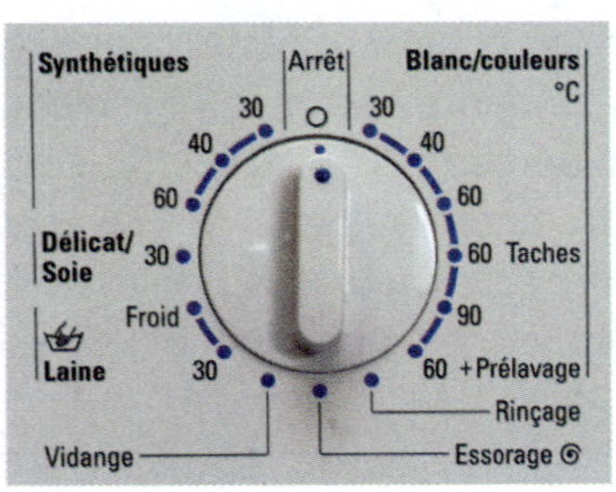

Le distributeur de produit

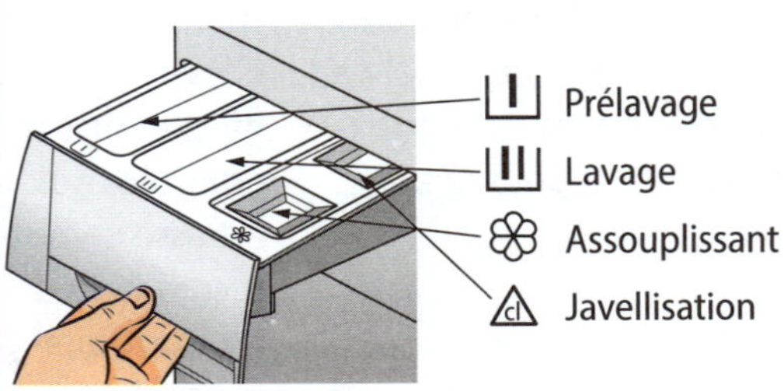

....

....

Justification :

....

....

....

Activité 3 Le lavage à la main

OBJECTIF • Justifier les techniques, les précautions à prendre pour le lavage à la main.

FICHE TECHNIQUE 9

Le lavage d'un lainage à la main

MATÉRIEL ET PRODUITS

- 2 bassines ou un lavabo à deux bacs
- 2 serviettes-éponges
- 1 étendoir à linge
- Lessive pour lavage à la main d'un lainage
- Adoucissant ou vinaigre blanc
- Détachant si nécessaire

TECHNIQUE

1. Préparer le bain de lavage en versant de l'eau tiède sur la lessive.

Pourquoi ?

2. Laver sans frotter, en pressant le lainage et en insistant sur les salissures.

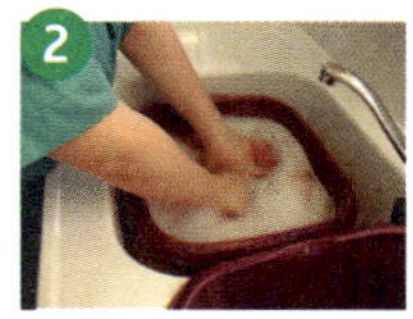

Pourquoi ?

3. Avec la seconde bassine, rincer jusqu'à ce que l'eau soit claire : le premier rinçage se fait à la même température que le lavage. Les suivants se font à l'eau froide.

4. Au dernier rinçage, ajouter éventuellement un assouplissant ou du vinaigre.

Pourquoi ?

5. Évacuer l'eau du lainage, en le foulant doucement sans le tordre.

Pourquoi ?

6. Étendre le lainage en le mettant en forme à plat, sur une serviette-éponge. Rouler le lainage en le serrant dans une serviette.

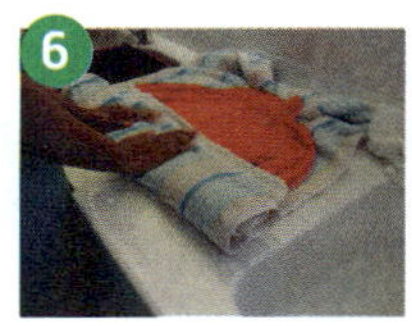

8. Étendre les grosses pièces à plat sur la seconde serviette-éponge sèche

Pourquoi ?

8. Mettre la serviette qui a servi à l'essorage à sécher.

CRITÈRES DE RÉUSSITE

1 À partir des étapes présentées dans la fiche technique 9, **justifier** les recommandations et **déduire** les critères de réussite.

Activité 4 Le séchage en sèche-linge

OBJECTIFS
- Expliquer la fonction globale et énoncer le principe de fonctionnement.
- Justifier les consignes d'entretien et de sécurité d'un sèche-linge.

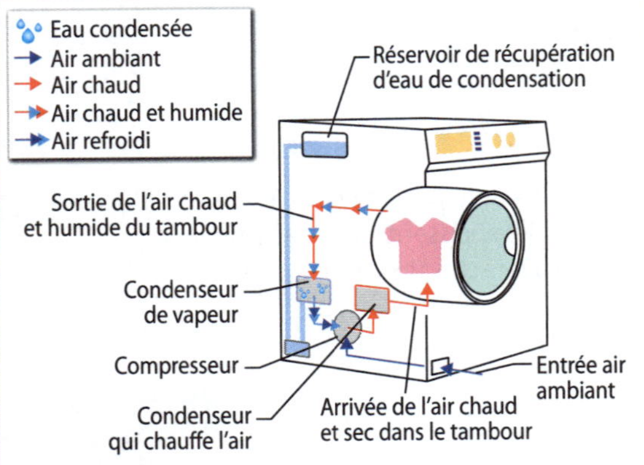

.....	L'air chaud se charge en humidité au contact du linge.
.....	L'eau obtenue est recueillie dans un réservoir de récupération et l'air refroidi est renvoyé sur le compresseur.
.....	L'air ambiant aspiré est comprimé par le compresseur.
.....	L'air humide passe dans un condenseur.
.....	L'air comprimé devient chaud et est envoyé dans le tambour.

Fonction globale : le sèche-linge permet d'.. contenue dans le linge.

Doc. 7 Le fonctionnement du sèche-linge à condensation pompe à chaleur

1. **Remettre** dans l'ordre les étapes du fonctionnement du sèche-linge et **compléter** sa fonction globale dans le Doc. 7.

2. **Relier** chaque consigne d'utilisation du sèche-linge à sa justification.

Consignes d'utilisation	Justifications
Adapter la quantité de linge à la capacité du sèche-linge. •	• Pour éviter que le linge ne se froisse.
Vider immédiatement le sèche-linge en fin de cycle. •	• Pour permettre de défroisser le linge et de faciliter le repassage.
Frauder le linge avant de le mettre dans la corbeille de linge à repasser. •	• La surcharge empêche le séchage de se faire correctement, abîme et froisse davantage le linge.

AIDE « Frauder le linge » signifie « secouer le linge ».

3. **Justifier** chacune des consignes d'entretien et de sécurité figurant sur la notice de l'appareil.

Consignes d'entretien et de sécurité		Justifications
	Nettoyer le filtre après chaque cycle de séchage.	....
	Vider le réservoir d'eau du sèche-linge à condensation après chaque cycle.	....
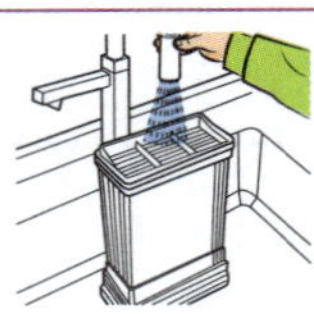	Éliminer tous les mois les peluches accumulées dans le condenseur du sèche-linge à condensation.	....

Activité 5 L'organisation du repassage

OBJECTIF • Justifier les précautions à prendre pour le repassage et le pliage.

Doc. 8 L'organisation du poste de repassage

1 **Justifier** les recommandations pour l'organisation du poste de repassage (**Doc. 8**).

Recommandations	Justifications
1. Être en tenue, avoir les cheveux attachés et avoir les mains propres.	....
2. Choisir un lieu aéré et lumineux, à proximité d'une prise électrique.	....
3. Travailler de préférence en position debout.	....
4. Régler la table à repasser au niveau des hanches.	....
5. Pour un droitier, placer à gauche la corbeille de linge en position surélevée, au centre la table à repasser et à droite la table de dépose. Pour un gaucher, inverser le poste.	....
6. Positionner la table à repasser avec le repose-fer à droite pour les droitiers.	....
7. Pour les grandes pièces de linge, placer une chaise de l'autre côté de la table à repasser.	....

Activité 6 L'utilisation du fer à repasser

OBJECTIFS
- Indiquer la fonction globale et le principe de fonctionnement du fer à repasser.
- Identifier les différents organes et justifier les consignes d'entretien et de sécurité du fer à repasser.

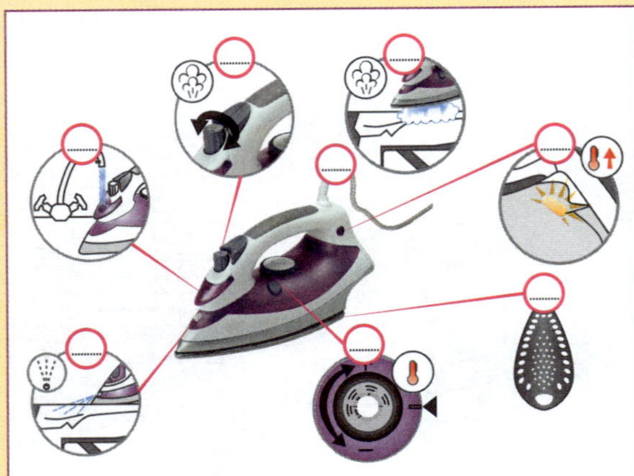

Les organes	
1	Commande « spray »
2	Orifice de remplissage
3	Bouton de commande vapeur
4	Voyant de température
5	Commande « jet de vapeur »
6	Bouton de réglage du thermostat
7	Semelle du fer à repasser
8	Cordon d'alimentation

Fonction globale : le fer à repasser permet d'..

Doc. 9 Le fer à repasser

1 **Identifier** les organes du fer à repasser en reportant leur numéro et **compléter** sa fonction globale (**Doc. 9**).

2 **Relier** chaque consigne d'entretien et de sécurité à sa justification.

Consignes d'entretien et de sécurité	Justifications
Toujours débrancher le fer à repasser pour remplir le réservoir d'eau. •	• Pour éliminer le tartre qui s'incruste dans les orifices de la semelle.
Ne jamais nettoyer la semelle avec un tampon abrasif, vinaigre ou autres produits. •	• Le fer à repasser émet de la vapeur qui peut occasionner des brûlures.
Utiliser la fonction anticalcaire toutes les deux semaines. •	• Pour éviter tout risque d'électrisation.
Ne jamais manipuler la table à repasser avec le fer à repasser dessus. •	• Le fer à repasser doit être posé et utilisé sur une surface stable pour éviter de le faire tomber.
Ne jamais diriger la vapeur vers une personne. •	• Pour éviter de se brûler en touchant la semelle du fer.
Lors du pliage, la semelle du fer doit être tournée vers l'extérieur de la table à repasser. •	• Pour ne pas endommager la semelle du fer à repasser.

FICHE TECHNIQUE 10

L'utilisation du fer à repasser

MATÉRIEL ET PRODUITS

- Corbeille de linge
- Table à repasser
- Table de dépose
- Pattemouille
- Fer à repasser
- Vaporisateur d'eau
- Produit de défroissage éventuellement

TECHNIQUE

1. Fermer la commande vapeur du fer à repasser.

   Pourquoi ? ....

   ....

2. Remplir le réservoir d'eau puis régler le thermostat et brancher le cordon d'alimentation, le voyant de température s'allume.

3. Lorsque le fer est à la température souhaitée (témoin lumineux éteint), ouvrir la commande vapeur (si nécessaire).

4. Avant de repasser, frauder le linge, poser la pièce à repasser sur la table à repasser et lisser avec les mains le vêtement.

   Pourquoi ? ....

   ....

5. Pour les froissures tenaces vaporiser un jet de vapeur ou actionner la touche « spray » pour humecter le tissu (ou utiliser aussi un vaporisateur d'eau ou un produit pour défroisser).

   Pourquoi ? ....

   ....

6. Reposer toujours le fer sur le talon.

7. En fin de repassage, débrancher le fer à repasser, laisser refroidir, vider le réservoir d'eau, puis ranger le fer à repasser verticalement.

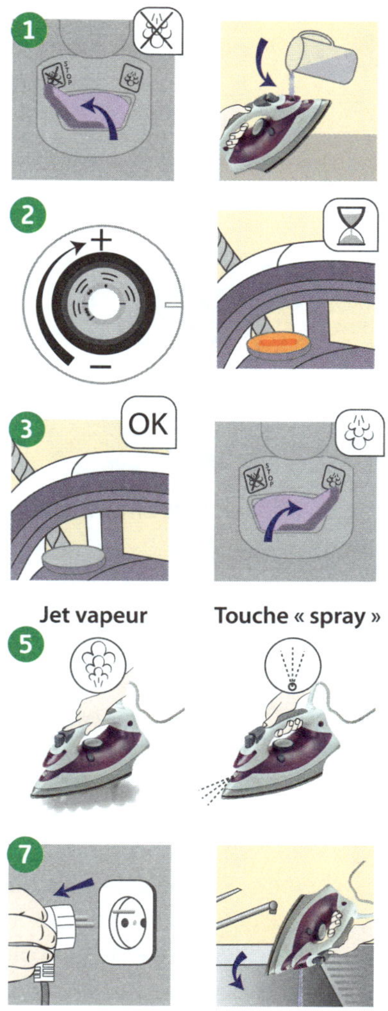

CRITÈRES DE RÉUSSITE

....

....

3 À partir des étapes présentées dans la fiche technique 10, **justifier** les recommandations et **déduire** les critères de réussite.

Activité 7 Le repassage et le pliage du linge

OBJECTIF • Justifier les techniques et les précautions à respecter pour le repassage et le pliage.

Frauder, étirer et trier les vêtements en fonction des codes d'entretien. Commencer par plier le linge qui ne se repasse pas (⊠) pendant que le fer à repasser chauffe. Repasser en premier les vêtements les plus délicats (·), poursuivre par les vêtements moins fragiles (··) puis terminer par les vêtements supportant des températures élevées (···).

Conseils :
– Pour un repassage de qualité, les vêtements doivent être légèrement humides.
– Pour éviter le lustrage (effet de brillance sur les tissus), repasser sur l'envers ou à l'aide d'une patte-mouille (linge humide).
– Pour éviter les marques de fer sur le linge, repasser sur une housse molletonnée.
– Si la température de repassage n'est pas connue, commencer par la température la plus basse sur une partie invisible du vêtement.

Doc. 10 Quelques règles pour bien repasser le linge

Technique de repassage

Repasser le col, les manches et les parementures.

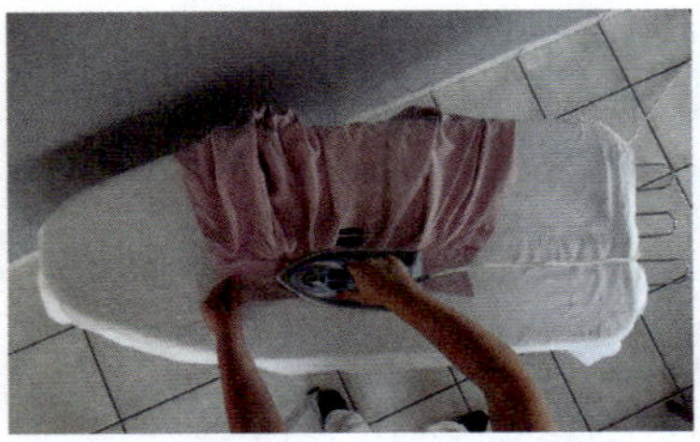
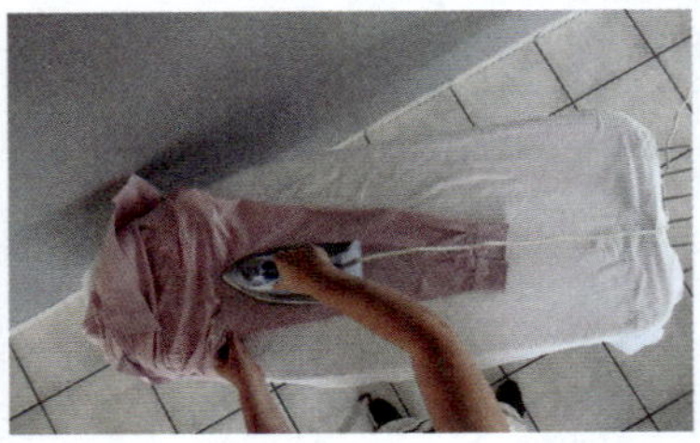
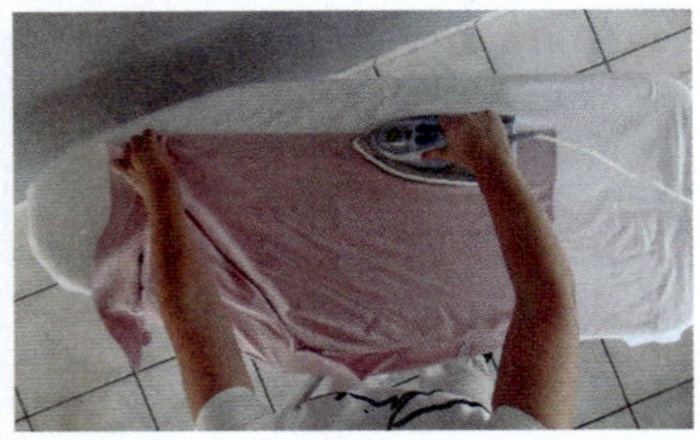

Repasser les empiècements du devant et du dos. Terminer par le corps de la chemise.

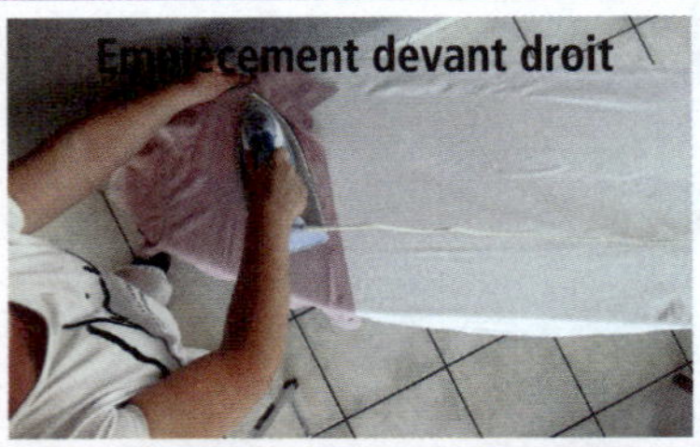

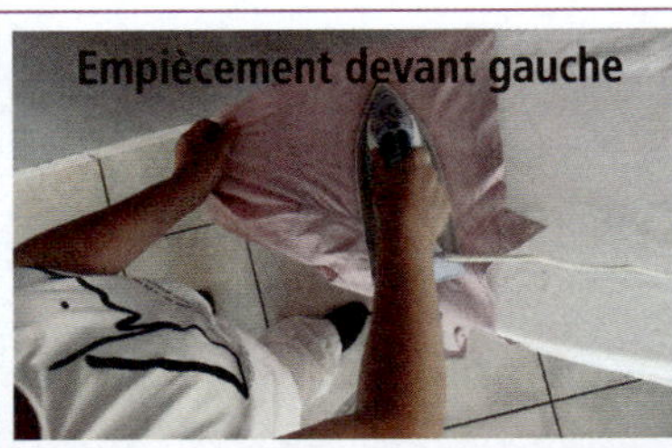

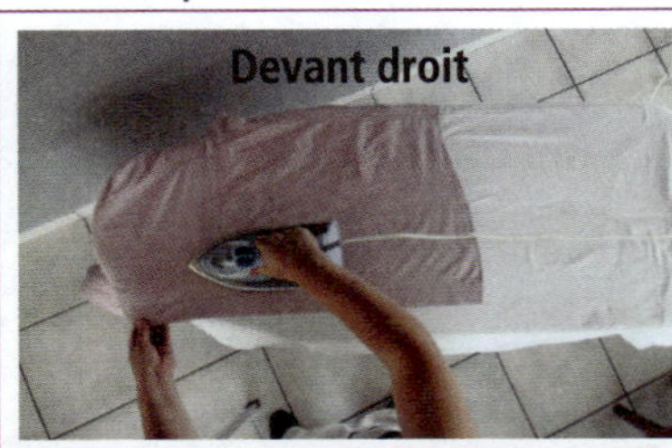

Technique de pliage

① Fermer un bouton sur deux. Retourner la chemise. Plier le côté gauche en mesurant une largeur de trois doigts à l'épaule à partir de la base de l'encolure.
② Rabattre la manche vers l'encolure. Procéder de la même manière avec l'autre côté. Rabattre le bas de la chemise.
③ Plier la chemise en deux.
④ Retourner la chemise et ajuster le col.

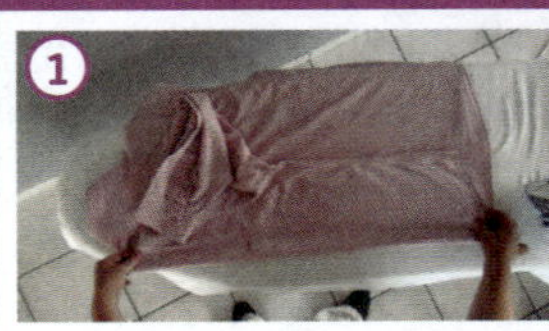

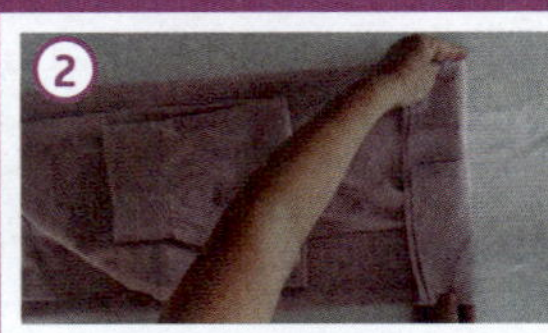

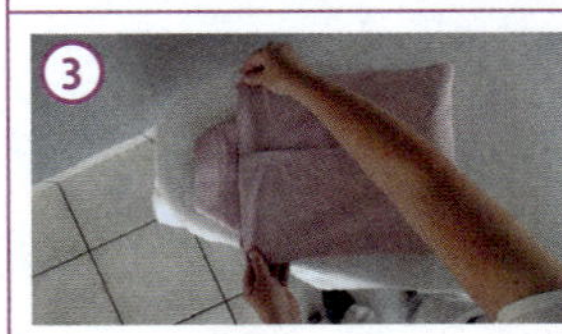

Doc. 11 Le repassage et pliage d'une chemise

AIDE Les parementures correspondent à la double épaisseur de tissu au niveau des boutonnières et des boutons.

Technique de repassage

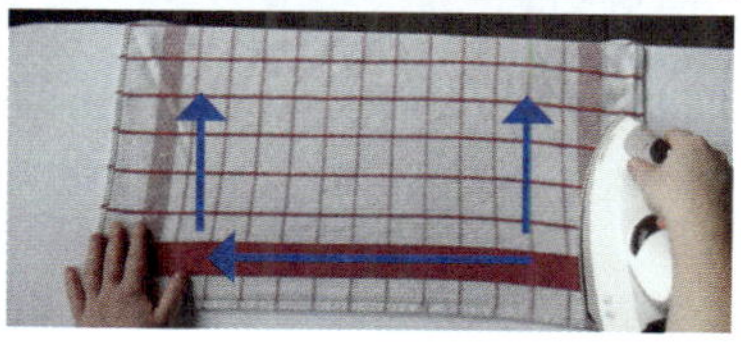

1. Poser le torchon endroit contre la table, puis repasser les ourlets et les lisières.

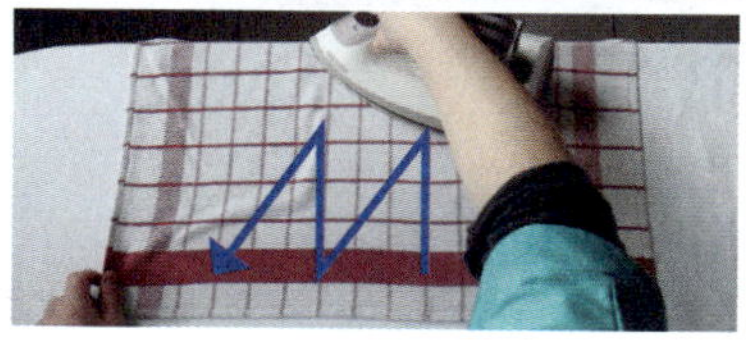

2. Déplacer le fer en formant des zigzags.

Technique de pliage

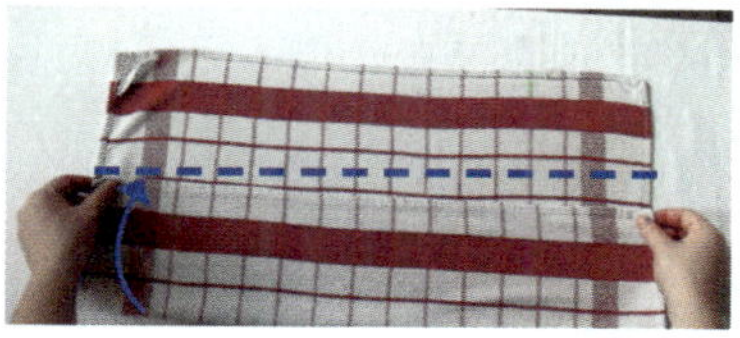

1. Plier au 1/3.

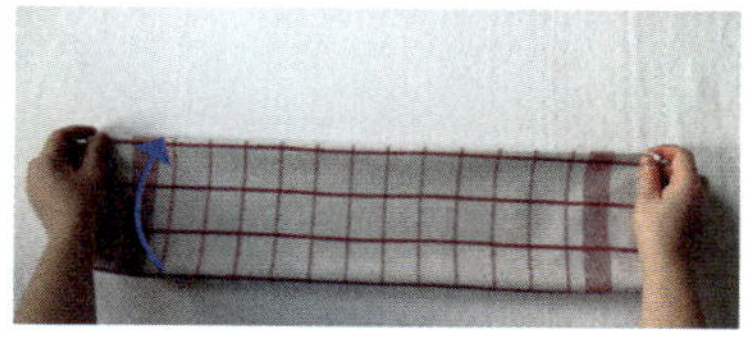

2. Plier à nouveau au 1/3, 2 à 3 mm à l'intérieur.

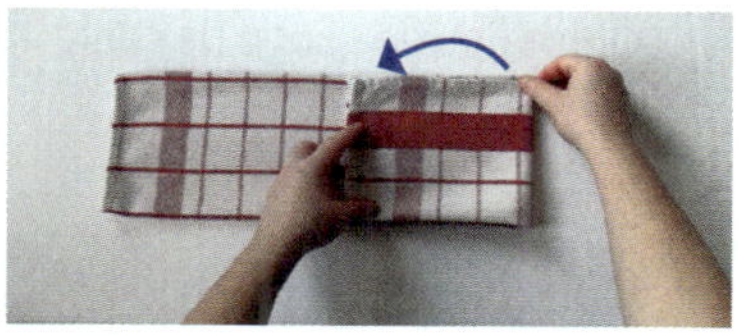

3. Plier au 1/3.

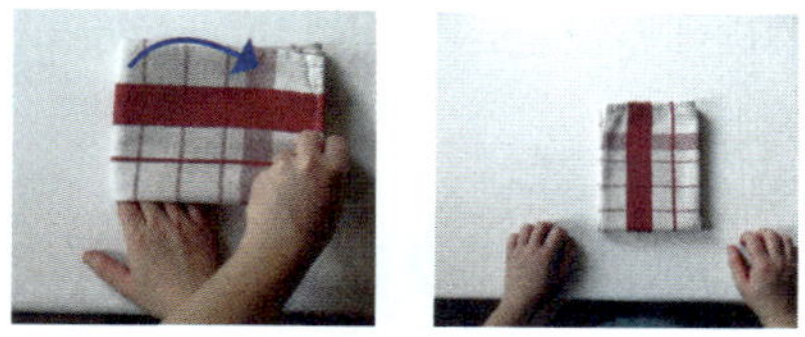

4. Plier à nouveau 1/3. Présenter le pli rond vers soi.

Doc. 12 Le repassage et pliage du linge plat

1 **Indiquer** l'ordre du repassage ou de pliage des vêtements suivants (**Doc. 10**).

...... Tee-shirt

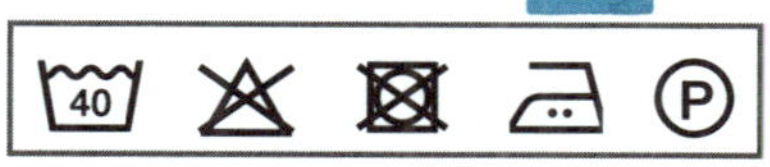

...... Serviette de bain

...... Pantalon

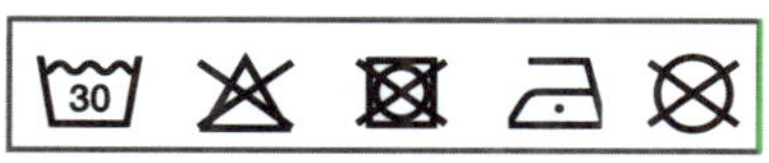

...... Collants en nylon

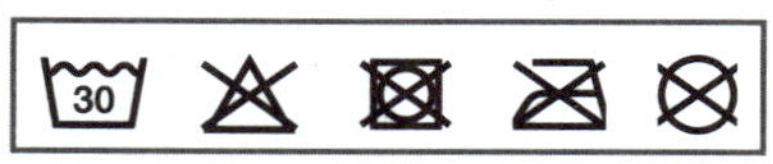

2 **Indiquer** l'intérêt de plier le linge.

....

3 **Indiquer** les trois premiers éléments à repasser sur une chemise (**Doc. 11**).

....

4 **Citer** quatre contrôles visuels à effectuer lors du repassage et pliage du linge.

Contrôle visuel lors du repassage	Contrôle visuel lors du pliage
....	....
....	....

L'essentiel à retenir

Je révise
Synthèse rédigée
www.lienmini.fr/5611-0902

Je m'entraîne
Exercices interactifs
www.lienmini.fr/5611-0903

DÉTACHAGE

Les produits de détachage

- Les absorbants : les végétaux, les minéraux
- Les réactifs chimiques : les décolorants, les neutralisants
- Les solvants
- Les détergents tensio-actifs

LAVAGE

Lessive poudre : linge sale et linge plat

Lessive liquide : linge de couleur

Lavage en machine

 Introduire pièce par pièce sans tasser.	 Fermer le lave-linge.
 Adapter la dose.	 Sélectionner le programme.

Lavage à la main

 Préparer le bain de lavage.	 Laver en pressant le lainage.
 Rincer.	 Essorer dans une serviette. Étendre à plat.

SÉCHAGE

- Linge trié en fonction des pictogrammes figurant sur les étiquettes d'entretien.

Principe de fonctionnement du sèche-linge à condensation pompe à chaleur :

1. L'air ambiant comprimé devient chaud.
2. Il est envoyé dans le tambour et se charge en humidité.
3. L'air humide passe sur un condenseur.
4. L'eau obtenue est recueillie dans un réservoir.

REPASSAGE

Ordre de repassage

Avant : plier le linge qui ne se repasse pas.

1. Vêtements les plus délicats
2. Vêtements moins fragiles
3. Vêtements supportant des températures élevées

Respecter les habitudes de l'usager.

Mode opératoire

Couper la vapeur. Remplir le réservoir. Régler le thermostat. Brancher le fer. Mettre la vapeur uniquement à partir du thermostat (⋯). Poser le fer sur le talon. En fin de repassage, débrancher, laisser refroidir, vider le fer, enrouler le câble électrique.

SÉQUENCE 10

La réfection des textiles

DOMICILE

Réflechissons ensemble

VIDÉO
Les fonctionnalités de la machine à coudre Singer Simple 3210
www.lienmini.fr/5611-1001

Activité 1 Le petit matériel de couture

OBJECTIF • Identifier et justifier le choix du matériel de couture.

N°	Nom du matériel	Usage du matériel
......	Aiguille à coudre	Permet de coudre à la main.
......	Épingles	Fines et pointues, elles permettent de fixer temporairement les tissus préalablement à la couture sans marquer le tissu.
......	Enfile-aiguille	Permet de faciliter l'enfilage du fil dans une aiguille.
......	Dé à coudre	Protège le majeur et permet de pousser l'aiguille dans les tissus épais.
......	Découd-vite ou découseur	Permet de découdre facilement un bouton ou une couture.
......	Canette de fil	Petite bobine qui se place sous la plaque à aiguille de la machine à coudre.
......	Mètre ruban	Souple, il permet de prendre les mesures.
......	Bobine de fil	Elle peut servir à coudre à la main ou à la machine, à broder, à bâtir ou à repriser (raccommoder).
......	Ciseaux de coupe	Servent à découper exclusivement le tissu.

Doc. 1 Le matériel de couture

1 **Reporter** dans le tableau les numéros correspondants au nom du matériel et son usage (**Doc. 1**).

Activité 2 Les points d'usage

OBJECTIF • Justifier les techniques et les précautions à prendre pour la réfection à la main.

Point de devant

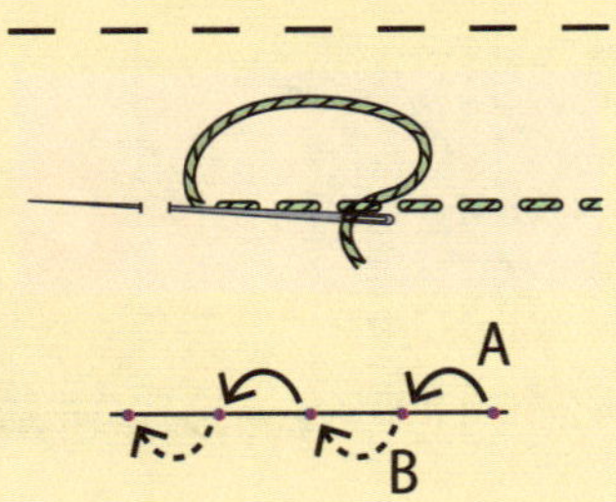

Utilisé pour des coutures ne nécessitant pas d'être solides.

Point de piqûre

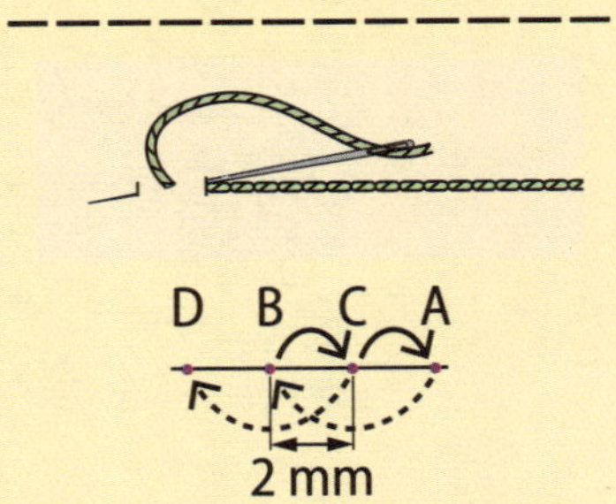

Il sert à assembler des pièces de façon définitive. C'est le point de couture le plus solide.

Point de bâti (ou faufil)

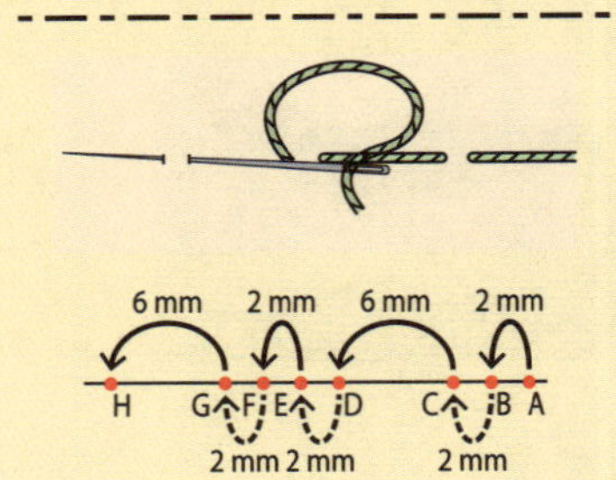

Il sert à assembler deux tissus avant de les piquer. C'est un point provisoire.

Doc. 2 Les principaux points de couture à la main

Point de chausson

Point qui s'emploie pour faire un ourlet dans des tissus épais.

Point glissé (ou point coulé)

Il se voit à peine et il est employé principalement pour fixer les doublures.

Point invisible

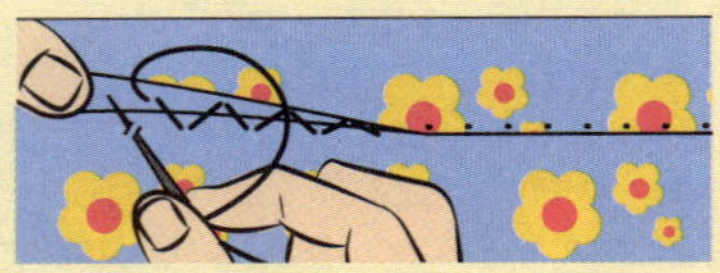

Utilisé quand on tient à ce que les points ne soient pas visibles : jupes, pantalons…

Doc. 3 Les principaux points d'ourlet à la main

1 **Indiquer** les précautions à prendre pour la réfection à la main sous chaque illustration.

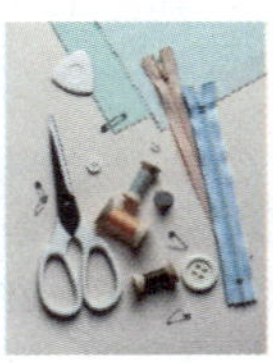

....

2 **Relier** chaque situation au point à employer (**Doc. 2 et 3**).

Travaux à effectuer	Points employés
M. Robin vous demande de recoudre à la main la poche de sa chemise. •	• Point de devant
Mme Petit souhaite que vous réalisiez des fronces sur le haut des rideaux qu'elle vient d'acheter. •	• Point invisible
Ce matin vous devez recoudre l'ourlet de la robe de Mme Durand. Elle vous précise que la couture ne doit pas se voir. •	• Point de piqûre
Vous devez recoudre l'ourlet de la doublure de votre manteau qui s'est déchiré. •	• Point de bâti
Mme Dupont a besoin de fixer une fermeture éclair sur une jupe avant de la coudre à la machine. •	• Point glissé

Activité 3 L'utilisation de la machine à coudre

OBJECTIFS
- Expliquer la fonction globale, identifier les organes et énoncer le principe de fonctionnement de la machine à coudre.
- Justifier les techniques de couture à la machine à coudre.

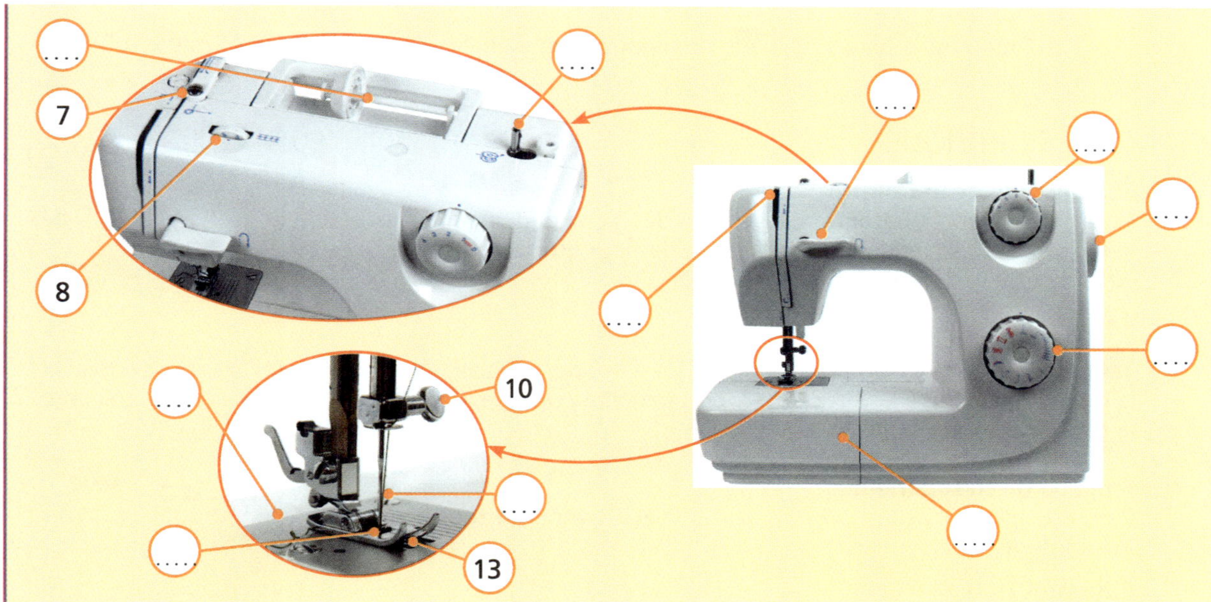

1	Volant	9	Aiguille
2	Support du dévidoir de canette	10	Vis pince aiguille
3	Porte bobine et étrier	11	Sélecteur de largeur de points
4	Plaque à aiguille	12	Marche arrière
5	Sélecteur de points	13	Griffes d'entraînement
6	Releveur de fil	14	Pied-de-biche (pied presseur)
7	Guide-fil	15	Tablette amovible
8	Tension du fil		

Fonction globale : Elle permet de coudre, de surfiler, de broder ....

Doc. 4 Le fonctionnement de la machine à coudre

1 **Identifier** les organes de la machine à coudre en reportant leur numéro et **compléter** sa fonction globale dans le **Doc. 4**.

2 **Énoncer** le principe de fonctionnement de l'appareil en numérotant dans l'ordre les étapes ci-dessous.

(....)

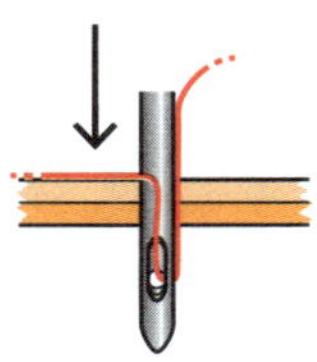

L'aiguille traverse le tissu en entraînant le fil supérieur (fil rouge de la bobine).

(....)

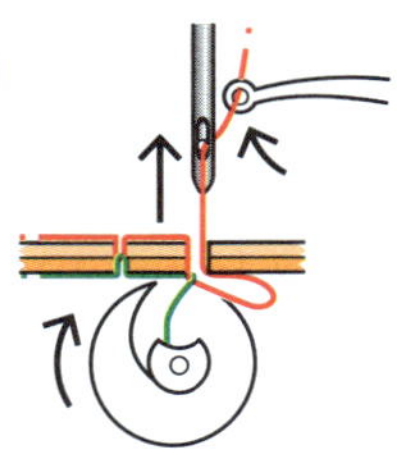

La boucle, entraînée par le crochet, passe autour du fil inférieur (fil vert de la canette).

(....)

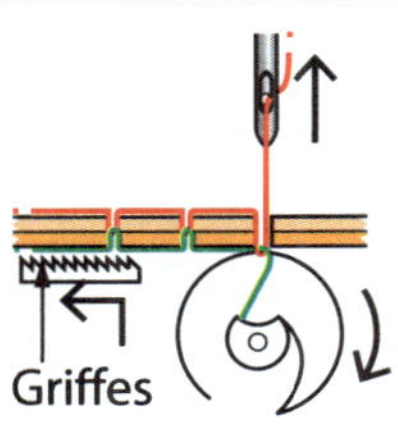

Les griffes montent et entraînent le tissu d'une longueur de point puis le même cycle recommence.

(....)

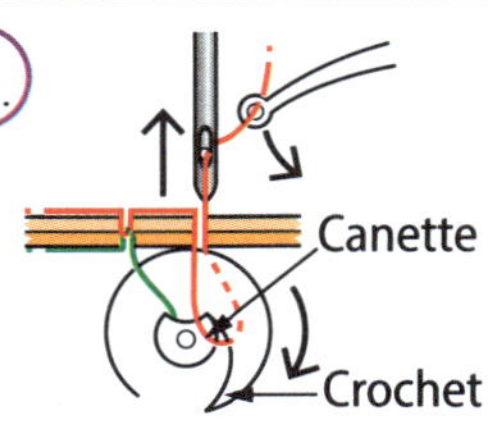

Le crochet s'engage dans la boucle du fil supérieur (fil rouge de la bobine).

FICHE TECHNIQUE 11

L'utilisation de la machine à coudre

Vidéo

Enfilage de la canette
www.lienmini.fr/5611-1002

MATÉRIEL

• 1 machine à coudre • 1 paire de ciseaux • Des épingles • 1 bobine de fil • 1 mètre ruban

TECHNIQUE

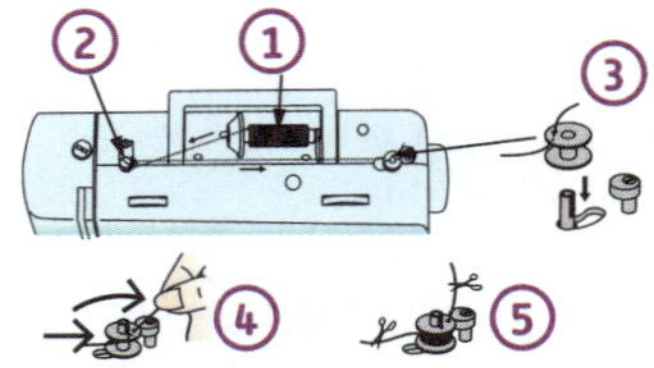

1 Remplissage de la canette
Placer la bobine ①. Entourer dans le sens des aiguilles d'une montre le fil entre les disques de tension du dévidoir pour que le bobinage de la canette soit correctement tendu ②.

Pourquoi ? ....

Passer le fil dans la canette puis la placer sur le support du dévidoir ③. Pousser l'axe du dévidoir vers la droite, tenir le fil à la verticale ④, puis remplir la canette. Couper les fils, pousser le dévidoir vers la gauche et retirer la canette ⑤.

2 Enfilage du fil supérieur
Propre à chaque machine, il suffit de suivre et de respecter tous les points de passage.

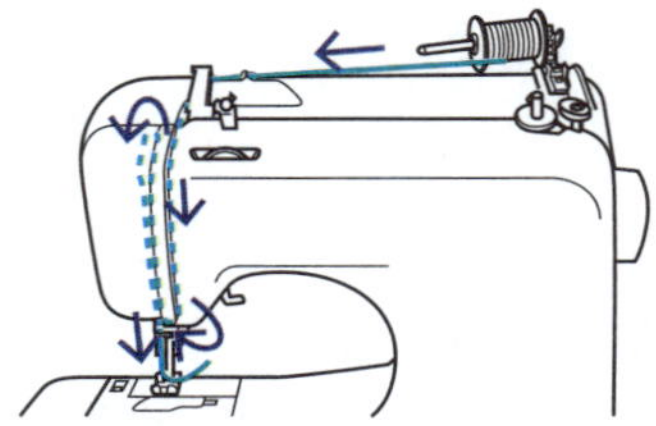

Pourquoi ? ....

....

3 Enfilage du fil inférieur (de la canette)
Placer la canette ⑥, puis tourner le volant vers soi jusqu'à ce que l'aiguille soit descendue et fasse le tour de la canette ⑦. Remonter l'aiguille ⑧ et tirer le fil inférieur avec les doigts ou des ciseaux. Les deux fils sont en place ⑨. Réaliser un essai de 2 cm maximum sur un échantillon, avant de démarrer son ouvrage.

⑥
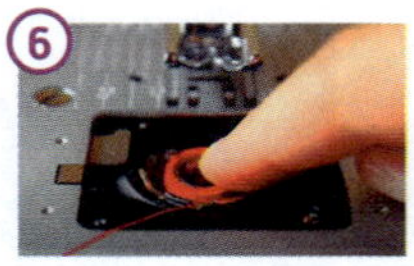

⑦
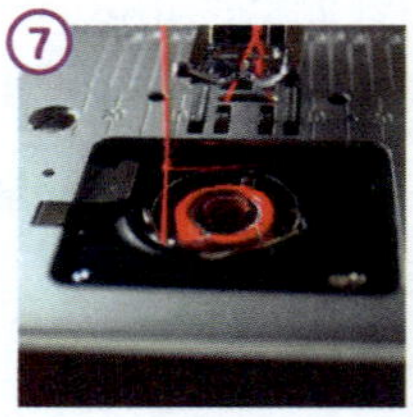

Pourquoi ? ....

....

L'appui du pied sur la pédale doit être doux et régulier.

Pourquoi ? ....

....

⑧

Les griffes font avancer le tissu avec régularité, il est donc inutile de tirer ou de pousser sur le tissu.

Pourquoi ? ....

⑨
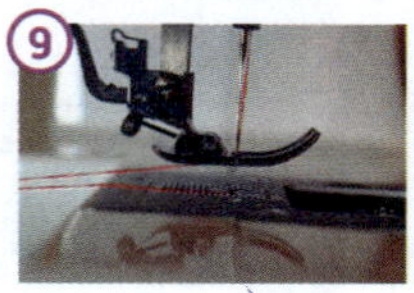

En fin de travail, placer un tissu sous le pied-de-biche descendu et piquer l'aiguille dans le tissu.

Pourquoi ? ....

....

CRITÈRES DE RÉUSSITE

....

....

3 À partir des étapes de l'utilisation de la machine à coudre, **justifier** les recommandations et **déduire** deux critères de réussite.

Activité 4 L'adaptation et la pose d'un bouton

OBJECTIFS
- Justifier les adaptations proposées.
- Mettre en œuvre des techniques de couture à la main et indiquer les critères de qualité du résultat.

① 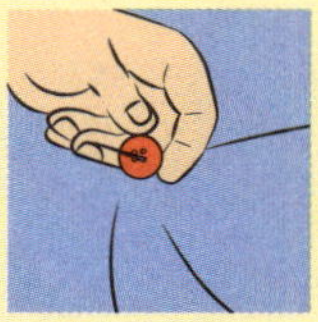

Piquer l'aiguille de l'envers vers l'endroit à travers un des trous du bouton. Tirer l'aiguille sur l'endroit.

② 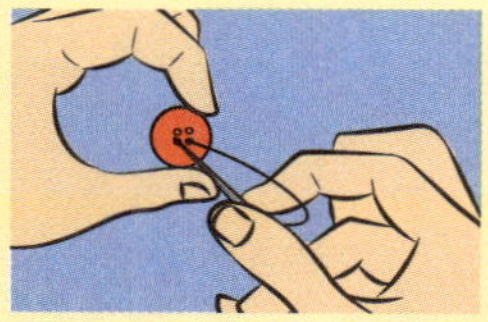

Piquer l'aiguille dans un autre trou de l'endroit vers l'envers. Tirer l'aiguille sur l'envers sans trop plaquer le bouton.

③ 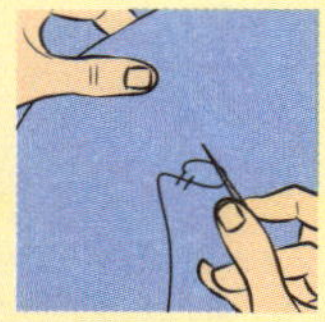

Glisser l'aiguille sous les points sur l'envers en veillant à ce que le résultat soit esthétique des deux côtés. Faire un nœud en passant dans la boucle.

Recommencer 5 à 6 fois dans chaque trou pour une fixation solide du bouton.

Doc. 5 La pose d'un bouton

1 **Indiquer** le matériel de couture nécessaire pour réaliser les travaux suivants (**Doc. 1**, p. 81).

Activité	Matériel
1. Découdre une fermeture éclair.	....
2. Mesurer la longueur à laquelle on souhaite couper le vêtement.	....
3. Fixer de la bande auto-grippante sur un vêtement pour éviter qu'elle ne bouge au moment de la coudre.	....

2 **Surligner** dans les situations suivantes l'élément qui justifie l'adaptation proposée.

Suite à un AVC, M. Fontaine a perdu de la force dans les mains et ne peut plus boutonner ses pantalons.

→ **Adaptation proposée :** remplacer la fermeture éclair par de la bande auto-grippante.

À cause d'une dégénérescence des tendons de l'épaule, Mme Linet n'arrive plus à lever les bras pour enfiler ses hauts.

→ **Adaptation proposée :** ouvrir totalement un côté des hauts et poser une fermeture éclair.

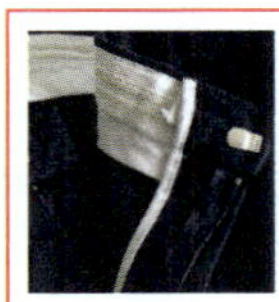

Mme Lafeuille est atteinte d'une polyarthrite rhumatoïde qui lui déforme les doigts et l'empêche de fermer les boutons de ses jupes.

→ **Adaptation proposée :** afin d'éviter une ouverture intempestive et d'avoir une bonne fixation, remplacer le bouton par des agrafes métalliques.

Léo est tombé dans la cour de récréation et a troué son pantalon neuf au niveau du genou.

→ **Adaptation proposée :** transformer le vêtement en short ou bermuda.

3 **Indiquer** deux critères de qualité du résultat de la pose d'un bouton (**Doc. 5**).

....

....

L'essentiel à retenir

Je révise
Synthèse rédigée
www.lienmini.fr/5611-1003

Je m'entraîne
Exercices interactifs
www.lienmini.fr/5611-1004

RÉFECTION DES TEXTILES

Matériel de couture

Ciseaux de couture, aiguilles, bobines de fil, canettes, épingles, mètre ruban, dé, découseur, enfile-aiguille

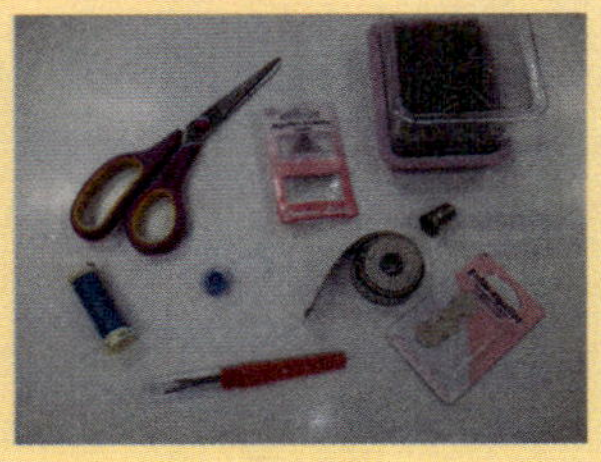

Adaptations

Couture à la main

- **Principaux points de couture à la main :**

Point de devant

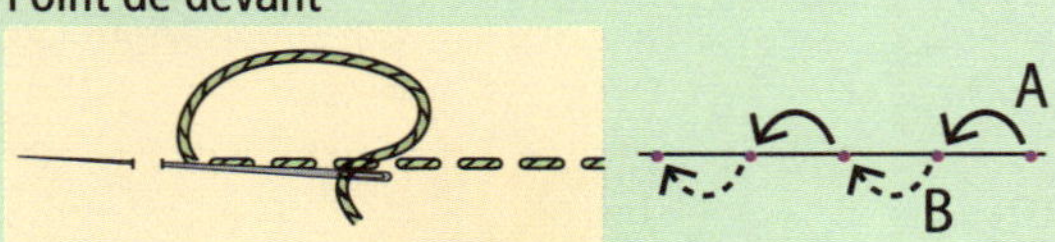

Point de piqûre

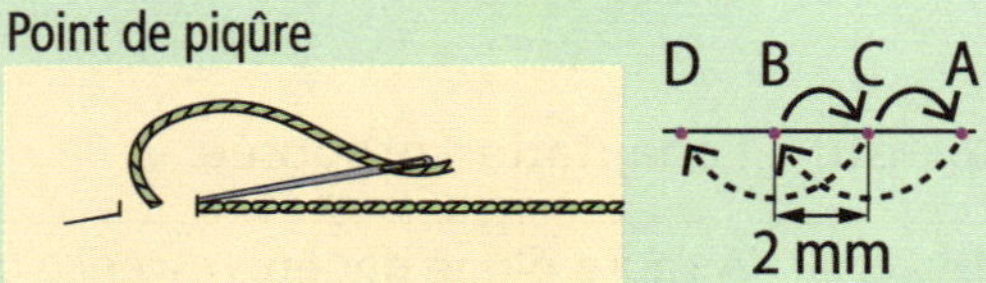

- **Principaux points d'ourlet à la main :**

Point glissé (point coulé)

Point invisible

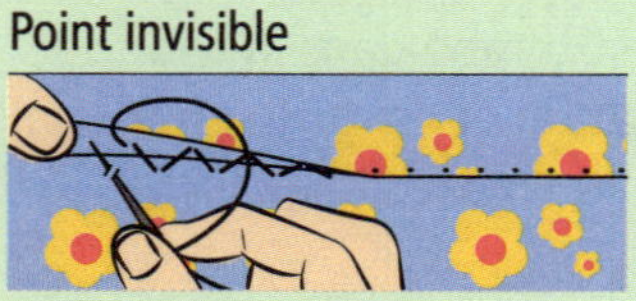

- **Pose d'un bouton :**

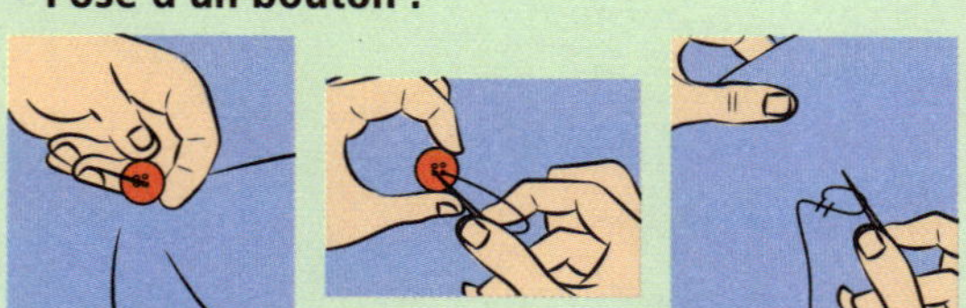

Couture à la machine à coudre

- **Remplissage de la canette :**

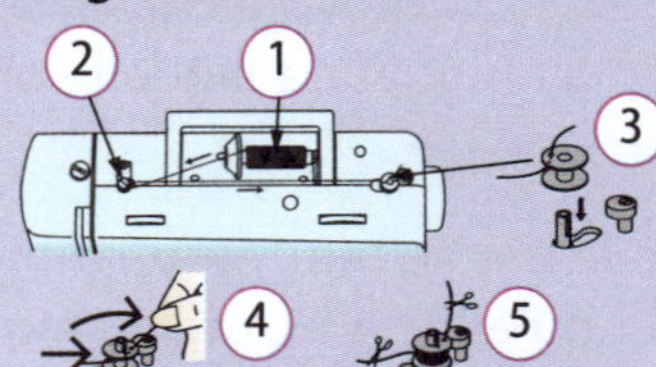

- **Enfilage du fil supérieur :**

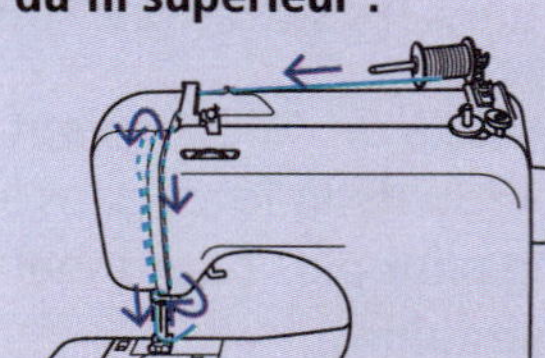

- **Enfilage du fil inférieur (de la canette) :**

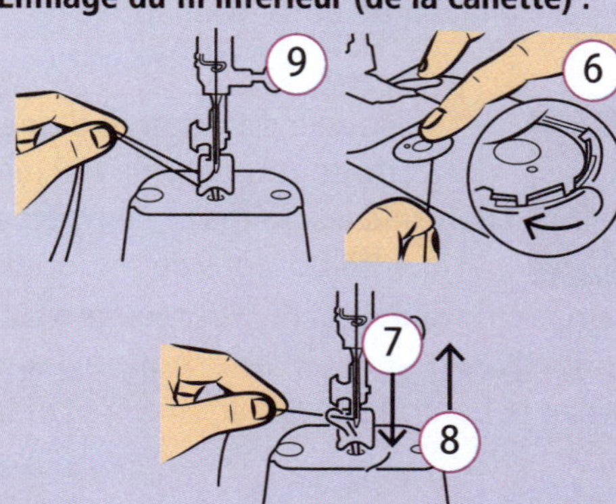

Différents points de couture peuvent être réalisés : du point droit, zigzag

SÉQUENCE 11 L'aménagement des locaux

Réfléchissons ensemble

VIDÉO
Pollution intérieure : comment l'éviter ?
www.lienmini.fr/5611-1101

Activité 1 La qualité de l'air

OBJECTIFS
- Indiquer les facteurs d'hygiène et de confort.
- Proposer des mesures simples permettant d'assurer le confort et le bien-être de la personne et argumenter ses choix.

Un non-renouvellement de l'air intérieur ou un renouvellement insuffisant peut occasionner des problèmes pour la santé (simple gêne, allergie, irritation des voies respiratoires, maux de tête…).
Nous passons environ 80 % de notre temps dans des lieux fermés (logements notamment). L'air que l'on y respire peut être de moins bonne qualité que l'air extérieur car à l'air extérieur (parfois pollué) qui pénètre dans le logement s'ajoutent les polluants spécifiques de l'air intérieur. Ces polluants sont d'origines diverses : biologique (germes pathogènes, pollens…), physique (poussières…) ou chimique (composés organiques volatiles (COV), CO_2, fumée de tabac…) et leurs sources sont multiples (occupants et leurs activités, équipements, matériaux).
Tout comme les polluants aériens, l'humidité (émise par la cuisson, la toilette, la respiration des occupants) est tout aussi importante et constitue une source indirecte de pollution.

Doc. 1 Polluants aériens et humidité

La ventilation est soit naturelle, soit mécanique, on parle alors de VMC (ventilation mécanique contrôlée). La VMC est un système électrique de renouvellement automatique et continu de l'air, plus efficace que la ventilation naturelle.

Principe de la VMC simple flux

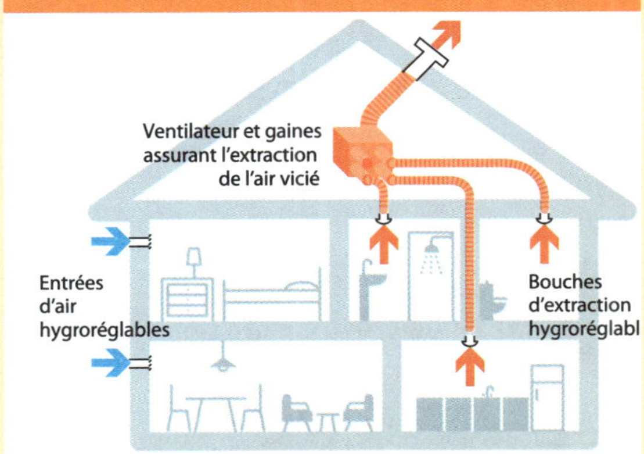

Principe de la ventilation naturelle

L'air frais est pris à l'extérieur au niveau des entrées d'air situées pas trop près du sol sur les façades ou les fenêtres des pièces principales (chambre, salon, séjour…)

L'air frais balaie toute la maison grâce à des espaces laissés sous les portes (détalonnage) qu'il faut veiller à laisser libre au moment de la pose d'un revêtement de sol par exemple.

L'air vicié est évacué des pièces de service (salle de bains, cuisine, WC) par des bouches d'extraction situées près du plafond puis par la cheminée.

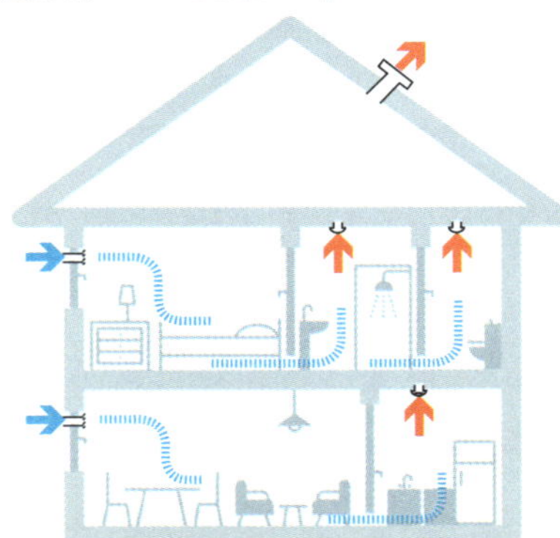

Doc. 2 La ventilation : un élément important de la qualité de l'air

- **Aérer les pièces 10 minutes/jour**, été comme hiver (permet d'évacuer l'humidité excessive), et bien ventiler en favorisant la circulation naturelle de l'air et en utilisant bien la VMC.
- **Limiter les allergènes** : éliminer régulièrement les poussières et utiliser un aspirateur équipé de filtres HEPA (High Efficiency Particulate Air), limiter les allers et venues des animaux, éviter les pièces surchauffées qui favorisent la prolifération des acariens.
- **Bien lire les étiquettes** avant d'acheter des produits d'entretien ou de bricolage :
  – Repérer les symboles de danger des produits, suivre le mode d'emploi et consulter l'étiquette « Émissions dans l'air intérieur » ;
  – Privilégier les logos environnementaux :

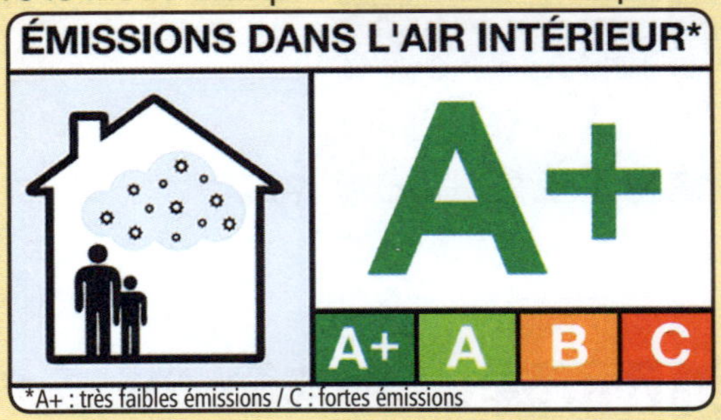

- **Prendre des précautions lors du bricolage** (local bien aéré, porter un masque protecteur, ne pas mélanger les produits…).
- **Veiller au bon entretien des appareils à combustion** (chaudières) par des professionnels RGE (Reconnu Garant de l'Environnement) avant le début de l'hiver.

Doc. 3 **Quelques bons gestes pour un air plus sain**

1 **Surligner** deux raisons dans le **Doc. 1** de renouveler l'air intérieur et **souligner** en vert les effets possibles d'un non-renouvellement de l'air sur la santé.

2 **Entourer** dans le **Doc. 1** les trois origines des sources de pollution de l'air intérieur et **souligner** en bleu un exemple pour chacune d'elles.

3 **Expliquer** le principe de la ventilation naturelle (**Doc. 2**).

....

....

4 **Justifier**, à l'aide du **Doc. 2** et de ses connaissances, le fait qu'une VMC soit plus efficace qu'une ventilation naturelle et **entourer** son élément central sur le schéma.

....

5 **Préciser** si les affirmations suivantes sont vraies ou fausses (**Doc. 3**).

Affirmations	Vrai	Faux
1. Pour favoriser la circulation naturelle de l'air, il est nécessaire de ne pas mettre de bas de porte au niveau des portes intérieures.		
2. Aérer son logement 10 minutes par semaine est suffisant.		
3. Un produit d'entretien avec cette étiquette est à privilégier. 		
4. L'entretien annuel avant l'hiver des appareils de chauffage est important.		

Activité 2 Le confort visuel

OBJECTIFS
- Indiquer les facteurs d'hygiène et de confort.
- Proposer des mesures simples permettant d'assurer le confort et le bien-être de la personne et argumenter ses choix.

Le confort visuel dépend de paramètres physiques, de caractéristiques liées à l'environnement, de caractéristiques propres à la tâche à réaliser (lire, faire la cuisine…), de facteurs physiologiques (âge, état de santé) et de facteurs psychologiques et sociologiques (culture et éducation). Pour garantir ce confort, les critères suivants sont à prendre en compte : le niveau d'éclairement de la surface (exprimé en lux avec un seuil de perception à 20 lux) et son uniformité, l'absence d'éblouissement, l'absence de réflexion, un rendu des couleurs efficace et l'absence d'ombre.

Pièces	Éclairement moyen (lux)
Hall d'entrée, WC, couloir, escalier	50-100
Sanitaires	200-300
Cuisine	200-500
Séjour	100-300
Salle à manger	100-200
Chambres	100-200

Doc. 4 Les paramètres et les critères du confort visuel

1 **Souligner** dans le **Doc. 4** les paramètres du confort visuel.

2 **Associer** à chaque critère de confort visuel l'image correspondante.

Critères du confort visuel	Images
A. Niveau d'éclairement suffisant de la surface : quantité de lumière tombant d'une source lumineuse sur une surface donnée.	....
B. Absence d'éblouissement : l'éblouissement étant un fort contraste entre un flux lumineux quittant une surface et l'œil de l'observateur.	....
C. Rendu des couleurs efficace : dépend du type de lampes et de luminaires utilisés, des couleurs, objets, murs, plafonds, sols…	....
D. Absence d'ombre	....
E. Absence de réflexion	....
F. Uniformité d'éclairement	....

3 **Justifier**, à l'aide du **Doc. 4** et de ses connaissances, le fait qu'une personne âgée puisse tomber en passant de sa cuisine (200 lux) au couloir (20 lux) menant à sa chambre, et **proposer** une solution pour remédier à ce problème.

....

....

....

....

....

Activité 3 Le confort acoustique

OBJECTIFS
- Indiquer les facteurs d'hygiène et de confort.
- Proposer des mesures simples permettant d'assurer le confort et le bien-être de la personne et argumenter ses choix.

Le bruit est présent partout, il est transmis par l'air, les solides et les liquides. Ses sources sont multiples : bruits aériens extérieurs, bruits aériens intérieurs, bruits de chocs et bruits d'équipements.

Doc. 5 Les sources de bruit

Le bruit peut être transmis de façon directe (par la paroi séparative), indirecte (ou latérale, qui utilise des voies de propagation autres que la paroi séparative) ou parasite (due aux imperfections localisées et aux défauts d'étanchéité à l'air appelés « ponts phoniques »).

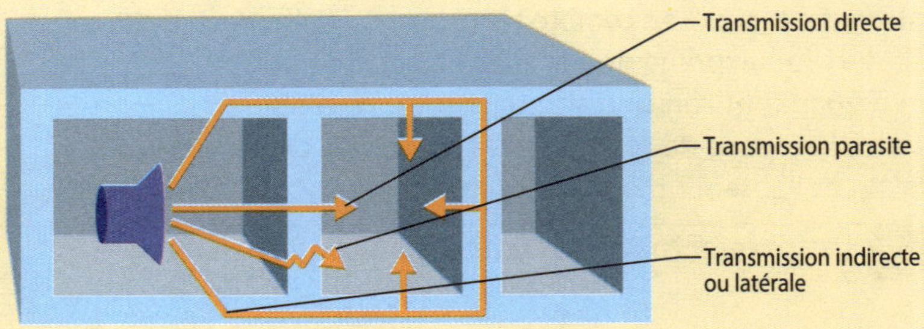

Doc. 6 Les chemins de transmissions du bruit

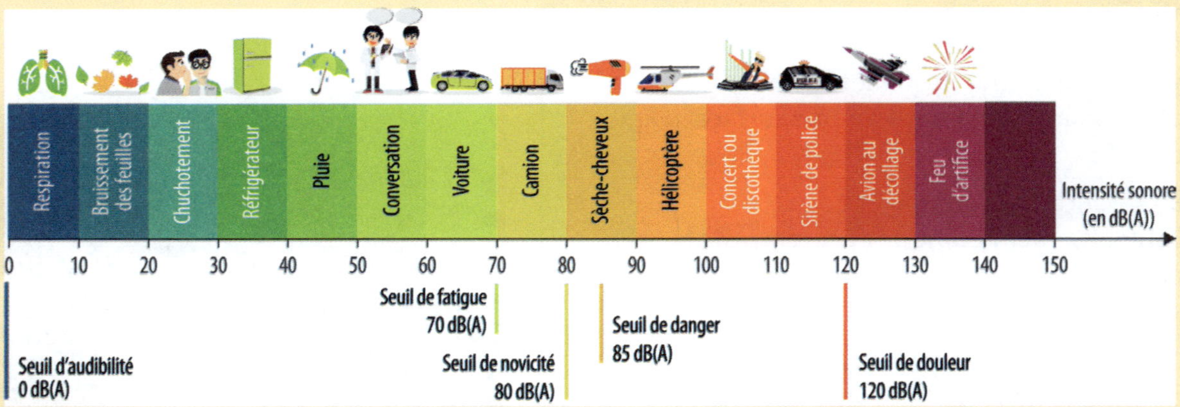

Remarque : 3 décibels supplémentaires correspondent à un doublement du niveau sonore, et 10 décibels multiplient celui-ci par 10. De même, les décibels ne s'additionnent pas : 2 machines à laver de niveau sonore de 60 décibels ne font pas un bruit de 120 décibels mais de 63 décibels.

Doc. 7 L'échelle des bruits

1. **Surligner** dans le **Doc. 5** les différentes sources de bruit.

2. **Expliquer** pourquoi le bruit est présent partout dans un logement (**Doc. 5**).

....

3. **Expliquer** les trois modes de transmission du bruit : directe, indirecte et parasite (**Doc. 6**).

....

....

....

....

4 **Relever** l'intensité sonore perçue pour chaque situation et **préciser** si un seuil d'audition est atteint (**Doc. 7**).

Situations	Intensité sonore perçue en dB(A)	Seuil(s) d'audition atteint(s)
1. Utiliser un sèche-cheveux.	....	....
2. Se mettre devant sa fenêtre simple vitrage quand un camion passe dans la rue.	....	....
3. Inviter des amis chez soi pour faire un concert.	....	....

Assurer un confort acoustique passe par une isolation du bruit venant de l'extérieur mais aussi de l'intérieur. Pour réaliser un traitement acoustique, une absence d'humidité sur les parois est indispensable.

S'isoler du bruit extérieur : les fenêtres sont le principal point faible de l'isolation acoustique.
Les fenêtres : améliorer l'étanchéité par la pose de nouveaux joints, remplacer le simple vitrage par un double vitrage, isoler les coffres des volets roulants.
Les systèmes de ventilation : choisir des entrées d'air « acoustiques » conçues pour laisser passer l'air en limitant le passage du bruit et ne jamais supprimer de système de ventilation.

S'isoler du bruit intérieur : il faut agir notamment sur les surfaces qui nous entourent.
Les cloisons : améliorer l'isolation des cloisons séparatives.
Les planchers et les plafonds : intervenir sur les planchers par des revêtements spéciaux, des carrelages et parquets sur sous-couche acoustique mince ou encore des chapes et dalles flottantes (plancher en béton). Pour les plafonds, faire installer un faux-plafond.
Les bruits d'équipements : choisir les appareils électroménagers les moins bruyants. Pour les bruits de canalisation, demander s'il est possible de réduire la pression d'eau et installer un réducteur de pression.
Musique, Hi-Fi, home cinéma : désolidariser les enceintes acoustiques du sol et les mettre sur des plots anti-vibratiles.

Doc. 8 **Les solutions pour s'assurer un confort acoustique**

5 **Surligner** dans le **Doc. 8** la condition indispensable des parois pour qu'un traitement acoustique soit efficace.

6 **Relier** chaque situation de la question 4 à sa (ou ses) solution(s) possible(s) permettant d'assurer un confort acoustique (**Doc. 8**).

Situations	Solutions pour s'assurer un confort acoustique
A. Utiliser un sèche-cheveux. •	• 1. Isoler le plancher.
	• 2. Remplacer le simple vitrage par un double vitrage.
B. Se mettre devant sa fenêtre simple vitrage quand un camion passe dans la rue. •	• 3. Isoler le plafond par un faux-plafond.
	• 4. Choisir un équipement électroménager avec une faible intensité sonore.
C. Inviter des amis chez soi pour faire un concert. •	• 5. Mettre des caoutchoucs pour absorber les vibrations sonores.

Activité 4 Le confort thermique/hygrométrique

OBJECTIFS
- Indiquer les facteurs d'hygiène et de confort.
- Proposer des mesures simples permettant d'assurer le confort et le bien-être de la personne et argumenter ses choix.

La sensation de confort thermique pour un individu résulte d'échanges hygrothermiques (humidité et température) équilibrés selon plusieurs modes (conduction, convection, rayonnement...) avec l'environnement. Cette sensation dépend de plusieurs paramètres : du métabolisme, de l'habillement, de la température de surface du corps, de la température ambiante de l'air, de la température moyenne de surface des parois, de l'humidité relative de l'air (hygrométrie) et de la vitesse de l'air.

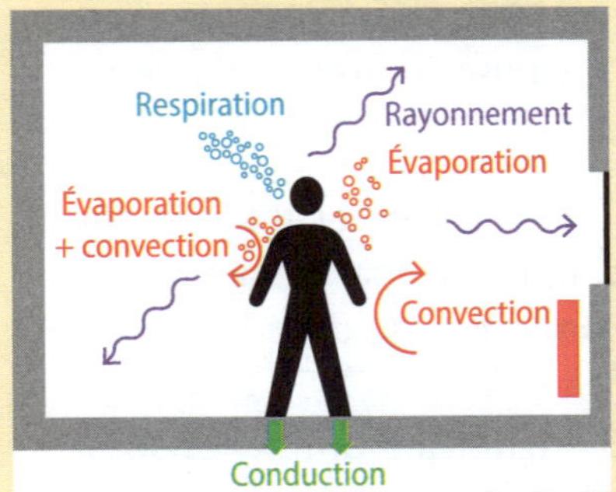

Doc. 9 Les modes d'échange de chaleur et les facteurs de la sensation du confort thermique

- Bien ventiler (vérifier la ventilation en place), veiller à avoir une hygrométrie entre 35 et 60 % et supprimer l'humidité excessive (évite le développement d'allergènes, acariens, moisissures), veiller à l'étanchéité à l'air.
- Traiter les ponts thermiques : ce sont des points de jonction où l'isolation n'est pas continue (pertes de chaleur) et qui engendrent notamment la formation de moisissures.
- S'assurer d'une bonne qualité de fenêtre avec des doubles ou triples vitrages.

Doc. 10 Des solutions pour le confort thermique/hygrométrique

1 **Relier**, à partir du **Doc. 9** et de ses connaissances, chaque phénomène physique et paramètres du confort thermique/hygrométrique à sa définition.

Phénomènes physiques

A. Convection •	• 1. Chaleur se propageant à l'intérieur de la matière de particule à particule.
B. Conduction •	• 2. Transfert entre l'air et la matière solide résultant du déplacement des particules d'air au niveau de l'interface.
C. Rayonnement •	• 3. Transfert d'un corps à un autre par ondes électromagnétiques.

Paramètres

D. Métabolisme •	• 4. Production de chaleur interne au corps humain permettant de maintenir celui-ci autour de 36,7 °C.
E. Vitesse de l'air •	• 5. Quantité de vapeur d'eau dans l'air par rapport à la capacité maximale que ce dernier peut contenir.
F. Humidité relative de l'air •	• 6. Influence les échanges de chaleur par convection et par transpiration. Ne doit pas dépasser 0,2 m/s chez soi.

2 **Indiquer** si une hygrométrie de 85 % due notamment à un simple vitrage est saine pour un logement et **justifier** la réponse (**Doc. 10**).

....

3 **Proposer** deux moyens pour corriger l'hygrométrie de la question 2 (**Doc. 10**).

....

....

Activité 5 La domotique : une aide automatisée aux différents conforts

OBJECTIFS
- Indiquer les facteurs d'hygiène et de confort.
- Proposer des mesures simples permettant d'assurer le confort et le bien-être de la personne et argumenter ses choix.

Contraction des mots *domus* (maison en latin) et *tique* (informatique), la domotique désigne l'ensemble des techniques informatiques, technologiques et de la télécommunication permettant de gérer de façon plus ou moins centralisée ou automatisée les fonctions de sécurité, de confort, de communication et d'économie d'énergies intégrées au sein d'un logement, d'une structure à usage commercial ou d'une entreprise.

Cette technologie améliore considérablement le quotidien et fonctionne grâce au WIFI, aux ondes radio, à un réseau électrique ou à un système de câblage, afin que les équipements électriques communiquent entre eux, et soient commandés par un ordinateur central préalablement programmé. Accessible pour tous, la domotique convient tout particulièrement aux personnes à mobilité réduite et aux séniors.

Doc. 11 La domotique

1 **Surligner** dans le **Doc. 11** en vert la fonction de la domotique, et en rose son principe de fonctionnement.

2 **Donner** trois arguments permettant de dire que la domotique est particulièrement adaptée aux personnes à mobilité réduite.

....

....

....

....

....

3 **Annoter** dans le schéma suivant les différents facteurs de confort (activités 1 à 4) sur lesquels la domotique agit.

Communiquer avec les volets
—> ....
....

Communiquer avec le chauffage et la climatisation
—> ....
....

Communiquer avec l'électroménager
—> ....
....

Communiquer avec l'éclairage
—> ....
....

Communiquer avec l'alarme

Communiquer avec l'arrosage automatique

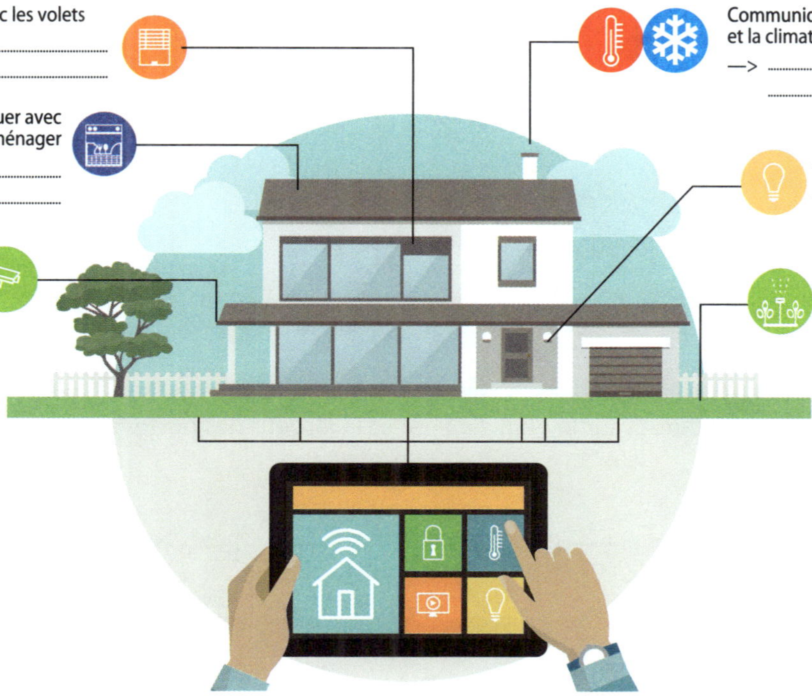

Activité 6 La lecture de plan

DOMICILE

OBJECTIF • Repérer sur un plan l'orientation, les surfaces, l'agencement des locaux et les circulations possibles.

Un plan est une représentation schématique d'un espace délimité.

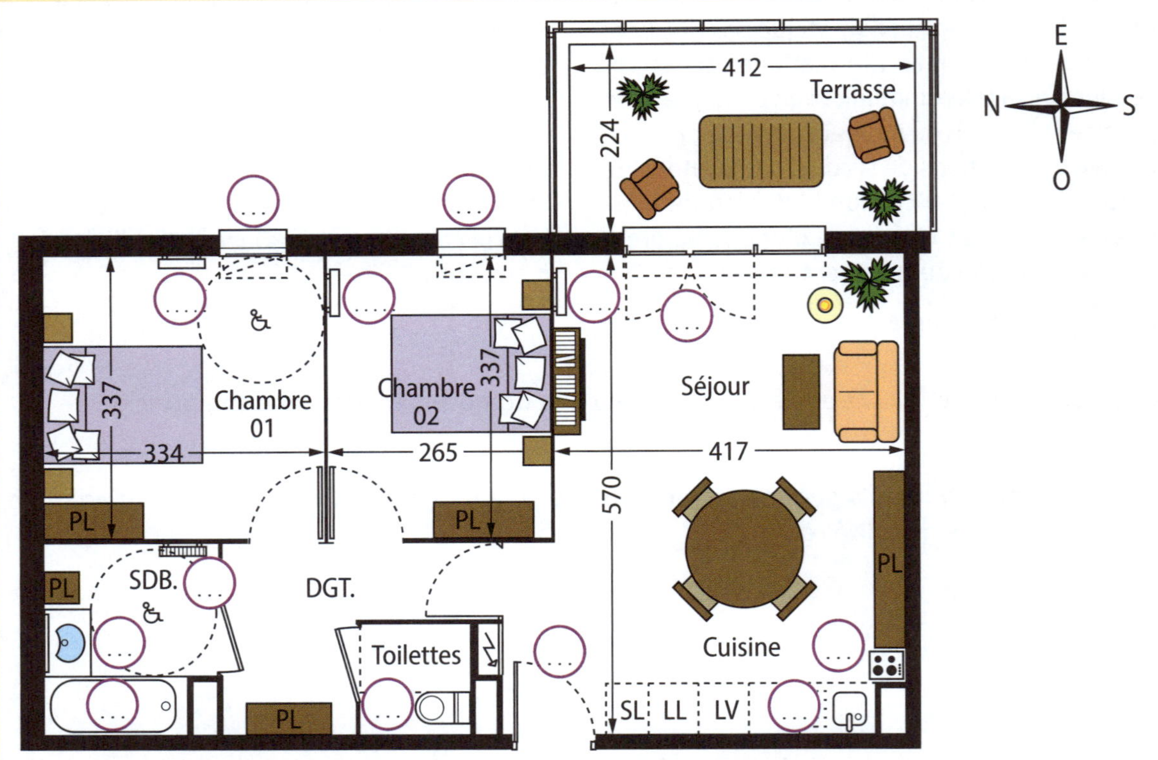

Doc. 12 **Le plan de l'appartement d'un couple de personnes à mobilité réduite (déplacement en fauteuil roulant)**

Un plan nécessite des symboles compréhensibles par tout le monde :

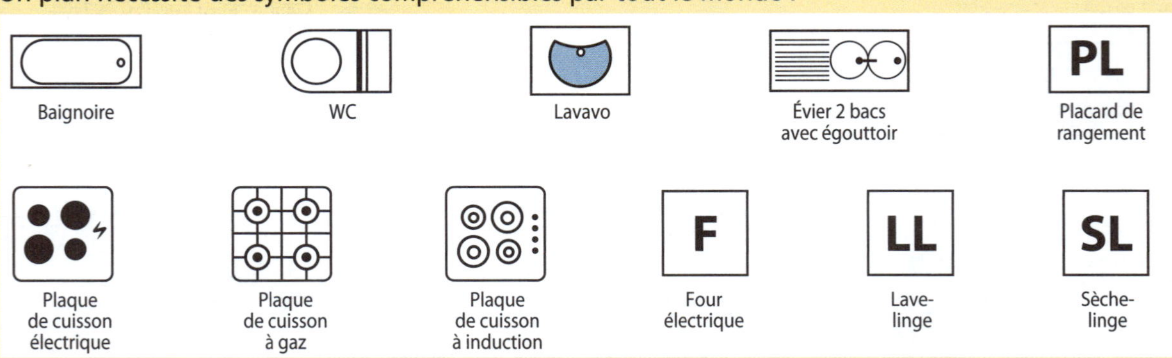

Pour les ouvertures des portes et des fenêtres : le débattement (espace nécessaire à leur manœuvre) et le sens d'ouverture sont indiqués sur le plan. Le type et la largeur des portes et des fenêtres y sont généralement précisés.

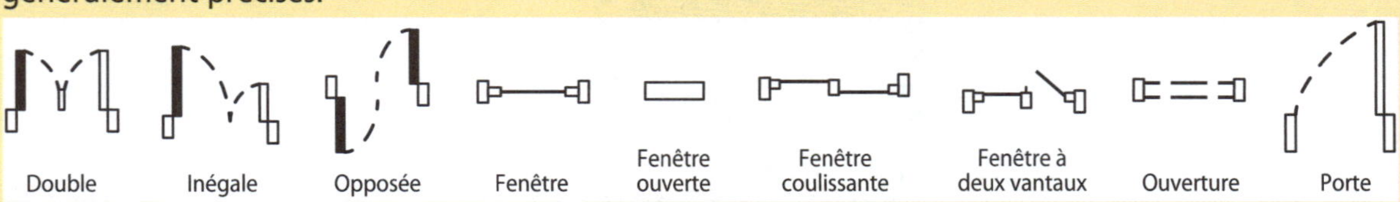

Doc. 13 **Les symboles normalisés d'un plan**

L'échelle d'un plan ou de quelconque reproduction (carte, photo, objet...) est le coefficient de proportionnalité qui permet de passer des dimensions réelles aux dimensions correspondantes sur la reproduction. Sans unité, l'échelle E se représente par une fraction E = N/D (ou N:D) avec :

- au numérateur N : la valeur des dimensions mesurées sur le plan ;
- au dénominateur D : la valeur des dimensions dans la réalité.

Par convention on écrit l'échelle E sous la forme : E = 1/X. Ainsi, trois cas sont possibles :

- E = 1 donc N = D : le plan est à l'échelle, les mesures indiquées sont celles de la réalité ;
- E > 1 donc N > D : le plan est un agrandissement de la réalité. Par exemple, E = 2/1 (ou 2:1) signifie qu'une mesure de 2 cm sur le plan représente 1 cm dans la réalité ;
- E < 1 donc N < D : le plan est une réduction de la réalité. Par exemple, E = 1/4 signifie qu'une mesure de 1 cm sur le plan représente 4 cm dans la réalité.

Doc. 14 L'échelle d'un plan

Pièces	Orientations conseillées	Justifications
Salon, séjour	Sud, sud-est	Le salon est la pièce à vivre par excellence. Elle doit être claire, panoramique, chaude en hiver et fraîche en été.
Chambres	Est, sud-est	Les chambres doivent de préférence être orientées à l'est pour profiter du lever du soleil mais doivent rester fraîches en fin de journée.
Cuisine	Au choix	Suivant son mode de vie, la cuisine peut-être une pièce de séjour dans laquelle se prennent la plupart des repas. Une orientation au sud est préférable. Essayer de ne pas placer la cuisine trop loin de la salle à manger ni de la terrasse.
Pièces « froides » (entrées, garage, celliers, buanderie, débarras, atelier)	Nord	Toutes les pièces où il n'est pas nécessaire d'avoir une température de 19 °C sont de préférence disposées sur les façades froides de la maison (au nord donc). Elles jouent le rôle de « tampon » ou de « sas » avec les pièces principales et permettent de réduire les déperditions de chauffage.

Doc. 15 L'orientation favorable des pièces d'un logement pour économiser l'énergie

1 **Décoder** les sigles du plan du **Doc. 12** dans le tableau ci-dessous à l'aide du **Doc. 13** et de ses connaissances.

SL	LV	LL	SDB	PL	F
....	....	....	....	....	....

2 **Reporter** sur le plan du **Doc. 12** le numéro correspondant aux éléments suivants.

Éléments à identifier	
① Porte-fenêtre (× 1)	⑥ Évier cuisine (× 1)
② Lavabo salle de bains (× 1)	⑦ Sèche serviette (× 1)
③ Cuvette WC (× 1)	⑧ Plaque de cuisson (× 1)
④ Baignoire (× 1)	⑨ Fenêtres à un vantail (× 2)
⑤ Compteur électrique (× 1)	⑩ Convecteurs électriques (× 3)

3 **Reporter** dans le tableau ci-dessous les dimensions des pièces et **calculer** les surfaces.

Pièces du logement	Longueur (cm)	Longueur (m)	Largeur (cm)	Largeur (m)	Surface calculée (m²)
Séjour + Cuisine	....	....	....	....	....
Chambre 1	....	....	....	....	....
Chambre 2	....	....	....	....	....
Salle de bains					4,50
Dégagement					5,20
WC					1,80
Total habitable					55,46

AIDE Calcul d'une surface : longueur × largeur = aire

4 **Indiquer** dans le tableau suivant l'orientation des pièces et **conclure** quant à la luminosité de l'appartement pendant la journée à l'aide du **Doc. 15**.

Pièces du logement	Orientation	Pièces du logement	Orientation
Entrée principale	....	Chambre 2	....
Séjour	....	Salle de bains	....
Chambre 1	....	Terrasse	....

Conclusion : ....

....

5 **Calculer** pour chaque situation l'échelle et **préciser** s'il s'agit d'un plan à l'échelle, d'un agrandissement ou d'une réduction de la réalité (**Doc. 14**).

Situations	Valeur mesurée sur le plan	Valeur dans la réalité	Échelle E =	Type de plan
N° 1	15 cm	7,5 cm	....	....
N° 2	30 cm	0,30 m	....	....
N° 3	10 cm	5 m	....	....

6 **Calculer** l'échelle du plan du **Doc. 12** sous la forme E = 1/X.

....

....

....

....

....

7 **Calculer** la largeur d'une porte d'appartement à partir de l'échelle calculée précédemment.

....

Activité 7 L'agencement et l'équipement pour l'accessibilité

OBJECTIFS
- Énumérer les recommandations en matière d'accessibilité au regard de la réglementation.
- Repérer l'agencement des locaux et les circulations possibles.
- Proposer et justifier des solutions simples permettant l'adaptation du logement aux besoins des personnes.

DOMICILE

La loi Handicap du 11 février 2005 impose la mise en accessibilité des logements neufs ou rénovés et des bâtiments accueillant du public, et doit prendre en compte l'ensemble des personnes à mobilité réduite (handicaps physiques, sensoriels, cognitifs, mentaux ou psychiques ; femmes enceintes ; personnes de petite taille ; personnes âgées...). Les obligations d'accessibilité pour l'ensemble des logements portent sur les circulations, les portes, les dispositifs de commande et les escaliers intérieurs.

L'accessibilité permet ainsi « l'autonomie et la participation des personnes ayant un handicap, en réduisant, voire supprimant, les discordances entre les capacités, les besoins et les souhaits d'une part, et les différentes composantes physiques, organisationnelles et culturelles de leur environnement d'autre part ».

VIDÉO
Accessibilité des bâtiments : des solutions pour tous
www.lienmini.fr/5611-1102

Doc. 16 L'accessibilité

Le Code de construction et d'habitation impose le respect des normes d'accessibilité (dimensions préconisées), c'est-à-dire la nécessite pour un fauteuil roulant de pouvoir circuler. Un fauteuil roulant a besoin d'un espace libre de rotation de 1,50 m de diamètre minimum pour faire demi-tour.

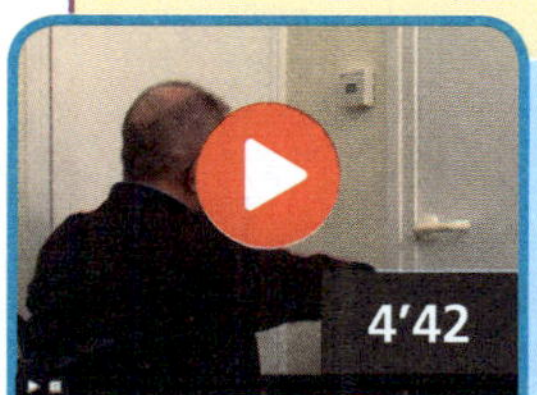

VIDÉO
Le dimensionnel du fauteuil roulant
www.lienmini.fr/5611-1103

Vue de face

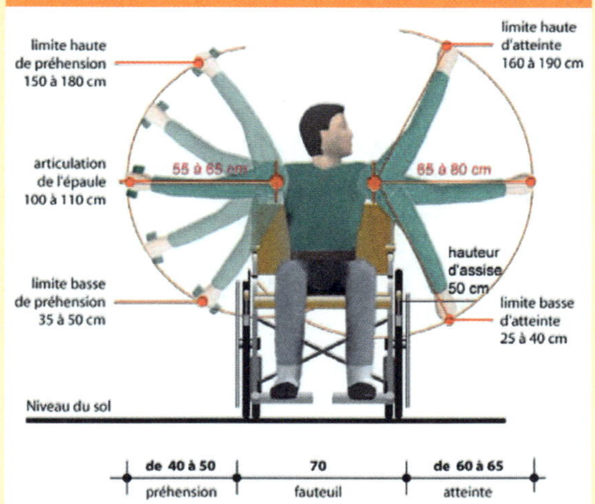

Vue en plan

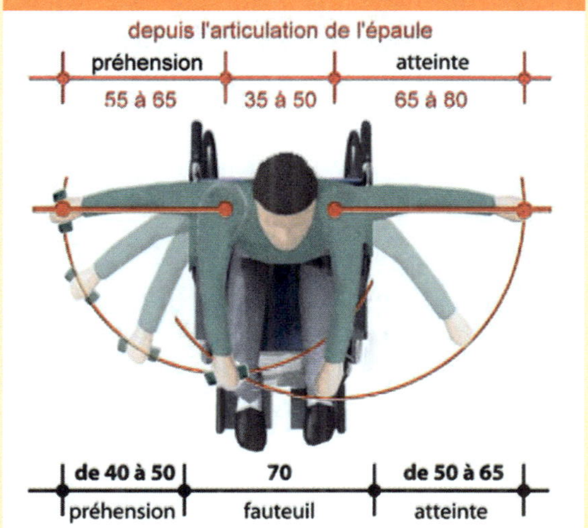

Vue de côté

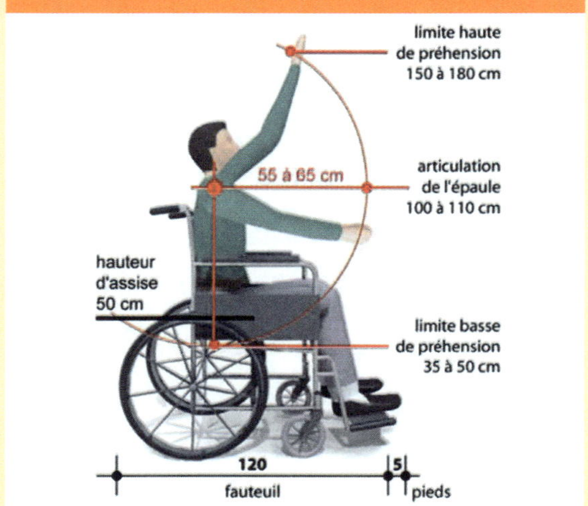

Doc. 17 Les dimensions de base en fauteuil roulant

Les obligations d'accessibilité prennent en compte chaque élément d'accessibilité et ses dimensions préconisées.

Éléments d'accessibilité	Dimensions préconisées
À l'extérieur	
Pente maximum autorisée sauf sur des distances courtes	≤ 5 %
Seuil (au niveau porte d'entrée, salle de bains et baies vitrées)	2 cm maximum
À l'intérieur de la maison	
Largeur minimale des couloirs de circulation	0,90 m
Largeur minimale d'une porte d'entrée ouverte à 90°	0,83 m
Largeur minimale des autres portes ouvertes à 90°	0,77 m
Hauteur h depuis le sol des poignées d'ouverture pour fenêtres et portes	0,90 m ≤ h ≤ 1,30 m
Distance des poignées de portes d'un angle ou d'un mur pour éviter le blocage du fauteuil roulant	0,40 m
Hauteur h depuis le sol des interrupteurs	0,90 m ≤ h ≤ 1,30 m
Espace minimal entre les équipements dans la cuisine/SDB	1,50 m
Espace minimal nécessaire dans les toilettes	1,5 m par 1,5 m
Espace libre minimal dans la chambre	1,5 m de diamètre
Espaces libres de chaque côté du lit	0,9 m minimum
Espace libre au bout du lit	1,20 m minimum

Doc. 18 **La mise en accessibilité : dimensions préconisées**

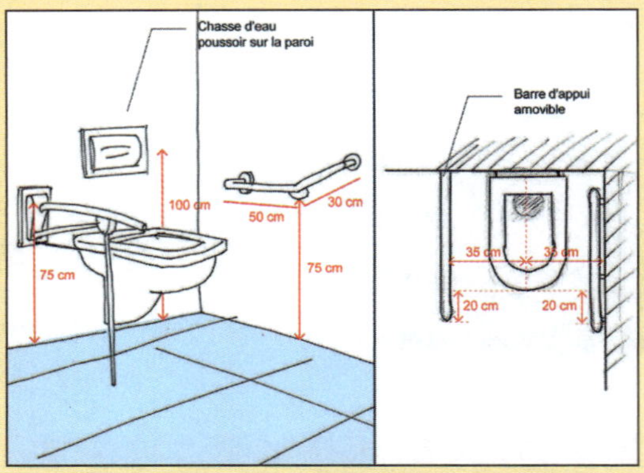

Plus petite pièce de la maison, les WC (préférables avec la porte ouvrant vers l'extérieur pour sortir facilement) nécessitent de pouvoir faire un certain nombre de gestes pour une personne en fauteuil roulant :
– s'approcher du siège : un espace de 80 cm doit rester libre à côté de la cuvette ;
– s'y transférer : une barre d'aide (voire deux) doit être fixée au mur ; la hauteur du siège (cuvette des toilettes) doit être très proche de celle du fauteuil roulant (50 cm du sol) afin de se relever plus facilement et, si besoin, être surélevée ;
– attraper le papier toilette : accessible une fois assis sur la cuvette et mis en place à portée de main sur le mur qui porte la barre d'aide ;
– tirer la chasse : prévoir une commande décentrée plutôt qu'une tirette ou un bouton-poussoir situé au-dessus du réservoir.

L'interrupteur doit être placé à l'extérieur des WC (plus facile d'allumer et éteindre la lumière qu'à l'intérieur des WC). Un bon éclairage pour bien voir les points d'appui et les obstacles est aussi nécessaire.

Selon la norme NF P 99-611 (équipement des sanitaires PMR*), il est prévu :

Éléments d'accessibilité	Dimensions préconisées
Hauteur « h » depuis le sol du lavabo	0,70 m ≤ h ≤ 0,85 m
Hauteur « h » depuis le sol de la cuvette	0,45 m ≤ h ≤ 0,50 m
Hauteur maximale « h_{max} » depuis le sol du miroir	h_{max} ≤ 1,05 m

*PMR = Personne à Mobilité Réduite

Doc. 19 **La mise en accessibilité : le cas des WC**

1 **Souligner** dans le **Doc. 16** :
– en bleu la définition de l'accessibilité ;
– en rouge les zones d'un logement concernées par une obligation d'accessibilité.

2 **Surligner** dans le **Doc. 17** le Code qui impose le respect des normes d'accessibilité et **relever** l'espace libre de rotation pour une personne en fauteuil roulant.

....

3 **Surligner** dans le **Doc. 18** sur quoi portent les obligations d'accessibilité.

4 **Souligner** dans le **Doc. 19** :
– en vert les gestes à réaliser par une personne en fauteuil roulant qui utilise les toilettes ;
– en rouge la nécessité d'installer une barre d'appui.

5 **Nommer** les quatre étapes de transfert d'une personne en fauteuil roulant sur la cuvette et **retrouver** l'ordre chronologique en les numérotant.

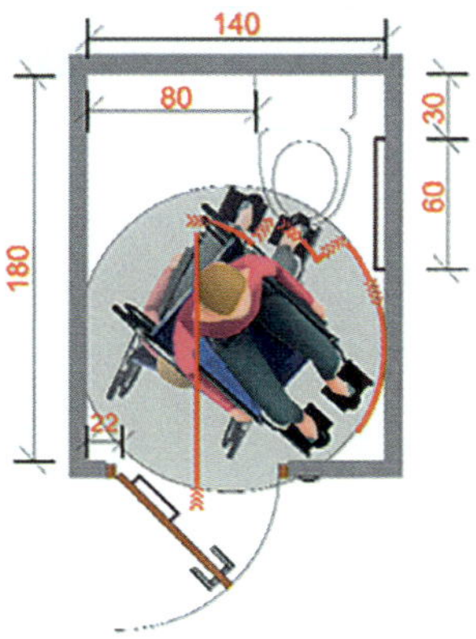

....
....
....

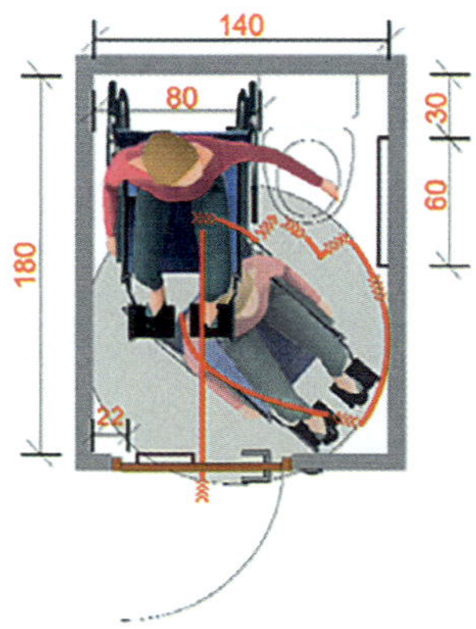

....
....
....

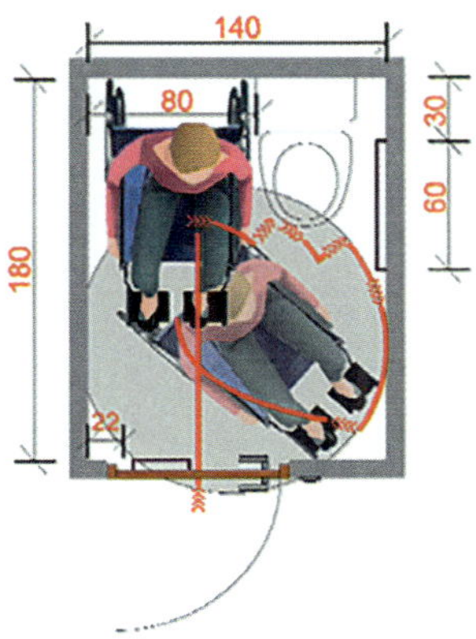

....
....
....

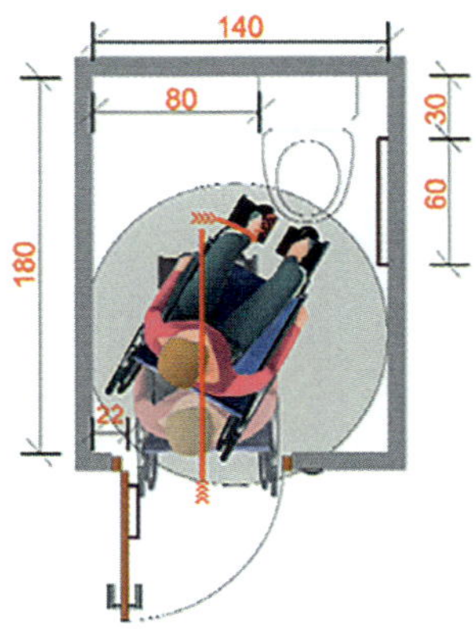

....
....
....

6 À partir des **Doc. 17 à 19** et de ses connaissances, **préciser** si les affirmations suivantes pour une personne en fauteuil roulant sont vraies ou fausses.

Affirmations	Vrai	Faux
1. Une prise murale située à 10 cm du sol est ergonomique.		
2. Une porte ouverte à 90° et de largeur 75 cm rend son passage très difficile.		
3. Un lavabo situé à 90 cm de hauteur du sol est idéal.		
4. La cuvette de toilette doit être positionnée à une hauteur très proche de celle du fauteuil roulant.		
5. Un miroir placé à 110 cm du sol est judicieux.		

L'essentiel à retenir

Je révise
Synthèse rédigée
www.lienmini.fr/5611-1104

Je m'entraîne
Exercices interactifs
www.lienmini.fr/5611-1105

HYGIÈNE ET CONFORT DES LOCAUX

- Confort aérien
- Confort thermique/hygrométrique
- Confort acoustique
- Confort visuel

Domotique

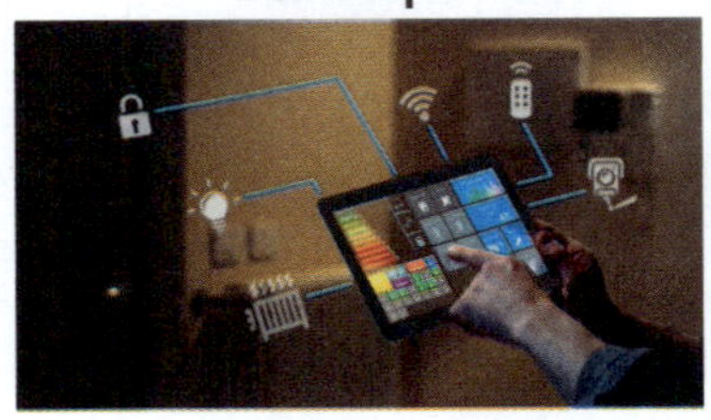

- Circulations
- Dispositifs de commande
- Escaliers intérieurs
- Portes

AGENCEMENTS ET ÉQUIPEMENTS POUR L'ACCESSIBILITÉ : VIVRE DANS UN ESPACE SAIN, CONFORTABLE ET ACCESSIBLE

Respect des dimensions préconisées par la réglementation

Prise en compte de tous les types de handicap

SÉQUENCE 12

La sécurité au domicile

DOMICILE

Réfléchissons ensemble

VIDÉO

Accidents domestiques : les gestes de prévention pour les enfants

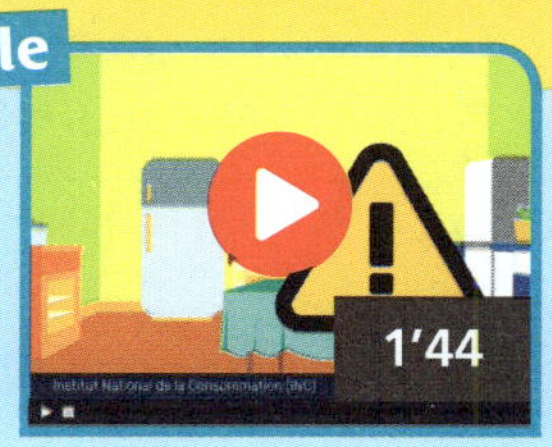

www.lienmini.fr/5611-1201

Activité 1 La prévention des accidents domestiques

OBJECTIFS
- Définir la notion d'accident domestique.
- Indiquer les principales causes d'accidents domestiques et les moyens de préventions mis en place chez les enfants en bas âge, les personnes âgées et les personnes à mobilité réduite.

Chaque année en France, 4,5 millions de personnes sont victimes d'un accident de la vie courante (AcVc) ; 61 % de ces accidents sont domestiques et provoquent 20 000 décès. Les accidents domestiques sont des accidents survenant au domicile de la victime (dans la maison ou ses abords immédiats comme le jardin, la cour ou autres dépendances).

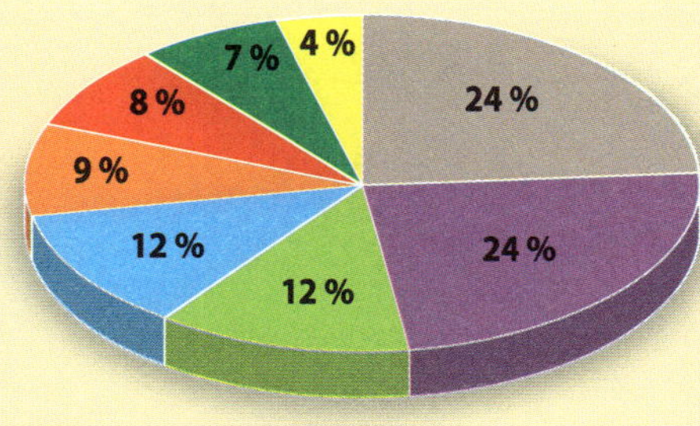

Accidents domestiques selon le lieu

- Cuisine
- Jardin
- Cour
- Séjour
- Escaliers intérieurs
- Chambre
- Salle de bains
- Autres

Les premières victimes sont les enfants et les personnes âgées. Les types d'accidents domestiques sont nombreux et variés : chutes (53 %), coups (16 %), blessures (16 %), incendies (15 %), brûlures, étouffements, noyades, intoxications, électrisations et électrocutions… Les causes sont multiples : revêtements de sol inadaptés, obstacles au sol, mauvais éclairage, eau chaude ou autres liquides, installations électriques défectueuses, etc. Un certain nombre de risques peuvent être évités en respectant les mesures de sécurité mais modifier les comportements individuels et mettre en place des solutions techniques chez soi et chez les séniors sont les plus efficaces.

Doc. 1 Les accidents domestiques

Les accidents surviennent davantage dans la cuisine, la chambre et la salle de bains (pour les moins d'un an), la cuisine et la salle de séjour (pour les enfants de 1 à 4 ans). À partir de 3 ans, les conséquences des accidents sont plus graves et ce risque décroît à partir de 14 ans. Les adultes doivent :
– surveiller attentivement les enfants ;
– leur expliquer le plus tôt possible et avec des mots simples les dangers ;
– aménager leur logement et les dépendances en conséquence ;
– demander conseil à un professionnel de santé et de la sécurité des enfants.

Doc. 2 La prévention des accidents domestiques chez les jeunes enfants

Avec l'âge, nous devenons moins souples, les os se fragilisent et les conséquences pour la santé s'aggravent en provoquant souvent une hospitalisation longue et des risques de dépendance. Pour prévenir la chute (risque le plus important chez les personnes âgées), il est nécessaire de faire le point tous les 18 mois avec un ophtalmologiste, et de consulter une fois par an son médecin traitant afin d'évaluer sa perception sensorielle, sa motricité et sa coordination. Il est aussi conseillé d'avoir une activité physique ainsi qu'une alimentation équilibrée. Chez soi, supprimer les obstacles au sol, choisir de bons revêtements et un mobilier adapté, garantir un bon éclairage et sécuriser ses déplacements sont donc importants.

Doc. 3 La prévention des accidents domestiques chez les séniors et les personnes à mobilité réduite

1 **Souligner** en bleu dans le **Doc. 1** la définition d'un accident domestique et **surligner** les principales victimes des accidents domestiques.

2 **Indiquer** si les accidents domestiques sont plus fréquents à l'intérieur ou à l'extérieur de la maison (**Doc. 1**).

....

3 **Relier** chaque type d'accident à sa cause.

Types d'accident	Causes
A. Chutes •	• 1. Casserole d'eau chaude renversée
B. Coups •	• 2. Sol gras dans la cuisine
C. Brûlures •	• 3. Défaut d'un appareil électrique
D. Électrisations •	• 4. Porte battante due à un courant d'air

4 **Souligner** en vert, dans le **Doc. 1**, les moyens de prévention les plus efficaces contre les accidents domestiques.

5 **Identifier** ci-dessous chaque type de risque numéroté sur l'illustration du **Doc. 2** et **proposer** pour chacun un moyen de prévention applicable par des adultes pour leurs enfants.

	Types de risque	Moyens de prévention
①	....	....
②	....	....
③	....	....
④	....	....
⑤	....	....

6 **Relever** dans le **Doc. 3** deux facteurs de santé aggravants des accidents domestiques et deux conséquences souvent inévitables.

....

....

7 **Souligner**, dans les **Doc. 2 et 3**, les moyens de prévention contre les accidents domestiques.

Activité 2 Agencement et équipement pour la sécurité

OBJECTIFS
- Répertorier les risques existants en fonction de l'aménagement des locaux et des espaces, de l'âge, de l'autonomie des personnes.
- Proposer des solutions simples permettant l'adaptation du logement aux besoins des personnes pour en assurer la sécurité et justifier ses choix.

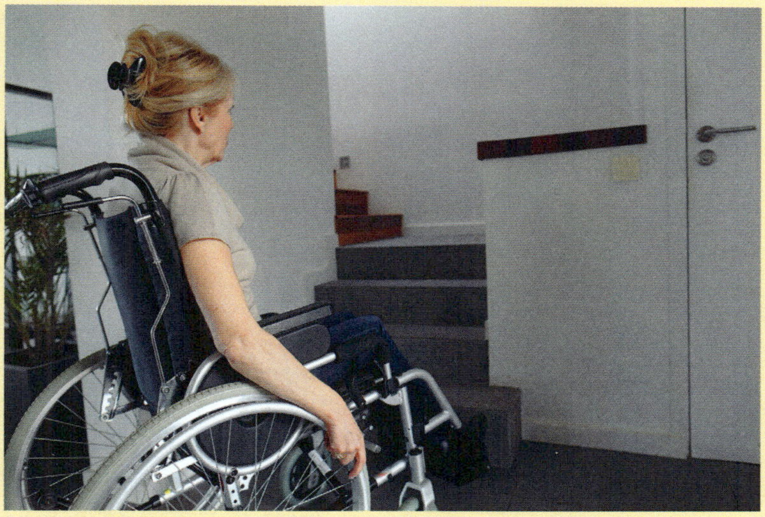

Le vieillissement de la population, le peu de logements adaptés à la vie quotidienne des personnes en perte d'autonomie (seulement 6 %) et le grand nombre d'accidents domestiques recensés nécessitent de sécuriser son logement et de prévenir notamment les chutes (plus de 450 000 chaque année, dont 62 % à domicile, entraînant 9 000 décès).

La loi du 28 décembre 2015, consolidée au 26 août 2020 et relative à l'adaptation de la société au vieillissement, a pour objectif d'organiser cette nouvelle transition démographique avec pour ambition d'assurer la sécurité et d'offrir aux personnes âgées les moyens de la plus large autonomie en facilitant l'accès aux aides techniques et aux nouvelles technologies. Pour cela, l'assurance retraite a mis en place un kit de prévention comprenant des conseils sur différentes adaptations préconisées par des ergothérapeutes. Ces adaptations consistent à sécuriser ses déplacements, adapter sa cuisine, modifier sa salle de bains et adapter l'éclairage dans toutes les pièces.

Doc. 4 La sécurisation du logement

AIDE Ergothérapeute : professionnel de santé qui s'intéresse notamment à l'évaluation, à la réadaptation et au traitement des personnes souffrant de handicaps moteurs ou psychomoteurs.

1. **Surligner** dans le **Doc. 4** les facteurs nécessitant de sécuriser un logement et de prévenir les chutes.

2. **Relever** dans le **Doc. 4** comment la loi sur l'adaptation de la société au vieillissement va permettre aux personnes âgées d'être plus autonomes.

....

....

3. **Relier** chaque conseil de prévention issu du kit de prévention de l'assurance retraite à son exemple.

Conseils de prévention	Exemples
A. Sécuriser ses déplacements en évitant les obstacles. •	• 1. Poser un tapis antidérapant dans la douche.
B. Adapter sa cuisine. •	• 2. Adapter l'éclairage.
C. Modifier sa salle de bains. •	• 3. Faire de la place.
D. À prévoir dans toutes les pièces pour bien y voir. •	• 4. Se faire aider pour mettre à sa hauteur les appareils et ustensiles utilisés régulièrement.

Henriette contacte sa caisse de retraite pour bénéficier d'une demande de travaux et des conseils d'un ergothérapeute. En effet, quelques jours auparavant, elle descendait l'escalier où se trouvaient des affaires éparpillées (chaussures, vêtements, livres). Elle a trébuché, elle n'est pas tombée mais le risque de chute était élevé.

Avant l'intervention d'un ergothérapeute

Après l'intervention d'un ergothérapeute

Doc. 5 **Prévenir les chutes (Ensemble pour l'autonomie, juin 2019)**

Cette grille est un outil pratique à utiliser sur le terrain pour favoriser le repérage des situations à risques et la sensibilisation des personnes aidées et de leur entourage.

Extrait de la grille de repérage « Repérer et prévenir les risques à domicile » (INRS-Assurance Maladie)

ÉLÉMENTS À OBSERVER	NIVEAU DE RISQUE (cocher 1 seule réponse)	○ MESURES À PRÉVOIR (à compléter) → CONSEILS
Installation électrique État des prises, fils, chauffe-eau...	ÉLEVÉ ○ MOYEN ○ FAIBLE ○	○ Information de l'occupant sur le risque : .... ○ Demande de travaux : .... ○ Demande d'intervention d'un spécialiste, pour avis : ....
Canalisations État général, présence de fuites	ÉLEVÉ ○ MOYEN ○ FAIBLE ○	○ Information de l'occupant sur le risque : .... ○ Demande de travaux : .... ○ Demande d'intervention d'un spécialiste, pour avis : .... → Port de chaussures fermées avec des semelles en bon état
Sol/escaliers État du revêtement (trous, dénivellations), marches, absence de rampe...	ÉLEVÉ ○ MOYEN ○ FAIBLE ○	○ Information de l'occupant sur le risque : .... ○ Demande de travaux : .... ○ Demande d'intervention d'un spécialiste, pour avis : .... → Port de chaussures fermées avec des semelles en bon état
Ventilation/chauffage tuyaux d'alimentation Humidité importante, aérations dégagées, entretien régulier, chaudières, chauffe-eau, détecteurs de fumée...	ÉLEVÉ ○ MOYEN ○ FAIBLE ○	○ Information de l'occupant sur le risque : .... ○ Demande de travaux : .... ○ Demande d'intervention d'un spécialiste, pour avis : ....

Doc. 6 **Grille de repérage à l'usage des professionnels de l'aide à domicile**

4 **Relever** dans le **Doc. 5** trois aides techniques mises en place après l'intervention de l'ergothérapeute pour sécuriser les déplacements d'Henriette dans l'escalier.

....

5 **Compléter** la grille de repérage du **Doc. 6** à partir de la situation du **Doc. 5** en entourant le(les) élément(s) à observer, en cochant le niveau de risque et en remplissant la colonne « Mesures à prévoir ».

- Le détecteur avertisseur autonome de fumées (DAAF) est obligatoire dans tous les lieux d'habitation. Il signale, grâce à une puissante sirène, les fumées pour prévenir d'un éventuel incendie, il permet de réduire de 90 % le risque d'être asphyxié, brûlé voire tué si un incendie se déclare.
- Le propriétaire a l'obligation d'installer au moins un détecteur aux normes et en bon état de fonctionnement dans le logement, y compris pour une location. Toutefois, seul l'occupant du logement (propriétaire ou locataire) devra veiller à l'entretien, au bon fonctionnement et assurer le renouvellement du dispositif.

- Pour éviter de déclencher l'alarme lorsque les fumées ne sont pas dues à un incendie, le détecteur de fumées doit être installé dans les couloirs, sur les paliers menant aux chambres à coucher ou dans le coin d'un mur éloigné des fumées. Le DAAF doit être fixé en hauteur et de préférence au plafond.

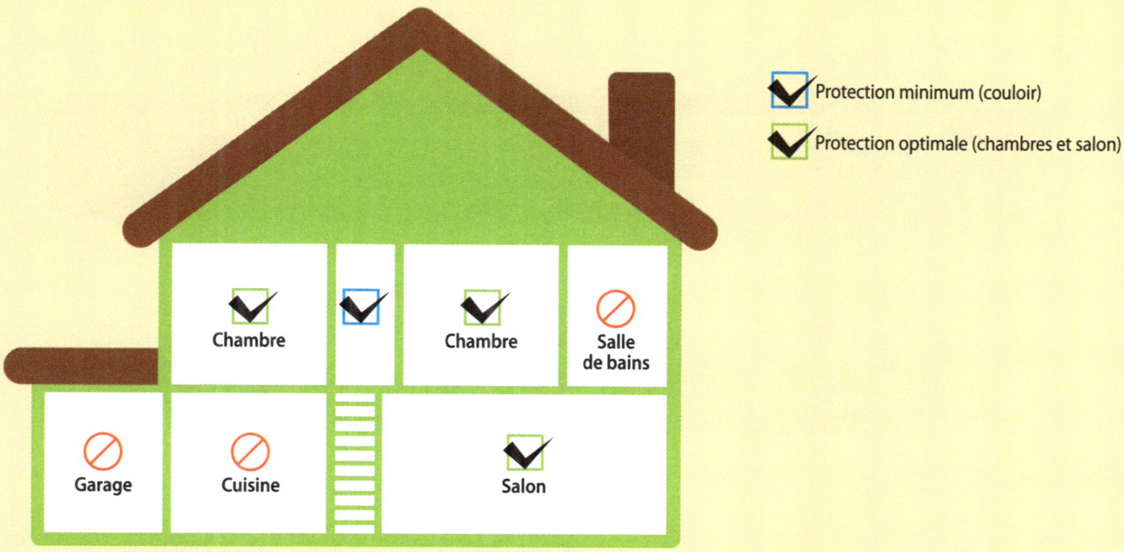

Doc. 7 La réglementation en matière de sécurité incendie : le DAAF

6 **Souligner** en bleu dans le Doc. 7 le rôle du DAAF et en rouge, la personne qui doit en assurer son entretien.

7 **Justifier** si le DAAF installé au plafond d'une cuisine ou dans une salle de bains est bien placé (Doc. 7).

....

....

8 **Expliquer** à l'aide de ses connaissances l'importance de placer le DAAF en hauteur et de préférence au plafond.

....

....

....

L'essentiel à retenir

Je révise
Synthèse rédigée
www.lienmini.fr/5611-1202

Je m'entraîne
Exercices interactifs
www.lienmini.fr/5611-1203

Aides à la sécurisation du logement

- Conseils d'un **ergothérapeute**
- **Loi du 28/12/2015, consolidée au 26/08/2020** : vise à assurer la sécurité des personnes âgées et à leur offrir les moyens de la plus large autonomie.

Public concerné

Prise en compte de l'âge et de tous les types de handicap

Personnes âgées

Jeunes enfants

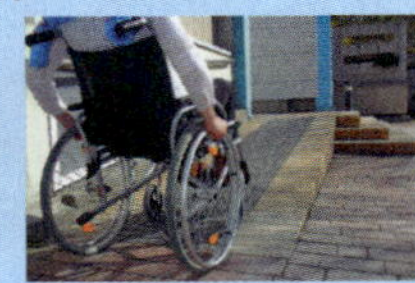
Personnes en situation de handicap

PRÉVENTION DES ACCIDENTS DOMESTIQUES

Objectif : assurer la sécurité au domicile pour vivre en toute sécurité chez soi, quel que soit son âge ou son état de santé.

Agencements et équipements pour la sécurité

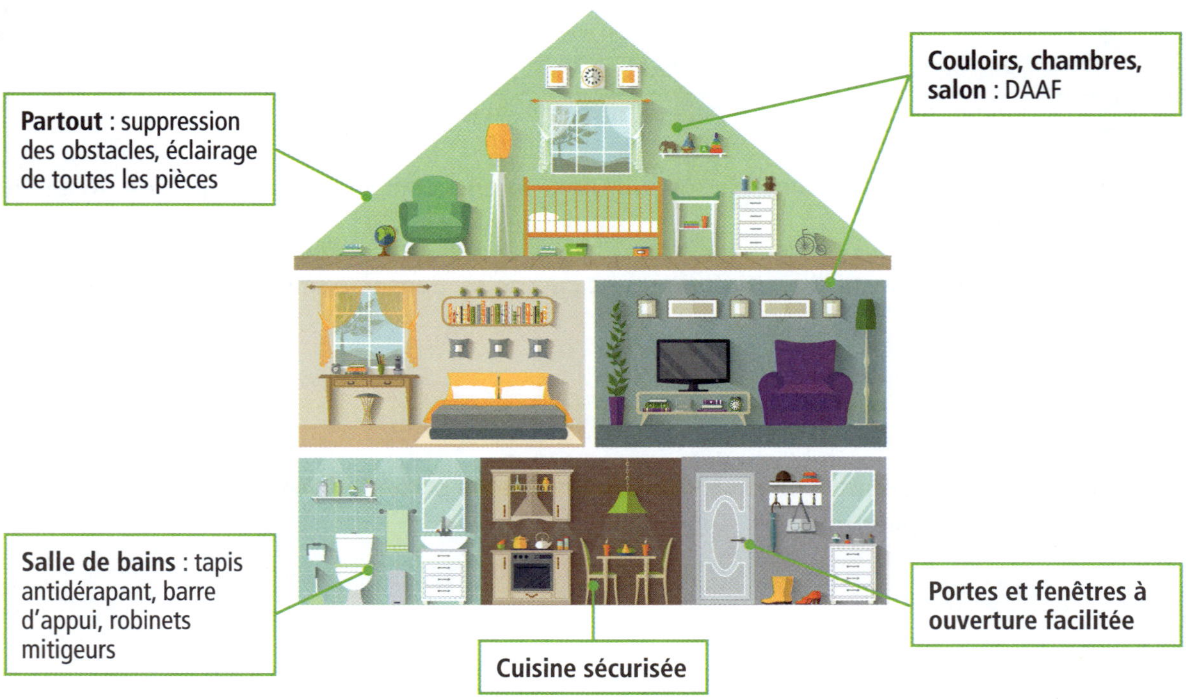

SÉQUENCE 13

Les produits alimentaires courants et leur gestion

DOMICILE

Réfléchissons ensemble

VIDÉO

Comment bien conserver les aliments pour réduire le gaspillage alimentaire

www.lienmini.fr/5611-1301

Activité 1 Les gammes de produits

OBJECTIF • Définir les gammes de produits.

Les aliments sont classés en 6 gammes selon leur mode de conservation ou de préparation.

Gamme	Aliments	Conservation
1re	Produits frais, fruits et légumes bruts, conditionnés et conservés en l'état de la récolte	Quelques jours, à température ambiante ou réfrigérée
2e	Produits en conserve (appertisés) pasteurisés ou stérilisés de façon à détruire les micro-organismes	Plusieurs mois, à température ambiante
3e	Produits congelés (-18 °C) ou surgelés (-40 °C)	Plusieurs mois, en froid négatif (-18 °C)
4e	Produits frais crus et prêts à l'emploi ayant subi un épluchage, un lavage, un taillage et un ensachage	Une semaine, en froid positif (+4 °C)
5e	Produits cuisinés cuits et conservés sous vide ou sous atmosphère raréfiée	En froid positif (+4 °C) en respectant la date limite de consommation (DLC)
6e	Produits déshydratés et lyophilisés	Plusieurs mois, à température ambiante

Doc. 1 Le classement des produits alimentaires

1 **Indiquer**, pour chaque produit alimentaire, la gamme correspondante (**Doc. 1**).

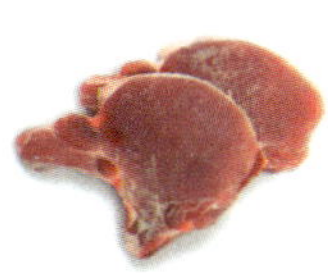

2 côtes de porc

....

Sachet de salade prête à l'emploi

....

1 kg de poires fraîches

....

Sachet de purée déshydratée

....

Conserve de légumes

....

Paquet de légumes cuisinés prêts à l'emploi

....

Sachet de légumes surgelés

....

1 L de lait UHT

....

Activité 2 Les produits céréaliers

OBJECTIFS
- Justifier le choix d'un produit alimentaire pour une personne donnée.
- Justifier les règles concernant l'utilisation des produits alimentaires.
- Présenter à partir de l'étiquetage les éléments relatifs à la composition, à la conservation.
- Énoncer les règles d'économie lors de la cuisson des céréales.

Une céréale est une plante cultivée principalement pour ses graines utilisées pour l'alimentation. Les plus connues sont le blé, l'orge, le maïs ou le riz mais on trouve également le sarrasin, le quinoa, l'épeautre, le seigle, le millet.

Chaque graine de céréale est composée de trois parties : l'enveloppe (son pour le blé), l'amande et le germe. Les céréales complètes sont des graines dont les trois parties ont été conservées alors que pour les céréales raffinées, n'est conservée que l'amande.

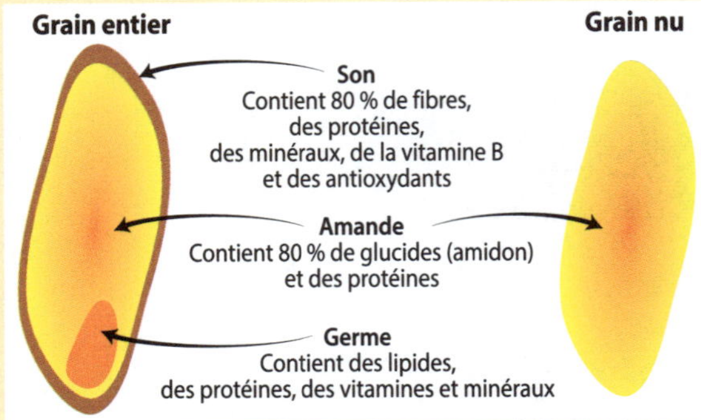

La consommation régulière de céréales complètes diminue le risque de diabète de type 2, de maladies cardiovasculaires, de cancers du côlon ; elle optimise le transit intestinal et semble promouvoir le maintien d'un poids corporel sain.

Doc. 2 Qu'appelle-t-on céréales ?

⚠ Les volumes d'eau affichés sont pour la cuisson d'un volume de céréales.
Rincer les céréales après le trempage.
Ne pas utiliser l'eau du trempage pour la cuisson !

Doc. 3 Les céréales, mode d'emploi

COMPOSITION
Préparation précuite à base de céréales et légumineuses.
Ingrédients : Blé dur précuit 65 %, lentilles vertes précuites 10 %, lentilles blondes décortiquées précuites 10 %, quinoa rouge 5 %, riz sauvage 5 %, flocons d'orge 5 %. Peut contenir des traces de soja.

UTILISATION

1. Portez à ébullition 1 casserole d'eau salée (1 L pour 50 g de mélange de céréales).

2. Versez le mélange de céréales en remuant un peu.

3. Laissez cuire 10 minutes à feu doux sans couvrir.

4. Égouttez et servez.

NUTRITION

Valeurs moyennes pour :	100 g	1 portion / 50 g	% AR
Énergie	1 485 kJ 351 kcal	742 kJ 176 kcal	9 %
Matières grasses dont saturées	2,4 g 0,6 g	1,2 g 0,3 g	2 % 1 %
Glucides dont sucres	62 g 2,1 g	31 g 1,1 g	12 % 1 %
Fibres alimentaires	8,3 g	4,2 g	
Protéines	16 g	8,2 g	16 %

Quantité négligeable de sel. AR : Apports de Référence pour un adulte type (8 400 kJ/2 000 kcal) par jour. Ce produit contient 8 portions de 50 g. **Variez, équilibrez, bougez !**
Pour un bon équilibre alimentaire, consommez des féculents et des produits céréaliers à chaque repas.

CONSERVATION
À conserver dans un endroit sec et frais à l'abri de l'humidité et de la chaleur. À consommer de préférence avant la date inscrite sur le dessus de l'étui. Conditionné sous atmosphère protectrice.
400 g ℮ (2 × 200 g)

Doc. 4 Une étiquette d'un mélange de céréales

1 **Souligner** dans le **Doc. 2** le nom des principales céréales.

2 **Expliquer** la différence entre céréale raffinée et céréale complète (**Doc. 2**).

....

....

3 **Justifier** l'intérêt de consommer des céréales complètes (**Doc. 2**).

....

....

....

4 **Comparer** le temps de cuisson du riz blanc et du riz complet (**Doc. 3**). **Justifier** à l'aide du **Doc. 2**.

....

....

AIDE La présence de l'enveloppe et du germe augmente le temps de cuisson.

5 **Lister** les céréales présentes dans la composition du mélange (**Doc. 4**).

....

6 **Justifier** le temps de cuisson réduit de ce mélange par rapport au temps noté dans le **Doc. 3**.

....

7 **Préciser** la gamme à laquelle appartient le produit du **Doc. 4** à l'aide du **Doc. 1**.

....

8 **Surligner** les conditions de conservation et les **justifier** (**Doc. 4**).

....

9 **Relever** sur le **Doc. 4** la quantité d'eau nécessaire pour cuire 100 g de céréales puis **compléter** la ligne 1 ci-dessous.

Conseils		Objectifs
1. Utiliser uniquement la quantité d'eau nécessaire : pour la cuisson de 100 g de mélange de céréales il faut	•	• Économie d'énergie
2. Mettre le couvercle sur la casserole : l'eau bout plus rapidement.	•	
3. Ajouter le sel uniquement dans l'eau bouillante : le sel ralentit l'ébullition de l'eau.	•	
4. Baisser le feu à mi-cuisson : avec le couvercle, la cuisson se poursuit même à petit feu.	•	• Économie d'eau
5. Réutiliser l'eau de cuisson pour la vaisselle.	•	

10 **Relier** le conseil à son objectif ci-dessus.

Activité 3 Les corps gras

OBJECTIF • Justifier les règles d'utilisation et de conservation des corps gras.

Les corps gras sont d'origine végétale (huile d'olive, de colza, de tournesol, végétaline...), animale (beurre, saindoux, crème fraîche) ou mixte (matières grasses tartinables type margarine).

Les plus utilisés dans la préparation des repas et collations sont les huiles végétales et le beurre. Les huiles contiennent des lipides et vitamines sensibles à la lumière.

Source : edp-nutrition.fr

Doc. 5 Les différents corps gras

Certains corps gras sont assez polyvalents et pourront être utilisés indifféremment crus ou cuits, mais tous ne sont pas égaux devant la chaleur. C'est là qu'intervient la notion de point de fumée, ou point critique : c'est la température à laquelle un corps gras brûle et devient toxique. Il faut toujours rester en dessous de ce point critique, notamment lors des fritures dont la température atteint 160-180 °C.

Attention ! Ne pas confondre avec le point de fusion qui désigne la température à laquelle un corps gras passe de l'état solide à l'état liquide (ex : < 0 °C pour les huiles végétales, 45 °C environ pour le beurre).

Corps gras	Point critique
Beurre	125 °C-150 °C
Huile de colza	110 °C
Huile de tournesol	160 °C
Huile d'olive	210 °C
Huile de pépin de raisin	210 °C

Doc. 6 Quel corps gras utiliser pour quelle préparation ?

Huile végétale pour assaisonnement, cuisson, enrichie en vitamine D.
Naturellement riche en oméga 3 et vitamine E, ce mélange de quatre huiles végétales convient parfaitement à une utilisation quotidienne.

Ingrédients
Huile de colza, huile de tournesol, huile de pépin de raisin, vitamine D (teneur non garantie lors de la cuisson à plus de 240 °C dans le four ou 190 °C en friteuse). Ce mélange d'huiles est conditionné en France à partir de graines de diverses origines.

Conservation
À conserver à température ambiante et à l'abri de la lumière et de la chaleur. Bien refermer après usage.
À consommer de préférence avant fin : voir sur la bouteille.

Salade	Cuisson	Friture
✔	✔	✘

Doc. 7 Extrait d'étiquette d'huile végétale

1 **Souligner** dans le **Doc. 5** les différents types de commercialisation des corps gras.

2 **Justifier**, à l'aide du **Doc. 6**, l'impossibilité d'utiliser l'huile du **Doc. 7** pour les fritures.

....

....

3 **Entourer** sur le **Doc. 7** le lieu de conservation de l'huile et **justifier** à l'aide du **Doc. 5**.

....

....

Activité 4 Les produits sucrés

OBJECTIFS
- Indiquer les formes de commercialisation du sucre.
- Énumérer les règles d'utilisation.

Les produits sucrés regroupent tous les aliments apportant majoritairement des glucides simples (sucre, friandises diverses, bonbons, confitures, sirops, miel, etc.).

Le sucre blanc est issu de la betterave et le roux de la canne à sucre. Leurs formes de commercialisation sont diverses, tout comme leur utilisation :

– **sucre cristallisé** : sucre sous forme de petits cristaux, on l'utilise pour faire de la confiture ou enrober des pâtes de fruits. Il rend également les gâteaux et biscuits croustillants ;

– **sucre en poudre** : sucre broyé finement, il est utilisé pour sucrer les desserts et préparer des pâtisseries (yaourts, fromage blanc, gâteau, pâte sablée…). Il peut aussi être utilisé dans des plats salés pour rehausser la saveur ;

– **sucre glace** : sucre broyé très finement jusqu'à devenir une poudre fine, il est surtout utilisé pour décorer les gâteaux ou sucrer les gaufres. Il permet également de durcir les blancs en neige ;

– **sucre en morceaux** : sucre cristallisé moulé en petits blocs compacts, il permet de sucrer des boissons chaudes.

Source : d'après lesucre.com

Doc. 8 Les formes de commercialisation du sucre

1 **Nommer** la forme de commercialisation du sucre et **donner** des utilisations courantes (Doc. 8).

	Formes de commercialisation	Utilisations courantes
	....	....
	....	....
	....	....

Activité 5 Les produits laitiers

OBJECTIFS
- Indiquer les principales formes de commercialisation des produits laitiers.
- Justifier leurs règles de conservation et d'utilisation.

Les produits laitiers regroupent les aliments fabriqués à partir de lait : lait, yaourt, fromage pour les principaux. Le lait est rencontré sous plusieurs formes dans le commerce :
– **le lait liquide en brique ou en bouteille** (le plus couramment utilisé) : soit cru, soit pasteurisé (chauffé à 72 °C pour détruire quelques germes) ou stérilisé (chauffé à 130 °C pour détruire tous les germes) ;
– **le lait déshydraté en poudre** : c'est un lait dont on a enlevé la quasi-totalité de l'eau, il est conditionné dans des boîtes métalliques, en carton ou encore sous forme de dosette ;
– **le lait concentré** : il est concentré, puis on y ajoute des stabilisateurs pendant la stérilisation qu'il subit après son conditionnement en conserve ou dosette.

Doc. 9 **Les produits laitiers**

Les fromages présentent les mêmes exigences d'étiquetage que les autres produits alimentaires, leur étiquetage doit en plus indiquer le pourcentage de matière grasse pour 100 g de produit fini. Ils peuvent être valorisés par plusieurs mentions dont voici des exemples :
– liées à une technique de fabrication : techniques traditionnelles réalisées sur le lieu de production du lait (« fermier ») ou près du lieu de production du lait (« fruitier ») ;
– liées au traitement de fabrication appliqué : produits fabriqués à partir de lait non chauffé (« au lait cru ») ou de lait chauffé à une température d'au moins 72 °C (« au lait pasteurisé »), fromage cuit à une température supérieure ou égale à 50 °C (« fromage à pâte pressée cuite »).

Doc. 10 **Les particularités de l'étiquetage des fromages**

Appellation d'Origine Protégée : P comme Protégée par l'Union européenne.
Il désigne un produit d'une certaine notoriété, fabriqué dans une zone géographique définie et selon un savoir-faire traditionnel et reconnu.

Ces deux logos (français et européen pour le 2e) permettent d'identifier les denrées alimentaires issues d'un mode de production respectueux de l'environnement et du bien-être animal. Les produits chimiques de synthèse et les OGM sont interdits. Les denrées alimentaires biologiques contiennent au moins 95 % d'ingrédients biologiques.

Doc. 11 **Quelques signes de qualité des fromages**

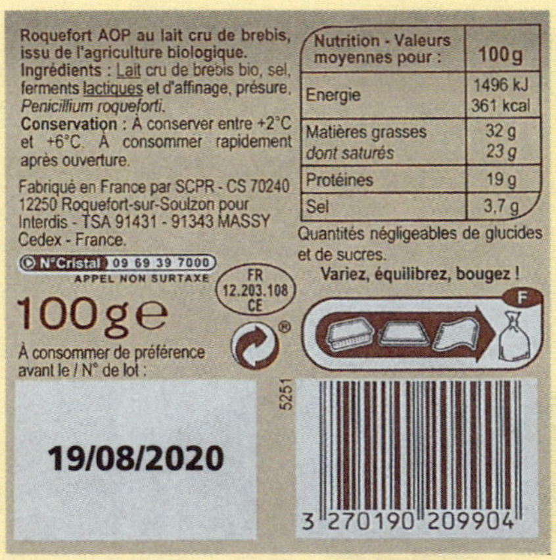

Doc. 12 **Une étiquette de fromage**

1 **Nommer** les différentes formes commerciales du lait, ainsi que la gamme correspondante (**Doc. 9**).

....

Gamme ... Gamme ... Gamme ...

2 **Relier** les règles d'utilisation et de conservation des produits laitiers à leur justification.

Conseils			Justifications
Respecter la chaîne du froid : transporter les produits laitiers dans un sac isotherme et les mettre au réfrigérateur dès l'arrivée.	•	•	Pour éviter que les produits ne se déshydratent ou prennent les saveurs et odeurs des autres aliments.
Emballer, après utilisation, les produits laitiers.	•	•	Pour ralentir le développement bactérien (dont *Listeria* et *Brucella* : germes couramment rencontrés).
Respecter les DLC.	•	•	Pour éviter d'être contaminé par un produit impropre à la consommation.

AIDE La DLC est la date limite de conservation : au-delà, le produit est impropre à la consommation.

3 **Entourer** sur le **Doc. 12** la mention obligatoire spécifique au fromage et **justifier** sa présence d'après vos connaissances en nutrition.

....

2 **Préciser** la mention de valorisation présente sur l'étiquette du **Doc. 12** à l'aide du **Doc. 10**.

....

2 **Relever** les signes de qualité sur l'étiquette du **Doc. 12**, en rappelant leur signification pour ce produit (**Doc. 11**).

....

....

....

....

L'essentiel à retenir

Je révise
Synthèse rédigée
www.lienmini.fr/5611-1302

Je m'entraîne
Exercices interactifs
www.lienmini.fr/5611-1303

PRODUITS ALIMENTAIRES COURANTS

1re gamme : produits frais conservés en l'état de la récolte.
2e gamme : produits en conserve.
3e gamme : produits congelés ou surgelés.
4e gamme : produits frais crus et prêts à l'emploi.
5e gamme : produits cuisinés.
6e gamme : produits déshydratés et lyophilisés.

Les produits céréaliers

Origine : produits issus de céréales (blé, maïs, riz, quinoa, seigle…).
Cuisson : temps de cuisson allongé pour les céréales complètes.
Conservation : à l'abri de l'humidité, dans un endroit frais et sec.
Réduction de l'impact environnemental de la cuisson : utiliser juste la quantité d'eau nécessaire, mettre un couvercle sur la casserole.

Les corps gras

Origine : végétale, animale ou mixte.
Cuisson : ne pas dépasser le point de fumée (ou critique).
Conservation : à l'abri de l'humidité, dans un endroit frais et sec.

Les produits sucrés

Origine : sucre blanc issu de la betterave et sucre roux de la canne à sucre.
Formes de commercialisation : cristallisé, en poudre, glace, morceaux.
Utilisation : dépend de la forme de commercialisation.

Les produits laitiers

Aliments fabriqués à partir de lait : lait, yaourt, fromage.

Le lait

Formes de commercialisation : liquide, déshydraté en poudre, concentré en conserve
Conseils d'utilisation : respect de la chaîne du froid et des DLC.

L'étiquetage du fromage

Mêmes exigences que les autres produits alimentaires + pourcentage de matière grasse pour 100 g de produit fini.
Valorisé par plusieurs mentions : liées à une technique de fabrication ou de traitement de fabrication.
Signes de qualité des fromages : AOP, AB.

SÉQUENCE 14

Les produits alimentaires frais et leur gestion

DOMICILE

Réfléchissons ensemble

VIDÉO
Que signifient tous ces signes sur les fruits et légumes ?
www.lienmini.fr/5611-1401

Activité 1 Les végétaux

OBJECTIFS
- Indiquer les formes de commercialisation des végétaux.
- Présenter à partir de l'étiquetage les éléments relatifs au stockage et à la conservation des produits surgelés et les justifier.

Les végétaux regroupent les fruits et les légumes, ils sont vendus sous plusieurs formes.

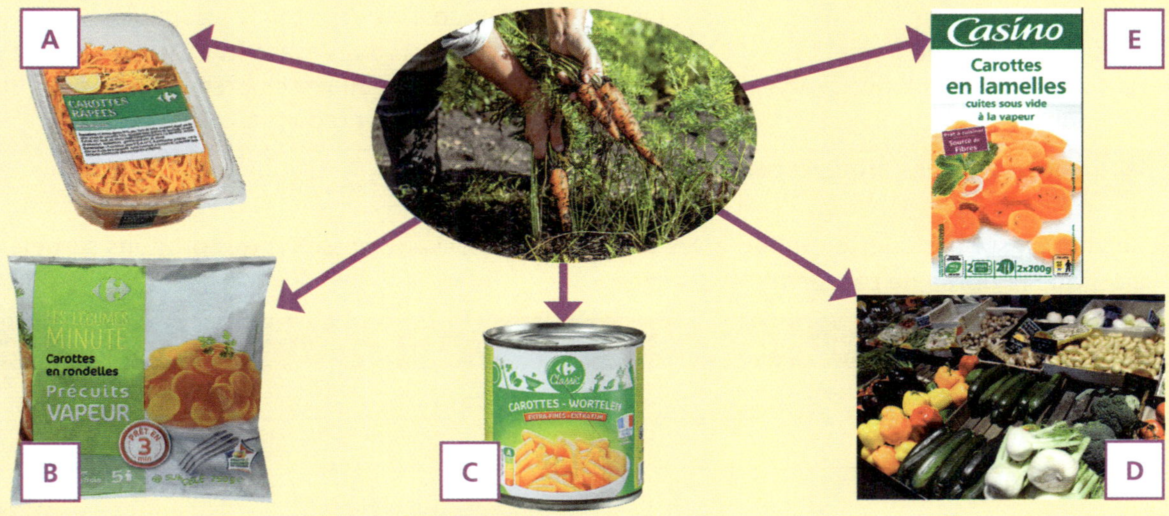

Doc. 1 Les formes de commercialisation des végétaux

1 **Identifier** les formes de commercialisation et **rappeler** la gamme alimentaire de chaque produit présenté dans le **Doc. 1**.

	Forme de commercialisation	Gamme alimentaire
A	....	......
B	....	......
C	....	......
D	....	......
E	....	......

AIDE Consulter les gammes alimentaires dans la séquence 13 (page 107).

PURÉE DE CAROTTE SURGELÉE

Ingrédients

Carottes.

Traces de lait et céleri.

Conservation

À consommer de préférence avant fin : voir ci-dessous.

Réfrigérateur : 24 heures.

Compartiment à glace du réfrigérateur (– 6 °C) : 3 jours.

Congélateur (– 18 °C) : plusieurs mois jusqu'à la date indiquée ci-dessous.

NE JAMAIS RECONGELER UN PRODUIT DÉCONGELÉ.

Doc. 2 La conservation des légumes surgelés

Les principaux risques avec les produits congelés sont d'origine microbiologique. Le froid ne détruit pas les micro-organismes qui peuvent reprendre leur activité si les conditions le permettent (dysfonctionnement du congélateur par exemple).

Les bons gestes :

- Acheter les produits surgelés à la fin des courses.
- Vérifier que le sachet n'est pas couvert de givre et que les aliments ne forment pas un bloc dans le sachet : cela indique que la chaîne du froid a été rompue.
- Bien vérifier que l'emballage du produit congelé est intact.
- Utiliser des sacs isothermes pour isoler ces produits et les maintenir à une température convenable jusqu'au retour au domicile.
- Positionner les produits de sorte que le rangement dans le congélateur s'effectue le plus rapidement possible de retour au domicile.
- Placer les produits ayant les DDM plus courtes devant pour les utiliser en premier.
- Décongeler les produits au réfrigérateur.

Doc. 3 Les risques des produits congelés

2 **Retrouver**, sur l'étiquette du **Doc. 2**, les trois lieux de stockage possibles des produits surgelés ainsi que la durée de conservation associée.

Lieux de stockage	Durée
....	....
....	....
....	....

AIDE « À consommer de préférence avant fin » est une DDM (date de durabilité minimale) : passé cette date, le produit est consommable mais perd ses qualités organoleptiques.

3 **Justifier** le conseil entouré en rouge sur l'emballage du **Doc. 2** à l'aide du **Doc. 3**.

....

....

4 **Énumérer** les trois gestes qui permettent de respecter au mieux la chaîne du froid lors de l'achat et du transport des produits surgelés (**Doc. 3**).

....

....

AIDE Respecter la chaîne du froid consiste à assurer le maintien constant des aliments réfrigérés ou surgelés à une température, positive ou négative selon le cas.

Activité 2 Les œufs

OBJECTIF • Présenter, à partir de l'étiquetage, les éléments relatifs à la qualité et au mode d'utilisation.

Les emballages d'œufs comportent des mentions obligatoires, notamment :
- la date de consommation recommandée (DCR) ;
- le numéro du centre d'emballage ;
- le calibre de l'œuf : S, M, L, XL selon le poids ;
- le mode d'élevage ;
- la catégorie, symbolisée par la lettre A pour les œufs vendus aux consommateurs.

Un œuf est considéré comme extra-frais jusqu'au 9e jour après la ponte, et frais jusqu'au 28e jour où la qualité de l'œuf devient incertaine.

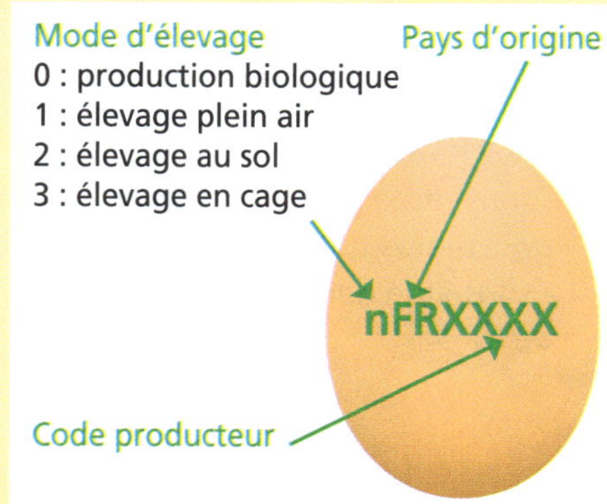

Doc. 4 Les œufs frais

Il est possible de connaître la fraîcheur d'un œuf en l'immergeant dans l'eau. Au niveau du sommet, l'œuf possède une poche d'air dont le volume augmente avec le temps. Ainsi, plus la date de ponte est proche et plus l'œuf coule dans l'eau. De même, en le cassant, plus le jaune est centré sur le blanc et plus l'œuf est proche de la date de ponte.

Suivant son état de fraîcheur, son utilisation en cuisine ne sera pas la même. L'œuf est une denrée sensible aux contaminations bactériennes et notamment à la *Salmonella* (qui provoque la salmonellose). En s'éloignant de la date de ponte, la cuisson devient indispensable et la température de cuisson doit être plus élevée.

Doc. 5 La fraîcheur des œufs et leur utilisation

1 **Retrouver** sur l'œuf ci-contre les informations suivantes (**Doc. 4**) :

Date de consommation recommandée : ....

Pays de production : ....

Mode d'élevage : ....

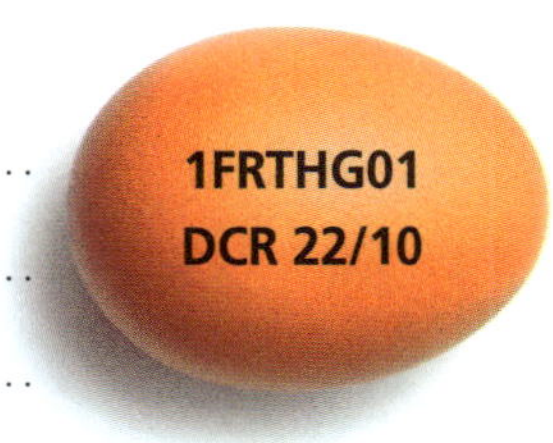

2 **Souligner** dans le **Doc. 5** les deux façons de reconnaître l'état de fraîcheur d'un œuf.

3 **Compléter** le schéma avec les types de préparation en fonction de l'état de fraîcheur des œufs : *œuf à la coque, pâtisserie cuite, œuf dur, crème et sauce non cuites, œuf au plat.*

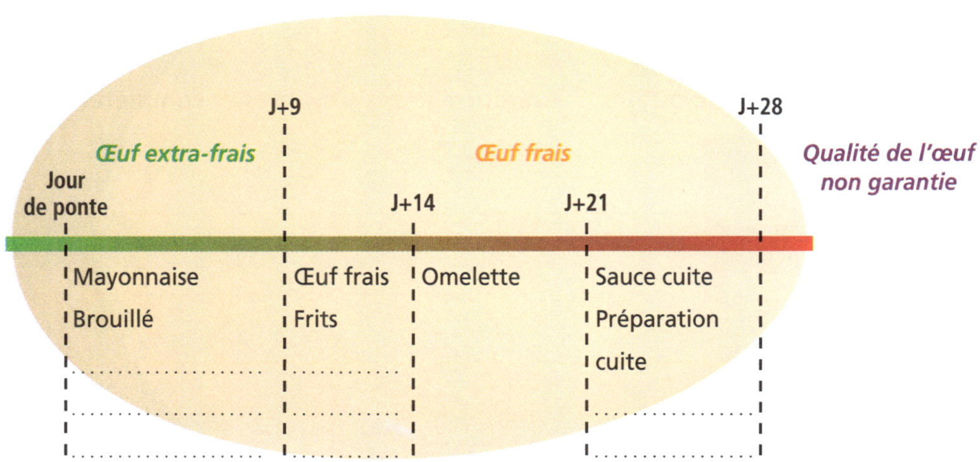

Activité 3 Les viandes

OBJECTIFS
- Indiquer les formes de commercialisation de la viande fraîche.
- Présenter à partir de l'étiquetage les éléments relatifs au mode d'utilisation.

Pour les viandes réfrigérées, il existe trois types de conditionnement.
– Le préemballé : conditionné en barquette sous film plastique étirable, perméable à l'air. Sa DLC est de 3 à 4 jours.
– Le sous-atmosphère : en barquette sous film plastique non perméable à l'air, avec notamment ajout d'importantes quantités d'oxygène. Sa DLC varie de 5 à 10 jours.
– Le sous-vide dans un emballage hermétique opaque. Sa DLC peut aller jusqu'à 3 semaines.

Doc. 6 **Les formes de commercialisation de la viande réfrigérée**

Trois informations simples permettent de choisir sa viande en libre-service.
– Des noms clairs qui correspondent aux morceaux ou aux recettes que vous connaissez. Vous savez tout de suite ce que vous achetez.
– Des étoiles (*) pour la tendreté et le moelleux. Une à trois étoiles vous précisent le niveau de tendreté attendu pour les morceaux à griller et à rôtir, ou le niveau de moelleux attendu pour les morceaux à mijoter.
– Le mode de cuisson conseillé pour n'avoir aucun doute sur la façon de cuisiner. À griller, à rôtir ou à mijoter : tout est noté.

Source : d'après www.la-viande.fr

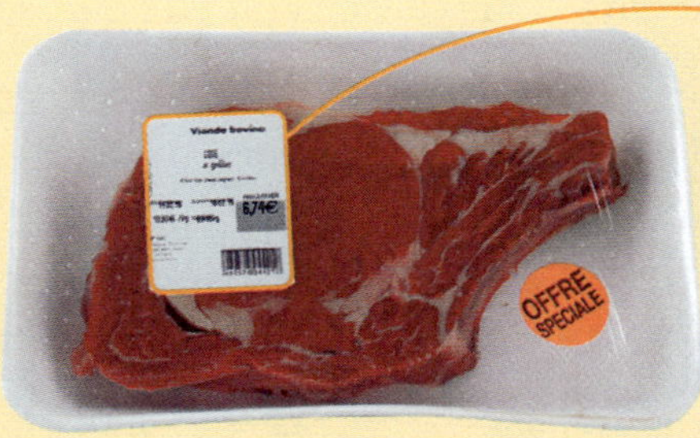

Doc. 7 **La dénomination simplifiée de l'étiquette de viande préemballée**

1 **Surligner** dans le **Doc. 6** les formes de commercialisation de la viande fraîche.

2 **Comparer** les DLC des formes de commercialisation et **conclure** (**Doc. 6**).

....

....

3 **Repérer** sur l'étiquette du **Doc. 7** les informations suivantes et **compléter** le tableau suivant.

Type de viande	....
Morceau de viande	....
Tendreté de la viande	....
Conseil de préparation	....

Activité 4 Le rangement des produits alimentaires frais

OBJECTIFS
- Identifier les organes du réfrigérateur et les consignes de maintien en état.
- Énumérer les règles de conservation des aliments.

Le réfrigérateur possède un circuit fermé dans lequel se trouve un fluide frigorigène. Celui-ci va changer d'état en passant dans différents organes de l'appareil.

	Organes	Rôles
1	Évaporateur	Prélever la chaleur des aliments.
2	Compresseur	Comprimer le fluide.
3	Condenseur	Céder la chaleur à l'extérieur de l'appareil.
4	Détendeur	Abaisser la pression du fluide.
5	Clayette	Supporter les aliments.
6	Bac à légumes	Stocker les fruits et légumes.

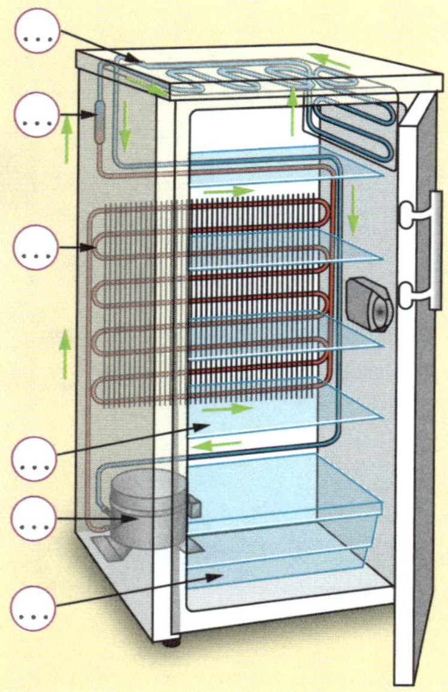

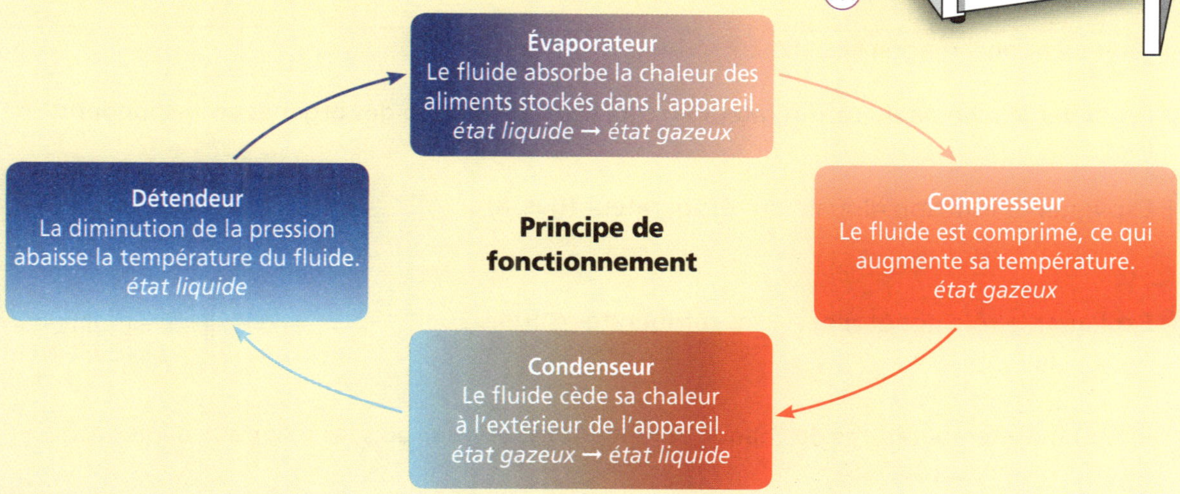

Doc. 8 Le fonctionnement du réfrigérateur

Les appareils sont classés selon des étoiles :

□ Simple réfrigérateur qui permet seulement de conserver des aliments frais durant trois ou quatre jours. Le freezer ne permet pas de conserver les denrées congelées.

* Réfrigérateur à une porte avec un freezer qui permet la production de glace. La température du freezer atteint – 6 °C, il est possible d'y entreposer des denrées congelées pour une courte durée n'excédant pas trois jours.

** Simple réfrigérateur mais le compartiment freezer descend jusqu'à – 12 °C, ce qui permet de conserver des produits surgelés pendant deux ou trois semaines.

*** C'est un réfrigérateur-conservateur avec un compartiment séparé (deux portes) dont la température atteint – 18 °C. Il permet la conservation d'aliments surgelés pour plusieurs mois. Cet appareil n'est pas prévu pour congeler les produits frais.

**** Il s'agit des réfrigérateur-congélateurs et des congélateurs. Ils ont le pouvoir de congeler des denrées fraîches.

Doc. 9 Les étoiles du réfrigérateur

Selon le modèle du réfrigérateur, la zone la plus froide est située soit en haut, soit en bas

Quelques conseils pour une meilleure conservation des aliments

✓ Ranger les aliments en respectant les températures mentionnées par les fabricants sur les étiquettes.
✓ S'assurer que le réfrigérateur est réglé sur une température de +4 °C et de – 18 °C pour le congélateur.
✓ Entretenir son réfrigérateur et son congélateur pour éviter que les bactéries ne se propagent entre les aliments.
✓ Dégivrer le congélateur au moins une fois par an et le nettoyer.
✓ Ne ranger que des légumes lavés et emballés par vos soins.
✓ Retirer les emballages.
✓ Placer les aliments dans des récipients fermés.

Doc. 10 La conservation des aliments frais

1 **Légender** le schéma du réfrigérateur en replaçant le numéro des organes correspondants (**Doc. 8**).

2 **Expliquer** la fonction globale du réfrigérateur (**Doc. 8**).

....

3 **Expliquer** le rôle des étoiles sur les réfrigérateurs (**Doc. 9**).

....

4 **Indiquer** les températures de chaque zone du réfrigérateur puis les **relier** aux aliments qui y seront conservés (**Doc. 10**).

Zones et températures	Aliments à conserver
Zone fraîche : .... °C •	• Beurre, œufs, condiments, sauces en pots, boissons (eau, jus de fruit, lait)
Zone froide : .... °C •	• Fruits et légumes frais
Bac à légumes : .... °C •	• Viandes et poissons cuits, laitages non entamés, pâtisseries
Zone tempérée : .... °C •	• Viandes et poissons crus, laitages entamés, charcuterie, fromage au lait cru, plats cuisinés

5 **Surligner**, dans le **Doc. 10**, les conseils de rangement des aliments en rose et les conseils de maintien en état du réfrigérateur en bleu.

6 **Préciser** si l'appareil présenté dans le **Doc. 10** permet de congeler un poulet cru à – 18 °C en justifiant.

....

Activité 5 L'entretien du réfrigérateur

OBJECTIFS
- Justifier les consignes de nettoyage du réfrigérateur.
- Repérer les règles de sécurité à respecter lors de l'entretien du réfrigérateur.
- Justifier la fréquence des opérations d'entretien.

FICHE TECHNIQUE 12

L'entretien du réfrigérateur

Document
Fiche technique détaillée
www.lienmini.fr/5611-1402

MATÉRIEL ET PRODUITS

• Bassine • 2 lavettes • Papier absorbant • Gants
• .... (eau de javel par exemple) ou un détergent/désinfectant

TECHNIQUE

Entretien mensuel :

1. Préparer la bassine avec le détergent dilué.
2. Mettre le thermostat en position stop et débrancher le réfrigérateur.
   Pourquoi ? ....
3. Vider le réfrigérateur.
4. Faire tremper les clayettes et accessoires dans la solution détergente et les frotter avec la lavette.
   Pourquoi ? ....
5. Laver l'intérieur du réfrigérateur et le joint avec le détergent et la première lavette.
6. Rincer abondamment à l'eau tiède et sécher avec du papier absorbant.
7. Appliquer le désinfectant avec la seconde lavette, laisser agir puis rincer à l'eau claire.
   Pourquoi ? ....
8. Désinfecter les clayettes et accessoires puis les rincer.
9. Nettoyer les parois externes, la poignée du réfrigrateur, rincer puis désinfecter.
10. Aspirer la grille (condenseur) à l'arrière du réfrigérateur ou la nettoyer avec la lavette humide bien essorée.
    Pourquoi ? ....
11. Rebrancher le réfrigérateur et le mettre en marche.

Entretien hebdomadaire : Éliminer les denrées périmées ou abîmées.

CRITÈRES DE RÉUSSITE

....

1 **Compléter** les produits manquants, **justifier** les étapes indiquées et **déduire** les critères de réussite.

2 **Surligner** la règle de sécurité à respecter avant de commencer l'entretien du réfrigérateur.

3 À l'aide du **Doc. 3** (p. 116), **justifier** la fréquence des entretiens du réfrigérateur.

L'entretien hebdomadaire permet ....

....

L'entretien mensuel permet ....

L'essentiel à retenir

Je révise
Synthèse rédigée
www.lienmini.fr/5611-1403

Je m'entraîne
Exercices interactifs
www.lienmini.fr/5611-1404

PRODUITS ALIMENTAIRES FRAIS

Les végétaux

Forme de commercialisation : frais, en conserve, surgelés, cuits sous vide, préparés et conservés sous atmosphère modifiée.

Les produits congelés : acheter en dernier, respecter la chaîne du froid.
→ 24 heures au réfrigérateur, 3 jours dans le compartiment à glace (freezer) ou plusieurs mois au congélateur.

Attention! Le froid ne détruit pas les micro-organismes.

Les œufs

Emballage : DCR, numéro du centre d'emballage, calibre, mode d'élevage, catégorie.

Fraîcheur : extra-frais de la ponte à J9, frais jusqu'à J28 après la ponte.

Utilisation : consommer les œufs crus au plus près de la ponte puis cuits après le 9e jour de ponte.

La viande fraîche

Forme de commercialisation : préemballée, sous-atmosphère ou sous-vide.

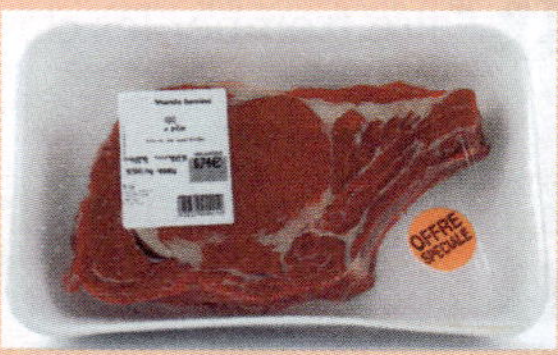

Étiquette de la viande préemballée : contient outre les mentions obligatoires : le nom du morceau, des étoiles indiquant la tendreté, le mode de cuisson conseillé.

CONSERVATION

Se fait dans un réfrigérateur ou dans un congélateur.

Le réfrigérateur

- Abaisse la température des aliments frais, ce qui limite le développement bactérien.
- * : indiquent la durée de conservation des aliments congelés.
- Rangement : les aliments les plus sensibles au développement bactérien sont gardés dans les zones les plus froides.

L'entretien du réfrigérateur

Hebdomadaire : enlever les aliments périmés ou abîmés.

Mensuel : utilisation d'un détergent et d'un désinfectant (ou d'un détergent-désinfectant).

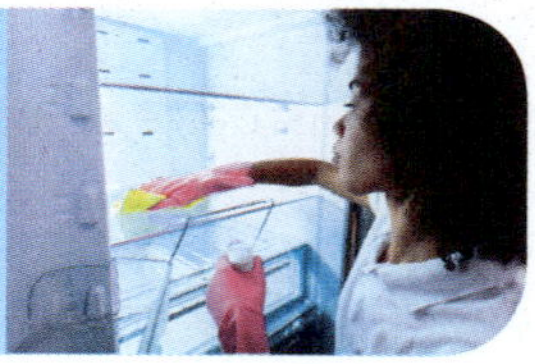

SÉQUENCE 15

L'organisation en cuisine

Réfléchissons ensemble

VIDÉO
L'investigation des toxi-infections alimentaires collectives
www.lienmini.fr/5611-1501

Activité 1 La marche en avant en collectivité

OBJECTIFS
- Définir et justifier l'intérêt de la mise en œuvre de la marche en avant.
- Analyser les risques de biocontaminations lors des circulations et les mettre en relation avec les mesures réglementaires.

La marche en avant est un principe de sécurité alimentaire et d'organisation en cuisine professionnelle. Elle conditionne la conception de l'établissement de restauration, de la réception des denrées jusqu'à la remise au consommateur. Elle permet de répondre à la réglementation (règlement CE n° 852/2004) notamment pour éviter les contaminations croisées (marchandises souillées qui croisent les produits finis élaborés) à l'origine de toxi-infections alimentaires collectives (TIAC). Ainsi, les travailleurs doivent respecter les bonnes pratiques d'hygiène ainsi que le circuit spécifique de la réception des denrées jusqu'à la distribution des repas. On distingue deux types de marche en avant :

– **la marche en avant dans l'espace** : elle consiste à avoir une progression dans l'espace, où le flux des produits alimentaires ne se croise pas (contaminations croisées ainsi évitées). Les différents secteurs de travail sont alors séparés (chaud/froid, propre/sale, cru/cuit, etc.) ;

– **la marche en avant dans le temps** : elle est mise en place si une organisation dans l'espace n'est pas possible. Cela permet de décaler dans le temps les opérations effectuées sur des produits n'ayant pas des niveaux de contamination similaires.

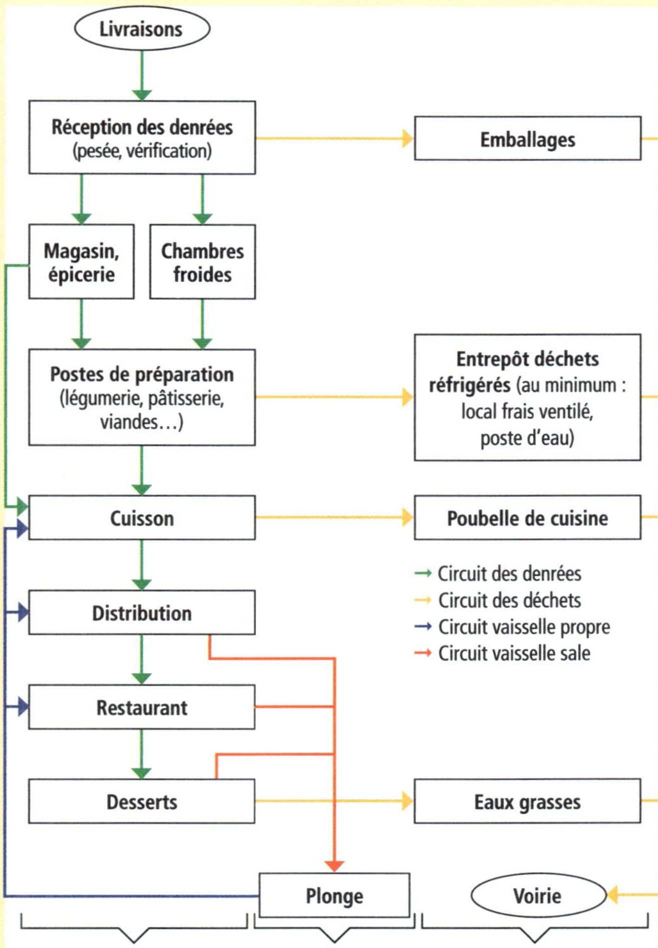

A. ....
....

B. ....
....

C. ....
....

Doc. 1 Le principe de la marche en avant

1 **Énoncer** le principe de la marche en avant (**Doc. 1**).

....

....

2 **Identifier** l'intérêt de la marche en avant et **proposer** une explication pour la dénomination de cette expression (**Doc. 1**).

....

....

....

....

3 **Préciser** le moment où les contaminations croisées à l'origine de TIAC peuvent survenir (**Doc. 1**).

....

....

....

4 **Citer** et **différencier** les deux types de marche en avant (**Doc. 1**).

....

....

....

....

5 **Justifier** si le schéma du **Doc. 1** correspond à une marche en avant dans l'espace ou dans le temps.

....

....

....

6 **Replacer** dans les encadrés A, B et C sur le schéma du **Doc. 1** les termes suivants : circuit vaisselle, circuit des déchets, circuit des denrées.

7 **Surligner** dans le **Doc. 1** les deux points à respecter par les travailleurs pour éviter les contaminations croisées.

8 **Préciser** pour chaque situation le type de marche en avant correspondant (**Doc. 1**).

Situations	Marche en avant dans l'espace	Marche en avant dans le temps
1. Dans une cuisine collective, les différents secteurs de travail sont séparés.		
2. Dans une petite cuisine, sur un même plan de travail, un employé va devoir dans un premier temps éplucher des légumes, nettoyer et désinfecter le plan de travail puis dans un second temps découper des viandes.		

Activité 2 La décontamination et la préparation des fruits et légumes

OBJECTIF • Analyser les risques de biocontaminations lors des circulations et les mettre en relation avec les mesures réglementaires.

Tout fruit, légume ou herbe aromatique, de sa culture jusqu'à sa livraison en cuisine collective en passant par sa récolte, son stockage et son conditionnement, est susceptible d'être porteur de divers contaminants parfois néfastes pour la santé. Ces contaminants peuvent être d'origine :

– **chimique** : résidus des traitements de production (produits phytosanitaires type insecticides, herbicides ; éléments polluants…) ;

– **physique** : insectes, cailloux, terre, sable, morceaux de bois ou de plastique… ;

– **microbiologique** : naturellement présents dans l'environnement ou provenant de flores intestinales animales, d'eaux d'irrigation, et encore tout simplement de l'air et du climat environnant (vent, précipitations…) ; on y trouve des bactéries (salmonelles, coliformes, *clostridium*, *listeria*…), des virus (norovirus…), des parasites (*toxoplasma gondii*…), des moisissures (présence de mycotoxines).

Les végétaux doivent tout d'abord être contrôlés et triés dès la réception des marchandises, en éliminant ceux abîmés, pourris ou moisis. Leur stockage puis leur préparation doivent également être bien gérés pour qu'ils ne soient pas source de contamination des autres produits.

Pour ces différentes raisons, il est obligatoire en cuisine professionnelle de procéder tout d'abord à un nettoyage (lavage) des fruits et légumes et ensuite à une désinfection pour maîtriser les risques d'intoxication alimentaire.

Doc. 2 Le principe et les étapes de la décontamination des fruits et légumes en collectivité

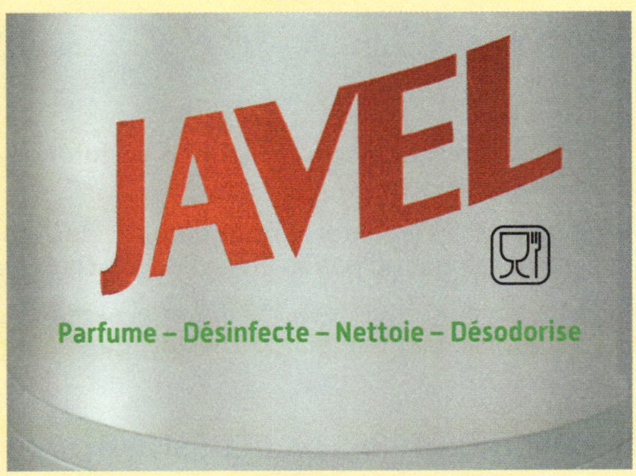

En collectivité, la législation préconise, entre autres, l'hypochlorite de sodium, plus communément appelé « Javel », comme agent de décontamination des produits d'origine végétale. La Javel est diluée en eau froide (l'eau chaude l'inactive) et utilisée selon un temps de contact et une concentration bien définis. En effet, la Javel a des propriétés désinfectantes bactéricides et virucides. Néanmoins, la Javel n'étant pas détergente, il faudra au préalable rincer obligatoirement à l'eau les fruits et légumes.

Aussi, pour préserver le goût et les qualités nutritionnelles des végétaux, il est préférable de les décontaminer, lorsque cela est possible, avant l'épluchage. Les fruits et légumes fragiles (champignons, fraises) ne subiront pas de décontamination et seront seulement rincés sous l'eau courante.

Doc. 3 Quel produit pour décontaminer les fruits et les légumes ?

FICHE TECHNIQUE 13

Le nettoyage et la désinfection à l'eau de javel

MATÉRIEL ET PRODUITS

- 2 bacs (minimum) • Une brosse • Une planche à découper • Un bac-poubelle
- Gants • Papier à usage unique • Un gastronorme perforé (égouttoir à végétaux)
- Matériel nettoyage/désinfection de plan de travail
- Javel à 2,6 % chlore actif ou produit désinfectant autorisé prédosé (respect du dosage préconisé)

TECHNIQUE

1. Remplir 2 bacs d'eau potable froide.

   Pourquoi ? ....

2. Ajouter le désinfectant dans le deuxième bac (un lavage doit toujours précéder une désinfection).

   Pourquoi ? ....

3. <u>Dans le premier bac :</u> immerger les fruits et légumes pour enlever la terre (laver de préférence les produits dans l'ordre des moins terreux au plus terreux). Un deuxième bain peut être nécessaire si les légumes sont très sales et s'ils sont destinés à être consommés crus.

   Pourquoi ? ....

   ....

4. <u>Dans le deuxième bac :</u> laisser tremper les végétaux selon le temps donné par le fabricant (en général entre 5 à 15 minutes).

   Pourquoi ? ....

   ....

5. <u>Dans un troisième bac d'eau propre (ou le premier bac nettoyé et désinfecté) :</u> rincer les végétaux au moins une fois, et plus si nécessaire.

   Pourquoi ? ....

   ....

6. Bien égoutter (bac gastronorme perforé) ou essorer selon les légumes.
7. Déposer les légumes et fruits décontaminés dans des bacs propres pour utilisation immédiate ou conservation au froid.
8. Nettoyer et désinfecter le matériel et les locaux, conformément au plan de nettoyage et désinfection.

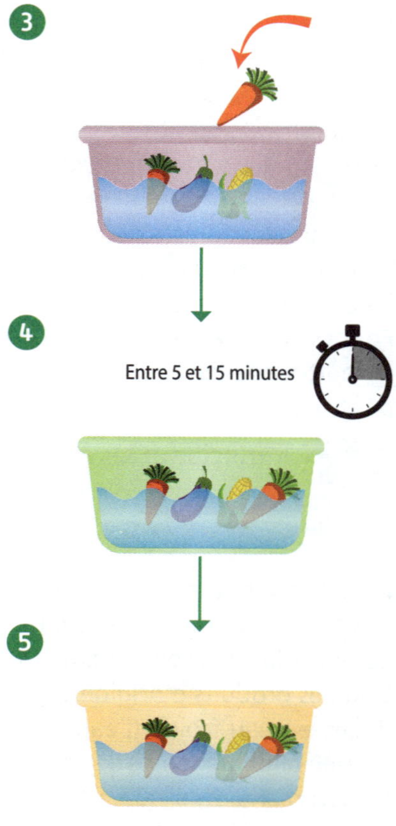

CRITÈRES DE RÉUSSITE

....

....

....

1 **Souligner** dans le Doc. 2 les différentes origines des contaminants retrouvés dans les fruits et légumes.

2 **Surligner** dans le Doc. 2 le but de la décontamination des fruits et légumes en collectivité.

3 **Citer** et préciser le principe des deux étapes de la décontamination des fruits et légumes.

....

....

....

....

4 À partir de la fiche technique 13, **justifier** les étapes indiquées dans la technique de nettoyage et de désinfection et **indiquer** les critères de réussite.

5 **Numéroter** chronologiquement les différentes étapes de la procédure de décontamination des fruits et légumes en collectivité à l'aide de la fiche technique 13 et de ses connaissances.

Procédure de décontamination des fruits et légumes en collectivité

....

Laisser agir entre 5 et 15 minutes maximum.

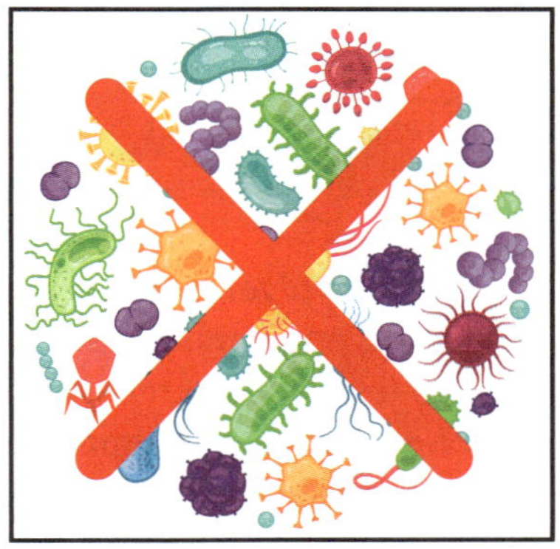

....

Élimination des micro-organismes.

....

Retirer les denrées.

....

Rincer abondamment avant préparation.

....

- **Méthode 1 :** utilisation d'un doseur automatique.
- **Méthode 2 :** dosage manuel (30 mL de Javel 2,6 % pour 50 L d'eau).

....

Faire tremper les denrées.

Activité 3 Les plats témoins

OBJECTIFS
- Définir un plat témoin.
- Préciser l'objectif du plat témoin.
- Justifier la mise en place du plat témoin.

Les plats témoins sont des échantillons représentatifs des différents plats servis aux consommateurs destinés exclusivement aux services officiels de contrôle en cas de suspicion de TIAC. Leur analyse permettra de trouver rapidement le germe responsable et le plat incriminé, de soigner les convives et de bloquer la contamination ou de démontrer que l'établissement n'est pas la source de l'intoxication.

Tous les établissements de restauration collective doivent réaliser les plats témoins. On entend par restauration collective, toute activité de restauration hors foyer caractérisée par la fourniture de repas à une collectivité de consommateurs réguliers, liée par accord ou par contrat : cuisines centrales, cuisines sur place, restaurants d'entreprise et restaurant du personnel, crèches et maisons d'assistants maternels, maisons de retraite, restaurants satellites. La réalisation des plats témoins n'est pas obligatoire en restauration commerciale mais est toutefois conseillée lors de repas de groupes.

Doc. 4 Définition et intérêt d'un plat témoin

Les échantillons témoins doivent être réalisés dans des conditions d'hygiène rigoureuses en fin de service pour toutes les denrées préparées ou manipulées servies à plusieurs consommateurs (minimum 2). Le prélèvement est conditionné dans un gobelet, une boîte, une barquette ou un sachet échantillon hermétiques. Si un plat est servi le midi et le soir il doit y avoir deux prélèvements témoins différents. La quantité prélevée est de 80 à 100 g de denrée (sauf aliments pré-emballés). Le prélèvement, l'identification et la conservation des plats témoins obéissent à des règles strictes selon le règlement CE n° 852/2004 du Parlement européen relatif à l'hygiène des denrées alimentaires.

1 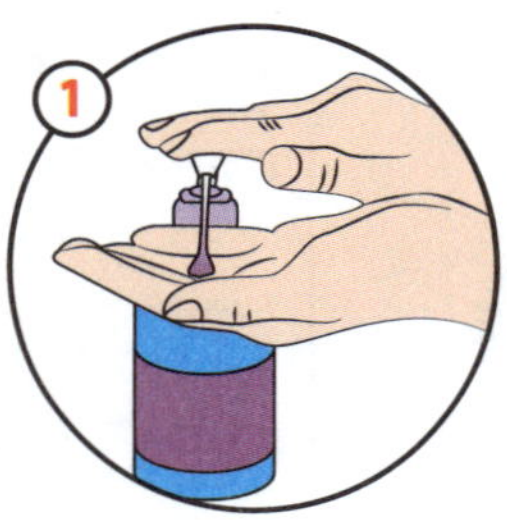

Se laver et désinfecter les mains.
Porter des gants propres si nécessaire.

2 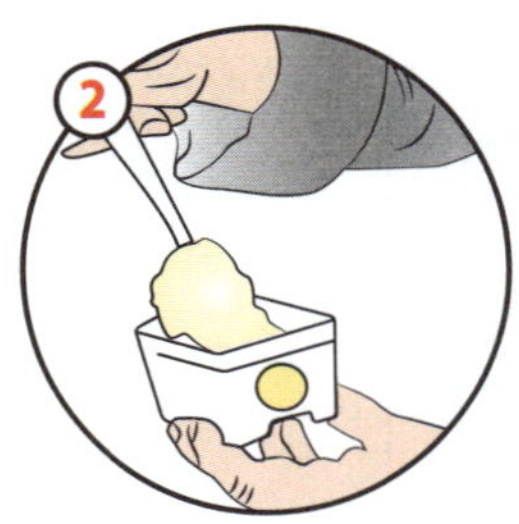

À l'aide d'un ustensile propre et désinfecté, prélever une portion du plat et remplir le contenant à échantillon témoin (80 à 100 g).
Fermer hermétiquement.

3 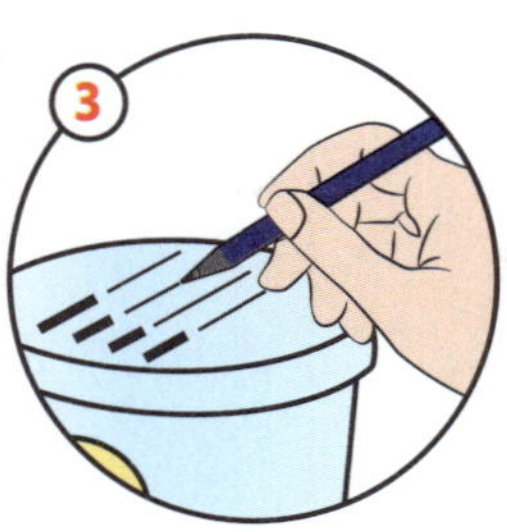

Identifier et dater l'échantillon témoin.

4 

Stocker le prélèvement témoin au froid positif (entre 0 et 4 °C) dans un espace dédié pendant 5 jours après la dernière date de consommation.

Doc. 5 La réalisation d'un échantillon témoin

Chaque échantillon de plats témoins doit être clairement identifié (jour du prélèvement, heure et service du matin, du midi ou du soir...) par une étiquette de traçabilité remplie à l'aide d'un marqueur indélébile. L'archivage des menus permettra, en cas de suspicion d'intoxication alimentaire et de contrôle des services officiels, de vérifier la bonne corrélation entre les plats témoins conservés et les plats servis.

❑ LUNDI ❑ MARDI ❑ MERCREDI ❑ JEUDI ❑ VENDREDI ❑ SAMEDI ❑ DIMANCHE

__/__/20__ ❑ MATIN ❑ MIDI ❑ SOIR HEURE __:__

PRÉLÈVEMENT TÉMOIN

❑ ENTRÉE ❑ PLAT ❑ SAUCE ❑ DESSERT

❑ SOUPE ❑ LÉGUMES ❑ FROMAGE ❑ AUTRE

DÉSIGNATION PLAT .... ❑ MIXÉ

T° PRÉLÈVEMENT .... ❑ °C ❑ °F OPÉRATEUR ....

LOT .... LIEU ....

Doc. 6 L'identification d'un plat témoin

1. **Surligner** dans le **Doc. 4**, en vert la définition d'un plat témoin et en rouge son intérêt.

2. **Souligner** dans le **Doc. 5** les conditions d'hygiène rigoureuses respectées lors du prélèvement du plat témoin.

3. **Préciser** l'importance des conditions d'hygiène de la question 2 et **justifier** le fait de conserver le plat témoin au froid positif.

....

....

4. **Remplir** l'étiquette de traçabilité du **Doc. 6** à partir des informations suivantes.

Plat : pizza 4 fromages faite pour le déjeuner du jeudi 6 mai 2022 au restaurant d'entreprise Euskadi. Lot : 234. Prélèvement pour le plat témoin : 70 g effectué à 13 h 45, température du prélèvement : + 63 °C par Mme Banzet sous le contrôle du chef cuisinier Sarran et stocké à + 8 °C puis jeté le lundi 10 mai 2021.

5. **Relever** les trois erreurs commises lors du prélèvement fait en question 4.

....

....

....

Activité 4 Le lavage manuel de la vaisselle

OBJECTIF • Expliquer le principe du lavage manuel de la vaisselle.

FICHE TECHNIQUE 14

Le lavage manuel de la vaisselle

Document

Fiche technique détaillée
www.lienmini.fr/5611-1502

MATÉRIEL ET PRODUITS

- Évier 2 bacs
- Égouttoir
- Torchon propre et sec
- Lavette
- Gants
- Tampon à récurer (abrasif)
- Brosse alimentaire
- Papier absorbant
- Détergent vaisselle pH neutre

TECHNIQUE

1. Débarrasser la vaisselle des restes d'aliments en veillant à la dégraisser au maximum avec du papier absorbant.

   Pourquoi ? ....

2. Classer la vaisselle sale par catégorie d'objets et la disposer sur le plan de travail près du bac de lavage.

   Pourquoi ? ....

3. Remplir les deux bacs d'eau chaude, ajouter le détergent dans le bac de lavage puis tremper les éléments dans le bac de lavage en respectant l'ordre du plus propre au plus sale et du plus petit au plus grand.

   Pourquoi ? ....

   ....

4. Frotter au moyen d'une lavette et si nécessaire avec un tampon à récurer.

   Pourquoi ? ....

5. Tremper la vaisselle dans le bac de rinçage, la sortir puis la poser sur l'égouttoir.
6. Essuyer avec un torchon propre et sec et ranger la vaisselle dans un placard.
7. Vider les bacs, éliminer les déchets alimentaires présents dans l'évier, laver, rincer et essuyer l'évier et le plan de travail.
8. Rincer et égoutter la lavette et le tampon à récurer puis ranger le matériel et le produit.

CRITÈRES DE RÉUSSITE

....

....

....

Le lavage manuel de la vaisselle est une opération très délicate qui doit permettre d'obtenir de bons résultats tant au point de vue de l'hygiène que du point de vue de la rentabilité (propreté totale, rapidité, casse minimale).

Un lavage rationnel nécessite notamment une organisation du poste de travail permettant de limiter :

– tout risque de contamination (pas de croisement de la vaisselle sale avec la vaisselle propre) ;

– les gestes inutiles : l'organisation du poste de plonge se fait de gauche à droite pour un droitier (et inversement pour les gauchers).

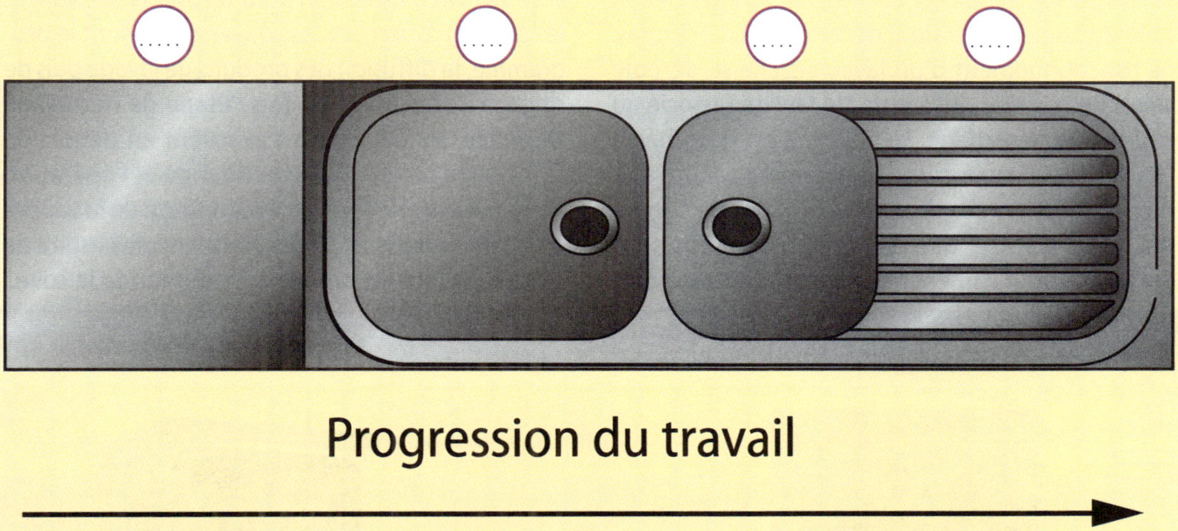

Doc. 7 **Le lavage manuel de la vaisselle**

1 **Expliquer** à l'aide de la fiche technique 14 le principe du lavage manuel de la vaisselle.

2 **Placer** au-dessus du schéma du **Doc. 7** le numéro correspondant à son élément en vous aidant de la fiche technique 14.

① Plan de travail ② Bac de lavage ③ Bac de rinçage ④ Égouttoir.

3 **Préciser** et **justifier** si le poste de lavage de la vaisselle présenté est conçu pour un gaucher ou un droitier (**Doc. 7**).

4 **Justifier** l'utilisation d'un détergent vaisselle pH neutre pour le lavage manuel de la vaisselle (fiche technique 14).

5 **Justifier** les étapes indiquées dans la fiche technique 14 et **déduire** les critères de propreté visuelle de la vaisselle.

Pour bien fonctionner, un lave-vaisselle a besoin de trois produits :

– un **produit détergent** pour nettoyer la vaisselle (tablette, liquide, poudre, capsule de gel...) ;

– du **sel régénérant** pour adoucir les eaux dures qui contiennent beaucoup de calcaire ;

– un **produit de rinçage** pour éliminer les résidus de lessive et de calcaire sur la vaisselle et pour faciliter et accélérer son séchage (permet l'écoulement de l'eau sur les surfaces).

Les produits pour lave-vaisselle présentent tous des avantages et des inconvénients. S'ils sont aussi efficaces les uns que les autres, ils se distinguent surtout par leur prix et leur facilité d'utilisation.

Aussi, ce sont des substances dangereuses la plupart du temps qui doivent être manipulées avec précaution, ne pas être ingérées ou inhalées ou encore être touchées.

Doc. 10 Les produits spécifiques utilisés pour le lave-vaisselle

Produits détergents	Caractéristiques	Avantages (+)/Inconvénients (–)	
Tablettes 	De plusieurs types : – tablettes simples : contiennent uniquement du produit de lavage ; – tablettes tout-en-un : composées de produit de lavage, de sel et de liquide de rinçage.	– Aucun dosage nécessaire	.....
		– Coût plus élevé que celui d'autres produits	.....
		– Simplicité d'utilisation	.....
Détergents liquides 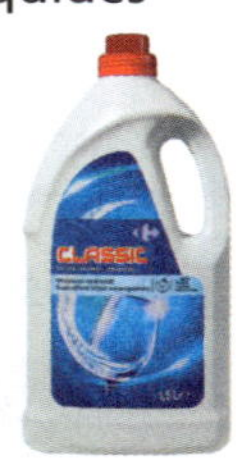	En gel et en liquide : garantissent une efficacité optimale pour une quantité limitée.	– Moins pratiques à stocker	.....
		– Produits concentrés	.....
		– Possibilité de doser la quantité de produit en fonction des besoins	.....
		– Coût plus élevé que celui d'autres produits	.....
Poudres 	Concentrées en enzymes associées à de l'oxygène actif et à un produit anticalcaire, elles s'avèrent aussi efficaces qu'économiques.	– Moins pratiques à stocker	.....
		– Manipulation rendant les mains sèches	.....
		– Possibilité de doser selon les besoins pour éviter le gaspillage	.....
		– Prix abordable	.....
Capsules de gel lavantes 	Généralement proposées dans des formules tout-en-un, elles se démarquent par leur facilité d'utilisation.	– Pas de dosage nécessaire	.....
		– Produits concentrés (une faible quantité permet de nettoyer une quantité importante de vaisselle)	.....
		– Prix assez élevé	.....
		– Manipulation rendant les mains sèches	.....

Doc. 11 Les différentes sortes de produits détergents pour lave-vaisselle

8 **Compléter** le tableau ci-dessous à l'aide du **Doc. 10** et de ses connaissances :
– **identifier** les trois produits représentés et leur **attribuer** la dénomination correspondante : liquide de rinçage, détergent, sel régénérant ;
– **associer** chaque propriété présentée au produit lui correspondant en reportant son numéro sur la bonne ligne.

Produits		Caractéristiques			Propriétés
		Aspect	Composition	pH	
①		Gros cristaux blancs	Chlorure de sodium	7	... Empêche la formation de gouttes et traces de séchage, visibles surtout sur les verres. ... Dégraisse la vaisselle. ... Permet de neutraliser le calcaire.
②		Liquide transparent	• Tensio-actifs • Acide citrique • Huiles essentielles • Alcool	5 à 6	... Facilite le séchage de la vaisselle. ... Préserve la brillance et l'éclat de la vaisselle. ... Protège la vaisselle des dépôts blanchâtres.
③		• Liquide • Poudre • Tablettes • Capsules de gel	• Tensio-actifs • Enzymes • Savon (pas systématiquement) • Agents de blanchiment (pas systématiquement)	10 à 11,3	... Décolle les salissures. ... Empêche la formation de tartre sur les résistances électriques. ... A une action nettoyante.

9 **Surligner** dans le **Doc. 10** les précautions à prendre quant à la manipulation des produits du lave-vaisselle.

10 **Préciser** pour chaque produit détergent du **Doc. 11** ses avantages et inconvénients.

11 **Associer** chaque produit à son pictogramme présent sur le lave-vaisselle et à son mode d'action.

Produits du lave-vaisselle	Pictogrammes	Modes d'action
A. Produit détergent •	•  •	• a. Faciliter le séchage de la vaisselle et préserver sa brillance.
B. Liquide de rinçage •	• 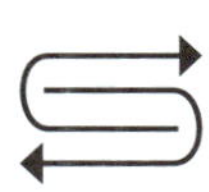 •	• b. Permettre le lavage de la vaisselle en émulsionnant les salissures.
C. Sel régénérant •	•  •	• c. Adoucir l'eau pour protéger la vaisselle et la machine des dépôts calcaires et améliorer le lavage.

L'essentiel à retenir

Je révise
Synthèse rédigée
www.lienmini.fr/5611-1504

Je m'entraîne
Exercices interactifs
www.lienmini.fr/5611-1505

ORGANISATION EN CUISINE

Marche en avant en collectivité

Le sale ne croise pas le propre

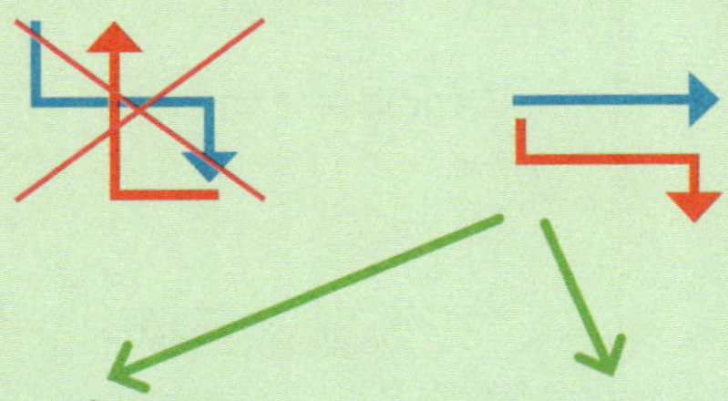

Dans l'espace — **Dans le temps**

Décontamination et préparation des fruits et légumes

1. Eau + Javel
2. Immerger les denrées.
3. Laisser tremper 5 à 15 minutes.
4. Rincer.
5. Retirer les denrées.
6. Élimination des micro-organismes.

Réalisation de plats témoins

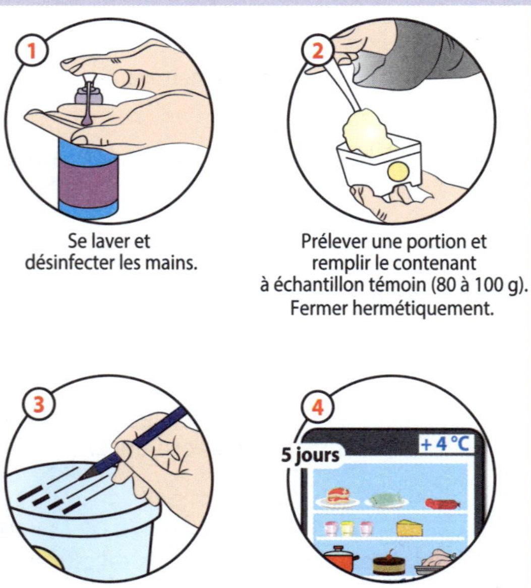

1. Se laver et désinfecter les mains.
2. Prélever une portion et remplir le contenant à échantillon témoin (80 à 100 g). Fermer hermétiquement.
3. Identifier et dater.
4. Stocker entre 0 et 4 °C pendant 5 jours après la dernière date de consommation.

Lavage de la vaisselle

Lavage manuel

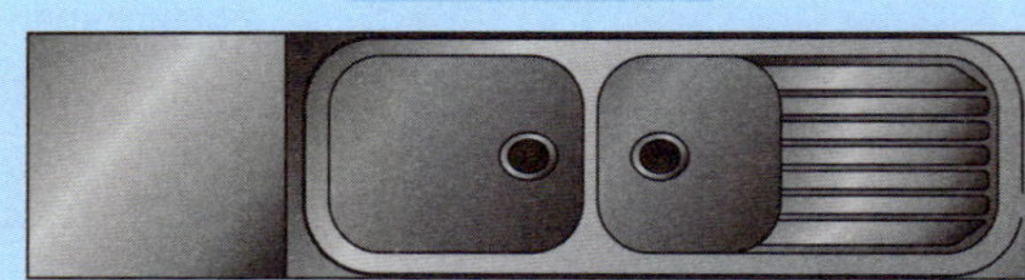

Progression du travail →

Lavage mécanique

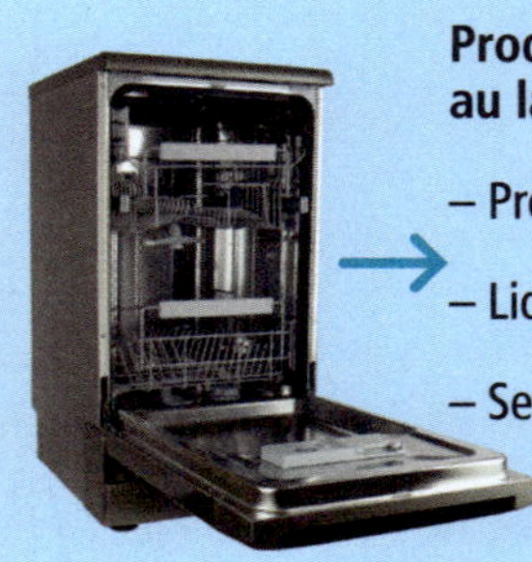

Produits spécifiques au lave-vaisselle
- Produit détergent
- Liquide de rinçage
- Sel régénérant

SÉQUENCE 16 La préparation du biberon

Réfléchissons ensemble

VIDÉO
La préparation du biberon
www.lienmini.fr/5611-1601

Activité 1 Les indications de l'étiquette de lait infantile

OBJECTIF • Justifier les indications de l'étiquetage du lait infantile et les précautions de conservation et d'utilisation.

A **LA PRÉPARATION DU BIBERON**

1. Nettoyez soigneusement biberon, bouchon et tétine. Versez dans le biberon la quantité d'eau nécessaire. Employez une eau en bouteille peu minéralisée. Pour une meilleure reconstitution, l'eau doit être tiède (environ 40-45°C) avant ajout de la poudre.
2. Remplissez de poudre la mesurette présente dans la boite, puis arasez-la sur le rebord de la boite prévu à cet effet.
3. Ajoutez le nombre correspondant de mesurettes rases de poudre dans l'eau en respectant bien la proportion : 1 mesurette dans 30 ml d'eau.
4. Bouchez le biberon et, pour faciliter la dissolution, roulez-le entre vos mains puis agitez-le vigoureusement. Avant de donner le biberon, contrôlez la température du lait infantile en versant quelques gouttes sur votre poignet.

B **NOS CONSEILS D'UTILISATION**

Le lait reconstitué est un milieu fragile qui peut rapidement s'altérer. Pour la santé de votre bébé, il est important de bien respecter les instructions de préparation suivantes.

- Avant ouverture de la boîte, conservez-la à l'abri de la chaleur.
- Avant de préparer le biberon, lavez-vous soigneusement les mains.
- Préparez le biberon juste avant le repas. Une fois préparé, il est recommandé de le consommer dans l'heure.
- Jetez le reste d'un biberon non terminé, ne le réutilisez pas.
- Après ouverture, la boîte peut se conserver maximum 4 semaines, bien refermée, dans un endroit frais et sec.

C 6-12 mois

F Poids Net : 800 g ℮

D Modilac répond à vos questions, des experts à votre écoute :
0 810 511 511
Service 0,06 € / min + prix appel
www.modilac.fr
SODILAC - 68, rue de Villiers 92532 Levallois-Perret Cedex

E À consommer de préférence avant le / N° de lot : Voir sous la boite

G **INGRÉDIENTS**

Lait écrémé, **lactose**, huiles végétales (tournesol oléique, colza, tournesol), maltodextrines, **lactosérum** déminéralisé, galacto-oligosaccharides (**lactose**), protéines solubles de **lait**, phosphate de calcium, émulsifiants (lécithine de **soja**, lécithine de tournesol), huile de **poisson**, chlorure de potassium, citrate de magnésium, citrate de potassium, L-phénylalanine, fructo-oligosaccharides, chlorure de sodium, pyrophosphate ferrique, vitamine C, lactoferrine de **lait** de vache 0,08%, taurine, bitartrate de choline, hydroxyde potassium, antioxydants (extrait riche en tocophérols, palmitate de L-ascorbyle), inositol, L-tryptophane, sulfate de zinc, carbonate de calcium, iodure de potassium, vitamine E, L-carnitine, nicotinamide, sélénite de sodium, pantothénate de calcium, sulfate de cuivre, thiamine, vitamine A, vitamine B6, sulfate de manganèse, acide folique, vitamine K, biotine, vitamine D, vitamine B12, riboflavine, ferments lactiques (*Bifidobacterium infantis*).

Doc. 1 L'étiquette d'une préparation de suite (lait 2e âge)

Le lait en poudre est un produit obtenu par déshydratation du lait. La teneur finale en eau n'excède pas 5 % en poids du produit fini. Cette déshydratation presque totale permet au lait en poudre de se conserver à température ambiante. Cependant, il craint la chaleur et l'humidité. Il doit être utilisé ou consommé immédiatement après avoir été reconstitué par adjonction [ajout] de liquide. […] Les multiples atouts des poudres laitières sont une conservation longue, la préservation des qualités nutritionnelles du lait, une facilité de stockage et de transport […]

Source : www.fitsa-group.com/procede-de-fabrication-poudres-de-lait/

Doc. 2 Comment sont fabriquées les poudres de lait

1 **Relier** les extraits de l'étiquette de la boîte de lait aux informations correspondantes (**Doc. 1**).

A •	• Poids net
B •	• Date de durabilité minimale
C •	• Conseils de conservation et d'utilisation
D •	• Âge auquel convient la préparation
E •	• Nom et adresse du fabricant
F •	• Mode d'emploi
G •	• Liste des ingrédients

AIDE « À consommer avant le » correspond à une date limite de consommation alors que « à consommer de préférence avant le » correspond à une date de durabilité minimale.

2 **Justifier** la présence des informations suivantes sur le **Doc. 1**.

Informations	Justifications
A	....
C	....
D	....
G	....

3 **Retrouver** les conditions de stockage avant et après ouverture du lait infantile (**Doc. 1**).

Avant ouverture : ....

....

Après ouverture : ....

....

4 **Justifier** la règle de stockage après ouverture en s'aidant du **Doc. 2**.

....

....

5 **Souligner** dans le **Doc. 2** les intérêts du lait déshydraté.

Activité 2 Le choix du biberon et de la tétine

OBJECTIFS
- Identifier les organes d'un biberon.
- Justifier le choix du matériel.

Le biberon se compose d'un capuchon ①, d'un goulot à vis ②, d'une bague de serrage ③, d'une tétine ④, d'un corps (ou bouteille) ⑤ sur lequel sont notées les graduations ⑥ et d'un obturateur ⑦. Les biberons présentent des formes diverses, plus ou moins ergonomiques. Il existe deux types de biberon :

- **les biberons en verre** : issus du sable, ils sont naturels et ne contiennent aucun produit toxique. Solides, ils supportent bien la stérilisation et résistent au temps, ne retiennent ni odeur, ni saveur. En revanche, ils sont lourds et peuvent se casser ;
- **les biberons en plastiques** : ils sont incassables et légers, mais ils ternissent au lavage et les graduations peuvent s'effacer.

Les tétines sont soit en caoutchouc : souples, conseillées pour les enfants ayant des difficultés à téter mais elles ont un petit goût ; soit en silicone : plus résistantes au mordillement, mais sans odeur et transparentes, ce qui permet de contrôler le flux du lait.

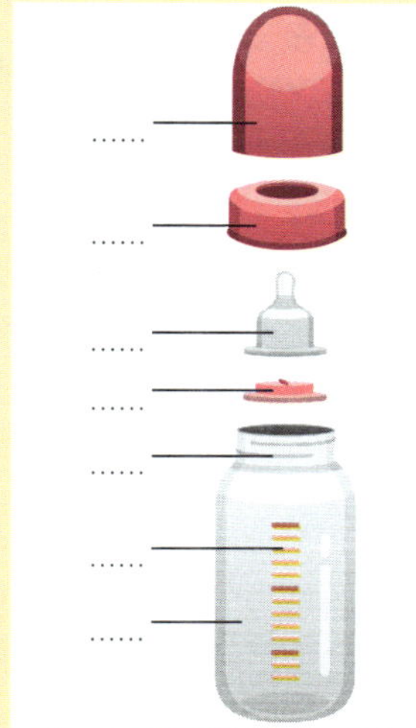

Doc. 3 Biberons et tétines, lesquels choisir ?

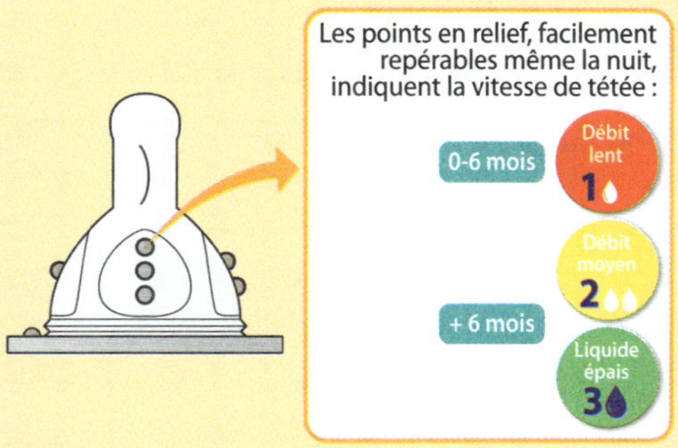

Situations	Vitesse
Romain commence les lait épaissis.	......
Oualia a une semaine et boit de la préparation pour nourrisson (1er âge).	......
Tidiane a 6 mois, il commence la préparation de suite (2e âge).	......

Doc. 4 Le perçage des tétines

① **Légender** le biberon du **Doc. 3** en reportant les numéros.

② **Choisir**, pour chacune des situations suivantes, le matériau du biberon et de la tétine puis **justifier** (**Doc. 3 et 4**).

Situations	Matériaux	Justifications
Iulen a 2 mois, il a des difficultés à téter.	Biberon : .... Tétine :	....
Txomin a 8 mois, il commence à prendre son biberon seul. Ses premières dents apparaissent.	Biberon : .... Tétine :	....

③ **Compléter** le **Doc. 4** en proposant la vitesse de tétée correspondant à chaque situation.

Activité 3 La préparation d'un biberon

OBJECTIF • Énoncer et justifier la technique et les précautions à respecter lors de la préparation d'un biberon.

FICHE TECHNIQUE 15

La préparation d'un biberon de lait

Document

Fiche technique détaillée
www.lienmini.fr/5611-1602

MATÉRIEL ET DENRÉES

• Assiette de propreté • Couteau • Biberon propre • Cuillère-mesure (mesurette) de la boîte de lait • Chauffe-biberon (si besoin) • Préparation pour nourrisson ou de suite • .... ou eau du robinet bouillie et refroidie avant les 6 mois de l'enfant

TECHNIQUE

1. Ouvrir la bouteille d'eau faiblement minéralisée et noter dessus la date d'ouverture (se conserve 24 heures au réfrigérateur) ou laisser couler l'eau du robinet quelques secondes si celle-ci convient.

   Pourquoi ? ....

2. Déposer la tétine et le capuchon dans l'assiette de propreté.

   Pourquoi ? ....

3. Verser la quantité d'eau souhaitée dans le biberon (selon l'âge et le poids de l'enfant).

4. Ajouter, en fonction de l'âge de l'enfant, le nombre de mesurettes arasées avec le couteau (1 mesurette pour 30 mL d'eau).

   Pourquoi ? ....

5. Refermer le biberon.

6. Agiter en roulant le biberon entre les mains.

   Pourquoi ? ....

7. Le biberon peut être donné à température ambiante, sinon faire tiédir le biberon contenant l'eau dans un chauffe-biberon avant d'y déposer la poudre.

8. Tester la température du biberon en versant une goutte sur l'intérieur du poignet.

   Pourquoi ? ....

9. Rincer le biberon en fin de tétée.

   Pourquoi ? ....

CRITÈRES DE RÉUSSITE

....

....

....

1. **Compléter** la liste des denrées, **justifier** les étapes indiquées et **déduire** les critères de réussite.

2. **Justifier** la précaution illustrée ci-contre.

....

Activité 4 L'utilisation du chauffe-biberon

OBJECTIF • Identifier les organes du chauffe-biberon et justifier les règles de sécurité à respecter.

1. Remplissez la **dosette** du chauffe-biberon d'eau à la graduation indiquée (tableau ci-contre).
2. Versez l'eau dans la **cuve** du chauffe-biberon.
3. Placez le biberon dans la cuve.
4. Si le biberon est trop large, enlevez l'**anneau d'adaptation**.
5. Appuyez sur le **bouton de mise en marche** pour démarrer l'appareil.
6. Le **voyant lumineux** passe au rouge pour vous indiquer que l'appareil fonctionne. Il s'éteindra automatiquement pour vous indiquer que le biberon est prêt.
7. Sortez aussitôt le biberon avec une pince ou un chiffon car il est chaud. Agitez le biberon pour mélanger le lait. Versez une goutte sur l'intérieur du poignet pour vérifier sa température. Il est possible de chauffer les petits pots en utilisant le **panier**.
8. Débranchez le chauffe-biberon à la fin de l'utilisation, et attendez son refroidissement pour le nettoyer.

Quantité de lait dans le biberon	Quantité d'eau à mettre dans la dosette pour un biberon préparé avec de l'eau tempérée	Quantité d'eau à mettre dans la dosette pour un biberon préparé et placé au réfrigérateur
60 mL	7 mL	10 mL
90 mL	8 mL	12 mL
120 mL	10 mL	12,5 mL
180 mL	12 mL	13,5 mL
210 mL	13 mL	14 mL
270 mL	15 mL	15 mL
330 mL	17 mL	16 mL

Source : www.babymoov.fr, Notice du chauffe-biberon Tulipe.

Doc. 5 Comment utiliser un chauffe-biberon

1 **Légender** les éléments du chauffe-biberon avec les mots en gras du texte (Doc. 5).

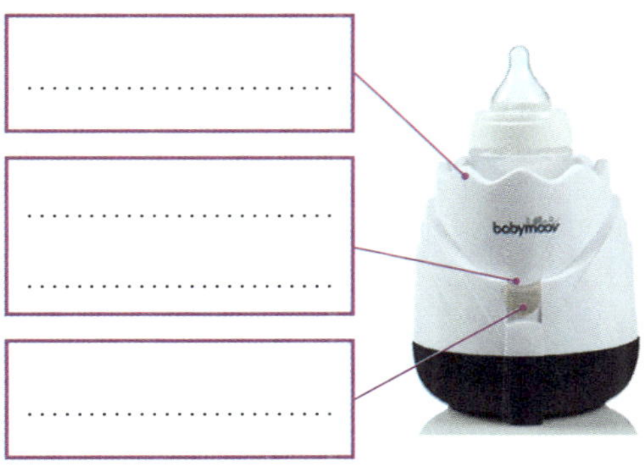

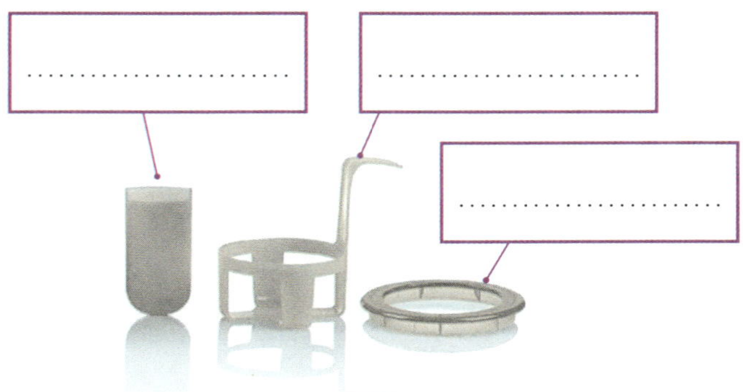

2 **Observer** les quantités d'eau à utiliser pour chauffer un biberon dans le tableau du Doc. 5 et **proposer** deux conclusions.

....

....

....

3 **Relever** les deux consignes de sécurité d'utilisation du chauffe-biberon et **préciser** le risque concerné (Doc. 5).

Consignes	Justifications
....	....
....	....

Activité 5 L'utilisation de farines instantanées

OBJECTIFS
- Présenter, à partir de l'étiquetage, les éléments relatifs à la composition, au mode d'utilisation et à la conservation.
- Énoncer les règles d'hygiène lors de la technique de préparation.

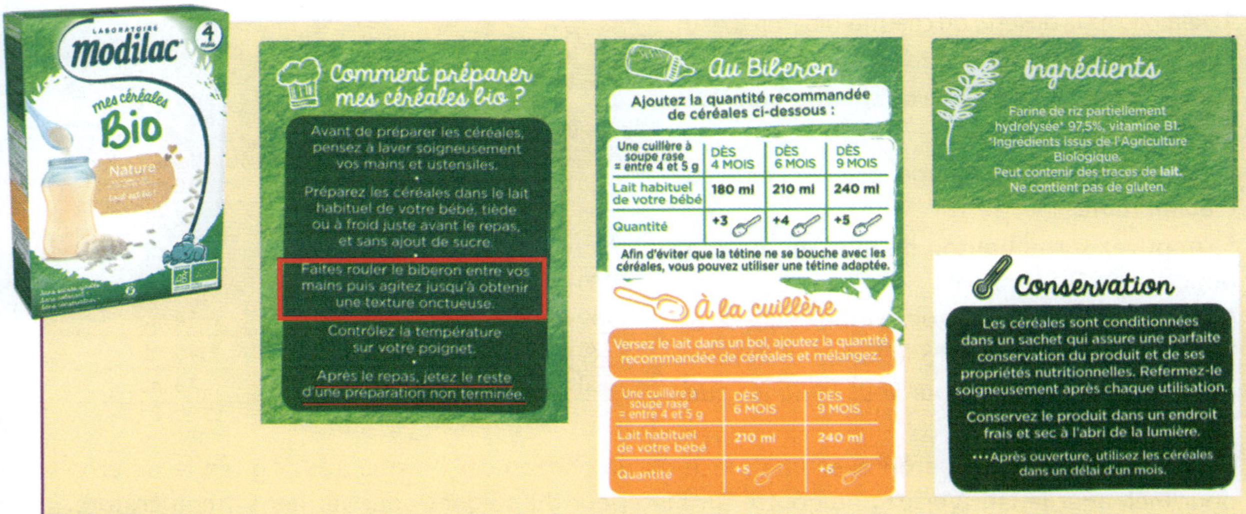

Doc. 6 Extraits de l'étiquette d'une farine instantanée (préparation à base de céréales instantanées)

1 **Repérer** le nom de l'aliment présenté dans le **Doc. 6**.

....

2 **Lister** la composition de cet aliment (**Doc. 6**).

....

3 **Replacer** dans l'ordre les étapes de la préparation d'un biberon de lait infantile et de farine instantanée (**Fiche technique 15** et **Doc. 6**).

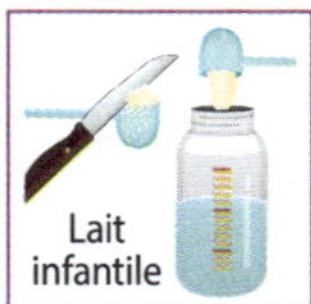 Lait infantile	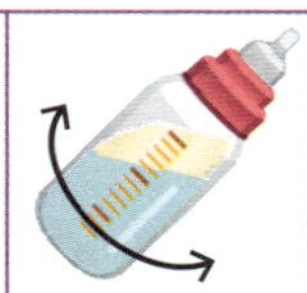	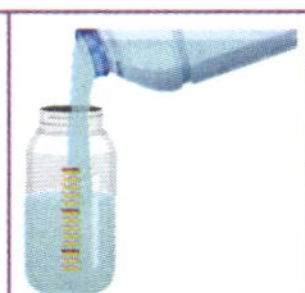			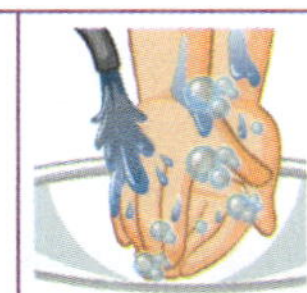	 Farine instantanée	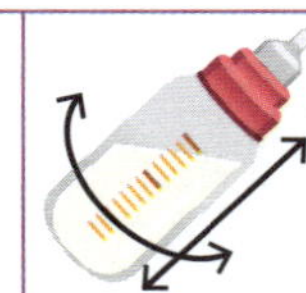
.....	.....	.....	.....	.....	.....	.....	.....

4 **Expliquer** l'intérêt de l'étape entourée en rouge dans le mode d'emploi.

....

5 **Entourer** sur le **Doc. 6** le dosage conseillé de la préparation.

6 **Indiquer** les critères de réussite pour l'utilisation des farines instantanées.

....

7 **Justifier** le conseil souligné en rouge sur l'étiquette du **Doc. 6**.

....

8 **Identifier** les recommandations concernant la conservation du produit après ouverture (**Doc. 6**).

....

....

Activité 6 L'entretien des biberons

OBJECTIF • Justifier le choix du matériel et accessoires de lavage des biberons.

FICHE TECHNIQUE 16 Le lavage des biberons

Document
Fiche technique détaillée
www.lienmini.fr/5611-1603

MATÉRIEL ET PRODUITS

• Bac de lavage • Eau • Détergent • ....
• .... • ....

TECHNIQUE

1. Remplir le bac de lavage avec de l'eau tiède et du détergent et le bac de rinçage avec de l'eau claire.
2. Démonter complètement le biberon et immerger tous les éléments dans la solution de lavage.
3. Brosser l'intérieur et l'extérieur de la bouteille en insistant sur le goulot, la bague avec le grand goupillon ①.
4. Brosser la tétine avec le petit goupillon ②.
5. Rincer les différents éléments du biberon à l'eau claire.
6. Égoutter les différentes parties du biberon sur un égouttoir ou sur du papier absorbant.
7. Ranger le biberon dans un casier propre, y noter la date de lavage et le conserver au réfrigérateur pendant 48 heures ou le laisser sécher puis le monter et le conserver dans un placard aéré.

CRITÈRES DE RÉUSSITE

....

Les biberons peuvent être nettoyés au lave-vaisselle à une température d'au moins 65 °C (sauf pour les tétines en caoutchouc sensibles aux hautes températures) afin d'éliminer le maximum d'agents infectieux. Un entretien minutieux des biberons ne nécessite pas de désinfection. Cependant en cas d'épidémie, les biberons nettoyés au lave-vaisselle subiront un cycle de lavage à une température plus importante et ceux nettoyés manuellement seront désinfectés (à chaud en utilisant un stérilisateur électrique, par exemple, ou à froid, dans un bac de désinfection avec un désinfectant adéquat).

Doc. 7 La décontamination des biberons

1. **Compléter** le matériel et les produits nécessaires et les critères de réussite dans la fiche technique 16.

2. **Justifier** le choix du matériel souligné dans la fiche technique 16.

....

3. **Relever** dans le Doc. 7 la température du cycle de lavage des biberons au lave-vaisselle et la **justifier**.

....

4. **Souligner** dans le Doc. 7 les recommandations de lavage des biberons en cas d'épidémie.

L'essentiel à retenir

Je révise
Synthèse rédigée
www.lienmini.fr/5611-1604

Je m'entraîne
Exercices interactifs
www.lienmini.fr/5611-1605

LAIT INFANTILE

= Poudre obtenue après déshydratation

👍 Conservation à température ambiante plus longue, préservation des qualités nutritionnelles du lait, facilité de stockage et de transport

👎 Craint la chaleur et l'humidité après l'ouverture

EAU

Eau faiblement minéralisée ou du réseau (bouillie puis refroidie)

MATÉRIELS

- Biberon en verre ou plastique
- Tétine en silicone ou caoutchouc (avec différentes vitesses)

PRÉPARATION DU BIBERON

- Respecter les règles d'hygiène.
- Bien doser la poudre en arasant les cuillères.
- Veiller à rouler le biberon entre les mains pour homogénéiser la préparation.
- Utiliser le chauffe-biberon en respectant les consignes d'utilisation et de sécurité.
- Vérifier que la quantité de préparation voulue est respectée, que la préparation est sans grumeaux et que le biberon est servi à bonne température.

LAVAGE DU BIBERON

À la main

- Détergent et eau
- Grand et petit goupillons

En cas d'épidémie
Stériliser à chaud les biberons ou désinfecter à froid.

Au lave-vaisselle

Cycle de lavage à 65 °C

En cas d'épidémie
Augmenter la température de lavage.

Vérifier l'absence de salissure, de résidus de produit et de trace d'eau avant de ranger le biberon.

SÉQUENCE 17

La cuisson des préparations culinaires

DOMICILE

Réfléchissons ensemble

VIDÉO
Chaleur brassée ou pulsée : laquelle choisir ?
www.lienmini.fr/5611-1701

Activité 1 Le fonctionnement du four

OBJECTIFS
- Citer la fonction globale et le principe de fonctionnement du four, identifier les différents organes.
- Indiquer les différents modes de cuisson.

Le moufle ① est l'enceinte calorifugée d'un four, qui permet de conserver la chaleur et l'empêche de se diffuser à l'extérieur.

La résistance de voûte ② représente la partie chauffée supérieure du four. **La résistance de sole** ③ est la résistance placée dans la partie basse du four. **La résistance circulaire** ④ est placée au fond du four autour de la turbine. Elle est uniquement présente sur les fours à chaleur tournante.

Le ventilateur ⑤ brasse l'air chauffé par les résistances de sole et de voûte. L'air brassé permet une montée en température plus rapide et répartit plus uniformément la chaleur dans toute l'enceinte du four.

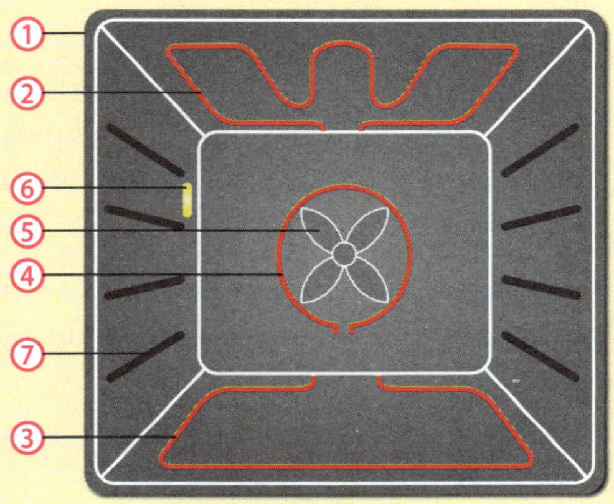

La turbine ⑤ permet de pulser l'air quand elle est associée à la résistance circulaire dans l'enceinte du four. C'est la chaleur tournante.

L'éclairage ⑥ permet de voir où en est la cuisson de vos plats, une lampe éclaire l'intérieur du four.

Les gradins ⑦ sont utiles pour choisir la hauteur de la plaque dans le four. Cette dernière peut être placée très haut en vue de gratiner son plat ou au contraire très bas pour les grosses pièces de volaille.

Source : d'après www.darty.com

Doc. 1 Le fonctionnement d'un four

1 **Indiquer** pour chaque fonction du four le numéro des ou de l'organe correspondant(s) (**Doc. 1**).

Numéros	Fonctions
....	Produire de l'énergie thermique à l'intérieur du four.
....	Répartir la chaleur dans le four.
....	Éclairer l'intérieur du four pour surveiller la cuisson.
....	Retenir la chaleur à l'intérieur du four.
....	Choisir la bonne hauteur de la plaque ou de la grille du four en fonction de la préparation.

La convection naturelle

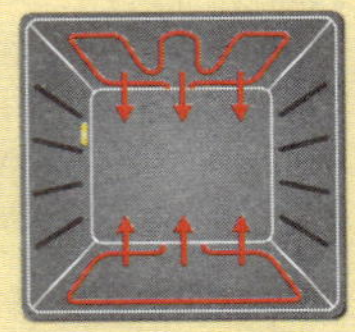

La chaleur provient des résistances de voûte et/ou de sole. Ce mode est adapté pour cuire toutes les recettes traditionnelles. Il permet d'obtenir des aliments croustillants. Néanmoins, il dessèche les aliments et autorise seulement une cuisson sur un seul niveau.

L'air brassé

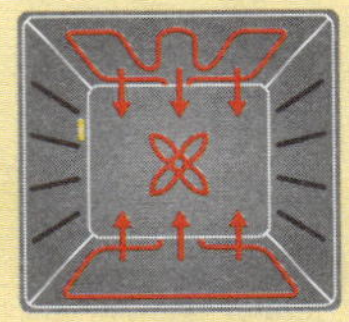

La cuisson à air brassé associe l'action des résistances de voûte et de sole à un ventilateur. La répartition de la température est plus uniforme. La cuisson sur deux niveaux est possible et la montée en température est plus rapide. Mais ce mode de cuisson peut mélanger les odeurs. Il n'est donc pas conseillé de faire cuire un rôti et une tarte sucrée simultanément.

La chaleur tournante

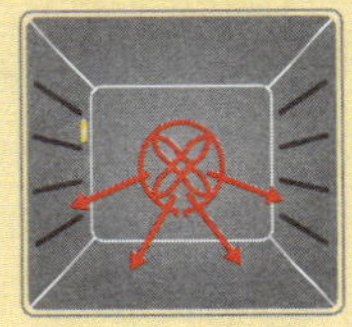

Le four à chaleur tournante est doté d'une résistance supplémentaire, placée autour d'une turbine sur la paroi du fond. La chaleur tournante permet une montée en température rapide. Ce mode permet la cuisson de plats différents sur plusieurs niveaux, simultanément, sans mélange d'odeurs ni de saveurs.

Doc. 2 **Les différents modes de cuisson d'un four électrique**

La vapeur permet de cuisiner équilibré et de préserver les qualités nutritionnelles (vitamines et minéraux). Elle garantit le goût, la texture et la couleur des aliments. Le four doté de la fonction vapeur permet de réussir aussi bien des pâtes feuilletées bien aérées, que des gratins, des pizzas, ou encore des pâtisseries... Le four est composé d'un réservoir d'eau qui permet d'envoyer de la vapeur d'eau dans son enceinte et ainsi de maintenir un niveau d'humidité idéal pour obtenir des aliments moelleux et plein de saveurs.

Source : d'après www.darty.com

Doc. 3 **Le four vapeur**

2 **Indiquer** la fonction globale du four (**Doc. 1 et 2**).

....

3 **Associer** chaque mode de cuisson à sa caractéristique principale (**Doc. 2**).

Modes de cuissons	Caractéristiques
Chaleur tournante •	• Adaptée pour cuire toutes les recettes traditionnelles, permet d'obtenir des aliments croustillants.
Air brassé •	• Associe l'action des résistances et un ventilateur, permet une répartition de la température uniforme.
Convection naturelle •	• L'air chaud est pulsé à l'intérieur du four et permet une montée rapide en température.

4 **Surligner**, dans le **Doc. 2**, les inconvénients des différents modes de cuisson.

5 **Souligner**, dans le **Doc. 3**, le principe de fonctionnement du four vapeur.

6 **Indiquer** trois avantages du four vapeur (**Doc. 3**).

....

....

....

Activité 2 L'utilisation et l'entretien d'un four

OBJECTIFS
- Identifier les consignes d'utilisation, de sécurité et de nettoyage du four.
- Justifier la fréquence des opérations d'entretien.

En fonction du type de four, quelques gestes simples suffisent afin de le conserver propre, sans odeur et en bon état de fonctionnement à une fréquence qui varie en fonction du degré de salissure du four ; environ 1 fois par mois pour un usage régulier du four.

Nettoyage par pyrolyse

Le four à pyrolyse s'autonettoie. Après avoir lancé ce cycle à **500 °C**, il suffit de passer ensuite un coup d'éponge pour enlever les cendres. Ses parois, recouvertes d'un **email spécifique**, supportent les 500 °C nécessaires à la carbonisation des salissures et des graisses. Plus élaborés, de nouveaux systèmes de pyrolyse agrémentés d'électronique détectent le degré de salissure du four. Ils adaptent alors la durée du cycle de nettoyage en fonction de celle-ci.

Astuce : il est recommandé d'enchaîner le cycle de pyrolyse juste après la cuisson, pour économiser de l'énergie en profitant de la chaleur du four.

Nettoyage par catalyse

Les fours à catalyse sont autodégraissants. La catalyse détruit les graisses absorbées sur les parois dès que la température dépasse 180 °C. Attention, la catalyse fonctionne pour la graisse mais pas pour le sucre. Il est recommandé de laisser le four en fonction pendant 10 à 15 minutes à 250 °C après chaque cuisson, afin de régénérer les parois catalytiques.

Nettoyage manuel

Les fours à email lisse nécessitent un nettoyage à la main. L'email doit être entretenu très régulièrement avec des produits spécifiques.

Source : d'après www.darty.com

Doc. 4 Comment nettoyer son four ?

Les dégraissants pour four ont été conçus spécialement pour éliminer les graisses brûlées. Ils s'utilisent sur four froid ou tiède. Les dégraissants pour les fours sont des produits nocifs, il ne faut pas oublier de porter des gants lors de leur utilisation.

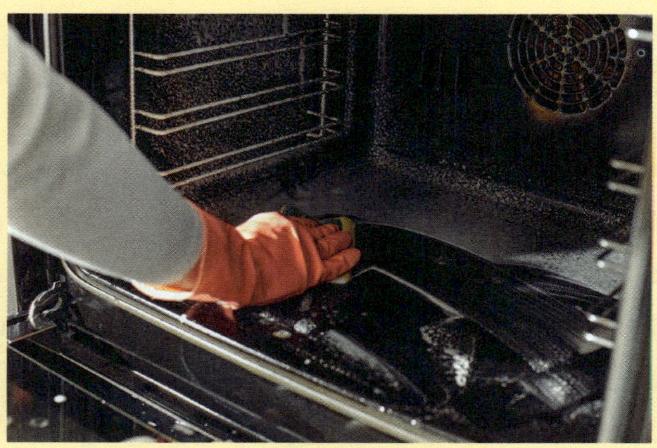

1. Retirer les accessoires (grille et plaque du four) pour les nettoyer dans l'évier avec des produits appropriés (détergents-dégraissants).
2. Éliminer les résidus alimentaires présents à l'intérieur du four à l'aide d'une lavette humide.
3. Vaporiser le produit sur la surface à nettoyer en respectant le mode d'emploi.
4. Laisser agir le temps nécessaire.
5. Frotter si besoin avec une lavette humide ou un tampon abrasif doux.
6. Rincer abondamment à l'eau tiède.
7. Sécher et remettre la grille et la plaque du four en place.

Doc. 5 Comment utiliser un dégraissant pour four ?

1 **Justifier** l'entretien régulier du four (Doc. 4 et 5).

....

....

....

2 **Surligner** dans le Doc. 4 la périodicité de nettoyage du four pour un usage régulier.

3 **Cocher** dans le tableau suivant le type de nettoyage concerné pour chaque affirmation (Doc. 4).

Affirmations	Nettoyage par catalyse	Nettoyage par pyrolyse	Nettoyage manuel
1. Les parois sont recouvertes d'un émail spécifique supportant les températures de 500 °C.			
2. Les projections de graisse sont détruites dès 180 °C.			
3. Les salissures et les graisses sont éliminées par carbonisation à hautes températures.			
4. Les graisses sont éliminées par des produits dégraissants vaporisés sur les parois du four.			
5. Certains fours peuvent adapter la durée du cycle de nettoyage en fonction du degré de salissures.			
6. Les fours sont auto-dégraissants pendant leur fonctionnement.			

4 **Indiquer** deux critères de réussite après l'entretien du four avec un produit dégraissant (Doc. 5).

....

....

....

5 **Cocher** parmi les différentes consignes données pour l'utilisation d'un four celles qui concernent spécifiquement la sécurité.

- ❑ Soyez prudent lors de l'ouverture de la porte de l'appareil lorsque celui-ci est en fonctionnement.
- ❑ Avant toute opération d'entretien, éteignez et débranchez si possible l'appareil.
- ❑ Nettoyez régulièrement le four afin de maintenir le revêtement en bon état.
- ❑ Nettoyez l'appareil avec un chiffon doux humide, n'utilisez pas de produits abrasifs ou de solvants.
- ❑ Ouvrez le plus rarement possible la porte de l'appareil pendant le fonctionnement.
- ❑ Nettoyez l'appareil avant de l'utiliser pour la première fois.
- ❑ Utilisez toujours des gants de cuisine pour retirer ou enfourner des plats allant au four.
- ❑ L'extérieur de l'appareil devient très chaud lors de la fonction nettoyage, n'accrochez jamais d'objet inflammable à la poignée de la porte.

Activité 3 La préparation d'une pâte levée et cuisson au four

OBJECTIFS
- Justifier les différentes étapes de la préparation d'une pâte levée.
- Indiquer les critères de réussite d'une pâte levée.

FICHE TECHNIQUE 17

La préparation d'un cake au citron

DENRÉES (quantité pour 4 personnes)

- Œufs (4)
- Farine (200 g)
- Sucre (150 g)
- Beurre (100 g)
- Levure chimique (1 sachet)
- Citron (1)

MATÉRIEL

- Saladier ou calotte • Tamis • Fouet
- Bols • Grande casserole • Pinceau
- Moule à cake • Couteau d'office
- Zesteur et presse agrumes • Spatule en caoutchouc • Grille à pâtisserie

TECHNIQUE

1. Préchauffer le four à 180 °C.

   Pourquoi ? ....

2. Faire fondre le beurre au bain-marie.
3. Beurrer et fariner le moule à cake.

   Pourquoi ? ....

4. Dans une calotte, mélanger les œufs en les cassant séparément dans un ramequin pour vérifier leur état puis les incorporer avec le sucre jusqu'à ce que le mélange blanchisse.
5. Ajouter la farine et la levure tamisées ensemble et bien mélanger.

   Pourquoi ? ....

6. Verser le beurre fondu à la préparation.
7. Laver le citron, râper le zeste et le mélanger à la pâte.
8. Presser le citron et verser le jus dans la préparation, remuer délicatement avec une spatule.
9. Verser immédiatement la pâte dans le moule et cuire sans tarder.

   Pourquoi ? ....

   ....

10. Cuire 30 à 40 minutes.
11. Démouler et laisser refroidir sur une grille.

   Pourquoi ? ....

CRITÈRES DE RÉUSSITE

....

....

1. À partir de la fiche technique, **justifier** les étapes indiquées dans la technique de préparation du cake au citron et **indiquer** les critères de réussite.

AIDE Les pâtes à la levure chimique : l'humidité de la pâte provoque un dégagement de gaz carbonique qui empêche ensuite la levée de la pâte au four.

Activité 4 Les tables de cuisson

OBJECTIFS
- Citer la fonction globale des tables de cuisson.
- Énoncer le principe de fonctionnement des différentes plaques de cuisson et identifier les organes sur un schéma.

La fonction d'une table de cuisson est d'assurer la production de chaleur afin de réaliser la cuisson des aliments contenus dans toutes sortes de récipients (casserole, poêle, autocuiseur…) disposés sur la plaque.

Pour produire de la chaleur (ou énergie thermique), les tables de cuisson utilisent soit de l'énergie électrique, soit de l'énergie chimique (gaz) qu'elles transforment grâce à un organe producteur de chaleur.

Doc. 6 Le principe de production de chaleur

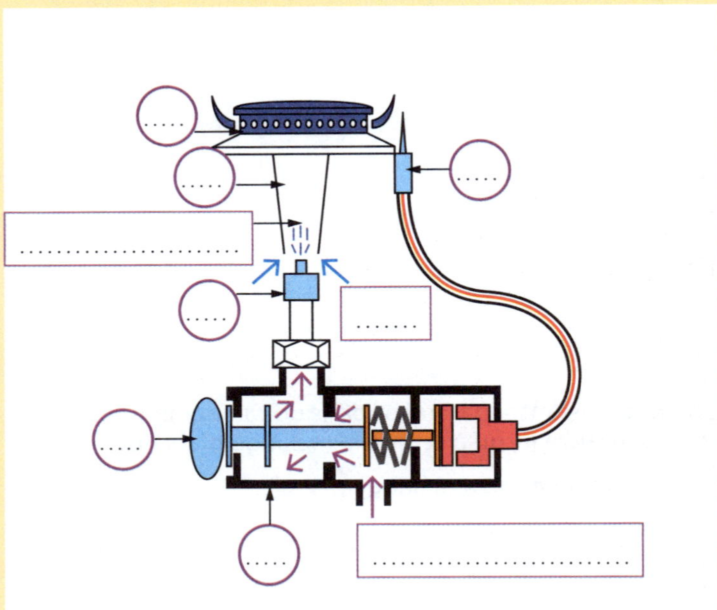

Le bouton de commande ① actionne le robinet de gaz ② qui s'ouvre et laisse passer le gaz jusqu'à l'injecteur ③. Celui-ci introduit le gaz dans le mélangeur ④ qui reçoit également de l'air. Le mélange air-gaz s'échappe au niveau des orifices du brûleur ⑤ où il s'enflamme sous l'action d'une étincelle.

En cas d'extinction accidentelle de la flamme (courant d'air, débordement), la sécurité est assurée par le thermocouple ⑥ qui permet au robinet de reprendre sa position fermée, évitant ainsi toute fuite de gaz.

La chaleur produite par la combustion du gaz est transmise au récipient par conduction (par contact).

Doc. 7 Le fonctionnement d'une plaque de cuisson au gaz

La plaque de cuisson électrique classique

La chaleur est produite au niveau de trois résistances électriques circulaires qui sont intégrées dans un ciment isolant et recouverte d'une plaque de fonte. Celle-ci transmet la chaleur au récipient par conduction (par contact).

Les plaques à induction

L'induction repose sur une technologie électromagnétique. Le foyer chauffe uniquement lorsqu'il est en contact avec les récipients compatibles. Sans récipient, la chaleur ne se diffuse pas. Le foyer à induction est constitué de bobines d'induction ou électroaimants qui vont, grâce à un courant électrique, créer un champ magnétique. Ce champ magnétique induit des courants dans le fond du récipient posé sur la table de cuisson.

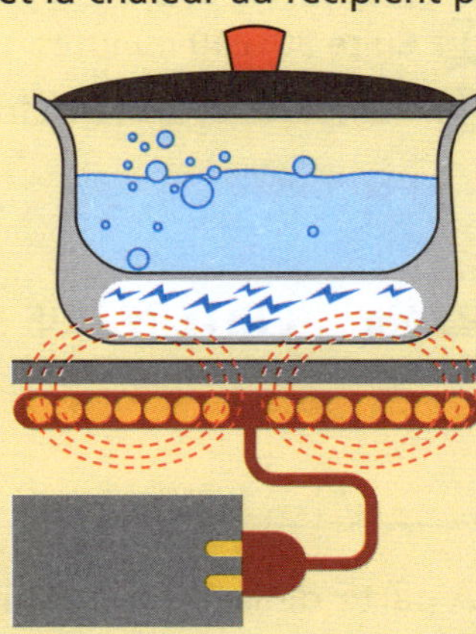

Les plaques vitrocéramiques à foyer radiant

Les tables de cuisson en vitrocéramique sont recouvertes de verre trempé identique à l'induction. Elles chauffent grâce à des résistances situées sous sa plaque. Un thermostat de sécurité limite la montée en température trop importante.

Doc. 8 Les tables de cuisson électriques

1 **Surligner**, dans le Doc. 6, la fonction globale d'une table de cuisson.

2 **Légender** le schéma du Doc. 7 avec les numéros des organes de la plaque de cuisson au gaz.

3 **Indiquer** comment est transmise la chaleur aux récipients dans le fonctionnement des plaques au gaz.

....

....

AIDE Conduction : la conduction thermique est un mode de transfert thermique provoqué par une différence de température entre deux milieux en contact.

4 **Relier** les différentes consignes d'utilisation, de sécurité ou d'entretien des plaques de gaz à leurs justifications.

Consignes	Justifications
Assurer une bonne aération de la cuisine en maintenant ouverts les orifices d'aération naturelle et en faisant fonctionner la hotte aspirante. •	• Évacuer l'humidité et les gaz produits par combustion.
Éteindre ou abaisser toujours la flamme avant de retirer les récipients du brûleur. •	• Assurer sa fonction : couper l'alimentation du gaz si la flamme s'éteint pendant la cuisson.
Garder le thermocouple en bon état de propreté. •	• Éviter tout risque de brûlure.

5 **Cocher** dans le tableau suivant le type de plaque concerné par chaque affirmation (Doc. 8).

Affirmations	Plaques électriques classiques	Plaques à induction	Plaques à foyer radiant
1. Il est nécessaire d'utiliser des récipients compatibles.			
2. La chaleur est produite au niveau des résistances électriques.			
3. La cuisson se réalise au degré de température près avec une très grande précision dans la régulation de la puissance.			
4. Les risques de brûlures sont diminués car seul le récipient chauffe.			
5. Un thermostat de sécurité limite la montée en température trop importante.			

Activité 5 L'entretien des plaques de cuisson

OBJECTIF • Indiquer les consignes de nettoyage et les règles de sécurité à respecter.

Entretien des ....

1. Laisser refroidir la table vitrocéramique.
2. Détremper la zone à nettoyer avec de l'eau chaude.
3. Appliquer le produit spécifique spécial vitrocéramique pour enlever les salissures les plus tenaces.
4. Essuyer avec un chiffon doux absorbant en microfibres, ne pas utiliser de produits abrasifs.

Entretien des ....

1. Laisser refroidir complètement les plaques avant de les nettoyer.
2. Éliminer les résidus alimentaires présents avec la lavette humide.
3. Appliquer le produit détergent-dégraissant en respectant le mode d'emploi et laisser agir le temps nécessaire.
4. Frotter la table de cuisson avec la lavette humide et les plaques électriques avec un tampon abrasif doux.
5. Rincer à l'eau tiède et sécher avec du papier absorbant.

Entretien des ....

1. Retirer les grilles et les brûleurs pour les nettoyer.
2. Éliminer les résidus alimentaires présents avec une lavette humide.
3. Appliquer un produit détergent-dégraissant en respectant le mode d'emploi et laisser agir le temps nécessaire.
4. Frotter avec la lavette humide et rincer à l'eau tiède.
5. Sécher au papier absorbant, remettre grille et brûleurs en place.

Doc. 9 L'entretien des plaques de cuisson

1 **Replacer** sur le **Doc. 9** des notices d'entretien les termes suivants : plaques de cuisson au gaz, plaques de cuisson électriques, plaques de cuisson vitrocéramiques.

2 **Expliquer** pourquoi il est déconseillé d'utiliser des abrasifs sur les tables de cuisson en vitrocéramique (**Doc. 9**).

....

....

....

3 **Indiquer** deux critères de réussite après l'entretien des tables de cuisson.

....

....

....

Activité 6 L'autocuiseur

OBJECTIF • Expliquer la fonction globale et identifier les différents organes, les consignes d'utilisation, de maintien en état et de sécurité.

L'autocuiseur est un récipient hermétique, clos. Lorsque la température s'élève, l'eau se vaporise, la pression augmente : l'eau passe à l'état gazeux non plus à 100 °C mais à 120 °C. La vapeur se condense au contact des aliments et les cuit. La température d'ébullition étant plus élevée, le temps de cuisson est réduit (3 à 4 fois). En fin de cuisson, il faut évacuer toute la vapeur en enlevant la soupape avant d'ouvrir le couvercle.

Doc. 10 La cuisson des aliments dans l'autocuiseur

1 **Surligner**, dans le **Doc. 10**, le principe de fonctionnement de l'autocuiseur.

2 **Relier** chaque organe à sa fonction (**Doc. 10**).

Organes	Rôles
Soupape tournante •	• Faire remonter l'étrier.
Poignée de serrage •	• Fermer l'autocuiseur.
Panier •	• Assurer l'étanchéité de l'autocuiseur.
Joint •	• Contenir les denrées pour une cuisson vapeur.
Étrier •	• Laisser échapper la vapeur pour réduire la pression.

3 **Identifier** les consignes d'utilisation, d'entretien et de sécurité.

	Consignes		
	d'utilisation	de maintien en état	de sécurité
1. Ne pas remplir l'autocuiseur au-delà des 2/3 pour éviter que les aliments ne sortent par la soupape.			
2. Placer correctement le couvercle et serrer la poignée pour éviter que la vapeur ne s'échappe.			
3. Enlever la soupape avec précaution en fin de cuisson avant d'ouvrir le couvercle pour évacuer la vapeur et éviter les brûlures.			
4. Remplacer le joint en cas de détérioration pour garantir l'étanchéité.			
5. Nettoyer correctement la cheminée pour enlever les débris qui gêneraient l'échappée de vapeur.			
6. Après nettoyage, placer le couvercle à l'envers sur la cuve pour ne pas écraser le joint.			

L'essentiel à retenir

Je révise
Synthèse rédigée
www.lienmini.fr/5611-1702

Je m'entraîne
Exercices interactifs
www.lienmini.fr/5611-1703

CUISSON DES ALIMENTS

FOURS ÉLECTRIQUES

- Production de chaleur par convection naturelle, par air brassé ou par chaleur tournante.
- Cuisson des aliments par la vapeur dans un four vapeur.

Nettoyage des fours électriques

- Four à émail lisse : lavette et détergent-dégraissant
- Four à catalyse : auto-dégraissant pendant la cuisson mais nettoyage manuel des autres salissures
- Four à pyrolyse : destruction à 500 °C des salissures

PLAQUES DE CUISSON

Production de chaleur afin de réaliser la cuisson des aliments.

- Plaque de cuisson au gaz
- Plaque de cuisson électrique classique
- Plaque à induction
- Plaque vitrocéramique à foyer radiant

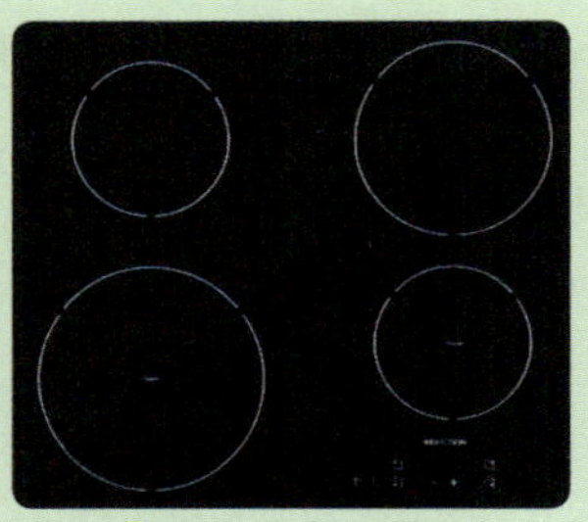

Conseils d'entretien, d'utilisation et de sécurité

- Nettoyage régulier des plaques de cuisson avec des produits spécial vitrocéramique et/ou détergent-dégraissant.
- Laisser refroidir les plaques au préalable, ne pas utiliser d'abrasifs sur les surfaces sensibles aux rayures.
- Présence de thermostat de sécurité pour couper l'alimentation en cas de débordement ou une montée trop rapide en température.

AUTOCUISEUR

Cuisson des aliments par la vapeur
Temps réduit
Conservation des qualités nutritionnelles

Conseils d'entretien, d'utilisation et de sécurité

- Placer correctement le couvercle de l'autocuiseur et serrer la poignée pour éviter que la vapeur s'échappe.
- Vérifier régulièrement le joint et sa propreté afin de garantir son étanchéité.
- En fin de cuisson, laisser échapper la vapeur pour réduire la pression.
- Ouvrir avec précaution pour éviter les brûlures.

SÉQUENCE 18

Les préparations culinaires

Réfléchissons ensemble

VIDÉO

Légumes en sachet : comment sont-ils préparés ?

www.lienmini.fr/5611-1801

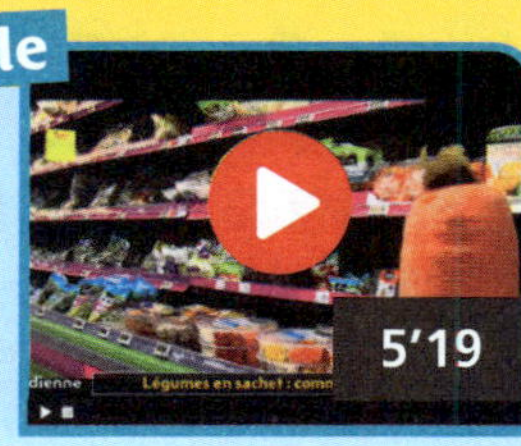

Activité 1 La conservation et l'utilisation des œufs en cuisine

OBJECTIF • Énumérer et justifier les règles de stockage et d'utilisation des œufs.

Conservation

• Placer les œufs au réfrigérateur à 4 °C dans les alvéoles prévues « tête en bas », sur la pointe. La chambre à air se trouve ainsi au gros bout de l'œuf en haut et n'est pas compressée.

• Nettoyer régulièrement les alvéoles de la boîte à œuf du réfrigérateur.

• Éliminer tout œuf cassé ou fêlé.

• Ne pas laver les œufs avant de les ranger ou de les utiliser : le lavage détruit la cuticule de la coquille qui protège son contenu contre les micro-organismes.

• Si la chaîne du froid est rompue, la condensation résultante favorisera le développement microbien.

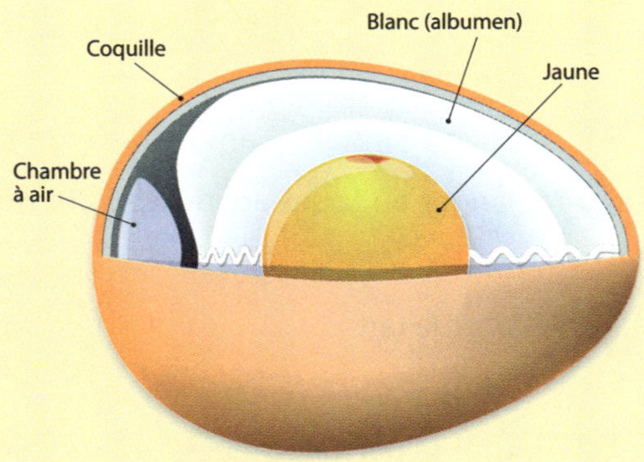

Utilisation

• Immerger l'œuf dans l'eau pour vérifier sa fraîcheur : plus la date de ponte est proche et plus l'œuf coule (la chambre à air augmente avec le temps). De même, en le cassant, plus le jaune est centré dans le blanc, plus l'œuf est proche de la date de ponte.

• En cas de doute quant à la fraîcheur, casser les œufs un à un dans un bol pour en observer le contenu avant de les utiliser.

• Sortir seulement le nombre d'œufs nécessaires : si l'œuf se conserve au frais, il s'utilise à température ambiante. Sortir les œufs une bonne heure avant de les utiliser.

Source : d'après www.lesoeufs.fr

Doc. 1 Les bons gestes pour bien conserver et utiliser ses œufs

1 **Surligner** dans le **Doc. 1** une précaution à respecter pour bien conserver les œufs au réfrigérateur.

2 **Indiquer** pourquoi il est important de ne pas laver les œufs avant de les ranger ou de les utiliser (**Doc. 1**).

....

....

3 **Citer** la température de conservation et celle d'utilisation (**Doc. 1**).

....

....

Activité 2 La préparation d'une pâte fluide

OBJECTIFS
- Justifier les différentes étapes de la préparation d'une pâte fluide.
- Indiquer les critères de réussite d'une pâte fluide.

FICHE TECHNIQUE 18

La préparation d'une pâte à crêpes

DENRÉES (QUANTITÉ POUR 4 PERSONNES)

- Lait (500 mL)
- Œufs (3)
- Farine (250 g)
- Sucre (50 g)
- Huile (1 cuillère à soupe)
- Parfum (facultatif) : fleur d'oranger, vanille (1 cuillère à soupe)

MATÉRIEL

- Saladier ou calotte • Tamis
- Fouet • Bols • Assiette de propreté et de présentation • Poêle à crêpes
- Pochon ou petite louche • Spatule métallique • Fourchette

TECHNIQUE

1. Dans un saladier, tamiser la farine puis rajouter le sucre et mélanger.
2. Casser les œufs un par un à part dans un bol.

   Pourquoi ? ....

3. Faire une fontaine dans le mélange farine et sucre et ajouter les œufs battus en omelette.
4. Mélanger au fouet en incorporant doucement la farine.

   Pourquoi ? ....

5. Ajouter le lait petit à petit tout en fouettant.

   Pourquoi ? ....

6. Ajouter le parfum (fleur d'oranger ou vanille).
7. Faire chauffer une poêle légèrement huilée.
8. Verser la pâte à crêpes avec le pochon dans une poêle très chaude.

   Pourquoi ? ....

9. Laisser cuire le premier côté.
10. Retourner la crêpe avec une spatule et laisser cuire le deuxième côté.
11. Dresser les crêpes dans une assiette en les saupoudrant de sucre et en les pliant en quatre.

CRITÈRES DE RÉUSSITE

....

....

1 À partir de la fiche technique 18, **justifier** les étapes indiquées dans la technique de préparation des crêpes et **indiquer** les critères de réussite.

AIDE Faire une fontaine : créer un trou au milieu du mélange afin d'y verser le reste des ingrédients. La technique assure un mélange homogène et évite les grumeaux.

2 **Surligner** dans la fiche technique 18 une étape de la préparation importante pour éviter les grumeaux dans la pâte.

Activité 3 Les produits prêts à l'emploi

OBJECTIFS
- Justifier le choix de l'utilisation des produits prêts à l'emploi.
- Énumérer et justifier les règles concernant l'utilisation de ces produits.

Les produits alimentaires intermédiaires (PAI) sont l'ensemble des produits alimentaires ayant subi un début de préparation (épluchage, taille, pré-cuisson…) avant d'être commercialisés. Les PAI regroupent l'ensemble des produits de la 2e à la 6e gamme.

Les produits semi-élaborés doivent encore subir une transformation (cuisson, taillage ou réhydratation) avant leur utilisation : les légumes crus 4e gamme (produits épluchés, coupés et lavés), les frites surgelées précuites, les ovoproduits (œufs liquides pasteurisés, en poudre), les sauces ou fonds de sauces déshydratés, les fonds de tarte prêts à cuire…

Les produits prêts à l'emploi n'ont pas besoin de transformation culinaire, seule une remise en température ou une cuisson peut parfois être nécessaire : les potages de légumes, les sauces béchamel ou coulis de tomates, les omelettes à réchauffer, les légumes en conserve ou les fruits appertisés…

Dans tous les cas, ces produits doivent être utilisés en respectant les indications du fabricant, les quantités et les dosages indiqués sur l'emballage et en respectant scrupuleusement les conditions de conservation. L'utilisation des PAI permettent, en collectivité, de garantir la sécurité alimentaire notamment pour les préparations à risques comme les crèmes à base d'œufs et de gagner du temps en supprimant des étapes de préparations.

Doc. 2 Les produits alimentaires intermédiaires (PAI)

1 **Surligner** dans le **Doc. 2** la définition d'un produit alimentaire intermédiaire (PAI).

2 **Relier** chaque ovoproduit à la gamme de produits alimentaires correspondante (voir séquence 10, p. 81) et à sa catégorie de produit alimentaire intermédiaire.

Catégories de produits	Ovoproduits	Gammes de produits
	• Omelette précuite •	• 2e gamme
Produit prêt à l'emploi •	• Œufs liquides pasteurisés •	• 3e gamme
Produit semi-élaboré •	• Œufs en poudre •	• 5e gamme
	• Œufs liquides surgelés •	• 6e gamme

3 **Donner** deux avantages des produits alimentaires intermédiaires (**Doc. 2**).

....

....

Conservation

À conserver dans un endroit propre, sec et frais à l'abri de la lumière. Après préparation, à conserver au réfrigérateur et à consommer dans les 24h. À consommer de préférence avant le : voir sur le dessus de l'étui.

Préparation

À ajouter : 1,5 L de lait

30 min 220°C

10 Parts

Préparation : 10 min. Cuisson : 30 min. Refroidissement : 2 h.

Ustensiles nécessaires :
- un moule à bord haut 24 cm
- une casserole
- un fouet

15 min 220°C-th7/8

1. Allumez votre four à 220°C (thermostat 7/8) et préchauffez-le au moins 15 minutes.
2. Beurrez un moule à bord haut de 24 cm de diamètre. Faites chauffer doucement 1,5 L de lait dans une grande casserole et mélangez-y le contenu du sachet.
3. Portez à ébullition et laissez bouillir 1 minute <u>tout en remuant</u>.
4. Versez dans le moule beurré. Mettez au four et faites cuire 30 minutes à 220°C.
5. Laissez refroidir votre flan 2 heures avant de le servir. Une fois préparé, conservez le flan au réfrigérateur et consommez-le dans les 24h.

30 min 220°C-th7/8

L'astuce gourmande ! Vous pouvez saupoudrer votre flan pâtissier de cannelle ou de noix de coco râpée.

Doc. 3 La préparation d'un flan pâtissier

4 **Souligner** sur l'étiquette du **Doc. 3** les conditions de stockage du produit.

5 Vous devez préparer un flan pour 5 personnes, **indiquer** en complétant le tableau les proportions des différents ingrédients à partir de l'emballage du **Doc. 3**.

Ingrédients	Proportions
Lait	....
Quantité de préparation	....

6 **Justifier** la précision soulignée à l'étape 3 de la préparation dans le **Doc. 3**.

....

7 **Indiquer** les conditions de stockage du flan une fois préparé (**Doc. 3**).

....

FICHE TECHNIQUE 19

La préparation d'une tarte aux poireaux

DENRÉES (QUANTITÉ POUR 4 PERSONNES)

• Pâte brisée prêt à l'emploi (1) • Béchamel prête à l'emploi (200 mL) • Poireaux surgelés, coupés en morceaux et prêts à cuire (500 g) • Œufs (2) • Gruyère râpé (50 g) • Beurre (20 g)

MATÉRIEL

• Saladier ou calotte • Poêle • Fouet • Bols • Assiette de propreté et de présentation • Fourchette • Plat à tarte

TECHNIQUE

1 Préchauffer le four à 180 °C.

Pourquoi ? ....

2 Préparer les poireaux : réaliser une fondue de poireaux en faisant revenir 10 minutes les poireaux surgelés avec le beurre dans une poêle.

3 Préparer le fond de tarte : foncer un moule à tarte avec la pâte en veillant à ce qu'il n'y ait pas de trous.

Pourquoi ? ....

4 Casser les œufs un par un dans un saladier.

5 Confectionner l'appareil à flan : rajouter la béchamel liquide aux œufs battus en omelette.

6 Assembler : disposer les poireaux revenus sur le fond de la tarte, recouvrir du mélange œufs et béchamel et parsemer de gruyère râpé.

7 Cuire 30 minutes au four.

Pourquoi ? ....

....

....

8 Démouler sur une grille à pâtisserie.

Pourquoi ? ....

....

CRITÈRES DE RÉUSSITE

....

....

....

....

8 À partir de la fiche technique 19, **justifier** les étapes indiquées dans la technique de la tarte aux poireaux et **indiquer** les critères de réussite.

AIDE Foncer un moule : étaler la pâte au fond d'un moule.

9 **Surligner** dans la fiche technique 19 les produits alimentaires intermédiaires utilisés.

Activité 4 Les robots multifonctions

DOMICILE

OBJECTIFS
- Citer la fonction globale et comprendre le principe de fonctionnement du robot multifonction.
- Repérer les organes du robot multifonction sur un schéma.
- Identifier les consignes d'utilisation, de sécurité, de nettoyage du robot multifonction.

Il coupe, hache, tranche, râpe, pétrit la pâte, prépare les jus de fruits ou monte les blancs en neige : le robot multifonction est de plus en plus polyvalent. Il existe plusieurs types de robots multifonctions.

- **Les robots mixeurs :** ces appareils servent souvent à mélanger, mixer, râper, pétrir… En fonction du nombre d'accessoires dont ils disposent, ils peuvent se montrer très complets.

- **Les robots pâtissiers :** spécialisés dans le domaine de la pâtisserie, ces robots ont pour fonctions principales de pétrir, malaxer, mélanger. Ils s'adressent aux personnes qui préparent souvent des pâtes et qui ont besoin d'une grande capacité.

- **Les robots cuiseurs :** ce type de robots facilite toutes les préparations, en plus de disposer de toutes les fonctionnalités d'un robot mixeur et même pâtissier. Ce sont les robots les plus complets puisqu'ils permettent, sans avoir besoin d'autre appareil, de préparer des plats chauds tels que des soupes, sauces, purées…

Plus l'appareil effectue des fonctions variées, plus il dispose d'accessoires et donc son coût augmente. Il faut de plus prévoir un espace suffisant pour le ranger dans la cuisine. De même, le choix du modèle dépend de la fréquence d'utilisation.

Doc. 4 Les différents types de robots multifonctions

Le bouton de commande ① permet la mise en route du bloc moteur ② qui entraîne l'axe du bol ③ sur lequel sont placé le support d'accessoires ④ et les accessoires.

La mise en route de l'appareil nécessite que le bol ⑤ et son couvercle ⑥ soient mis en place et verrouillés.

Le poussoir-doseur ⑦ permet d'introduire les aliments sans se blesser.

Les différents accessoires ou cartouches permettent :
- de râper gros ou fin et d'émincer ⑧ ;
- d'hacher ⑨ ;
- d'émulsionner ⑩ ;
- de pétrir/mélanger ⑪.

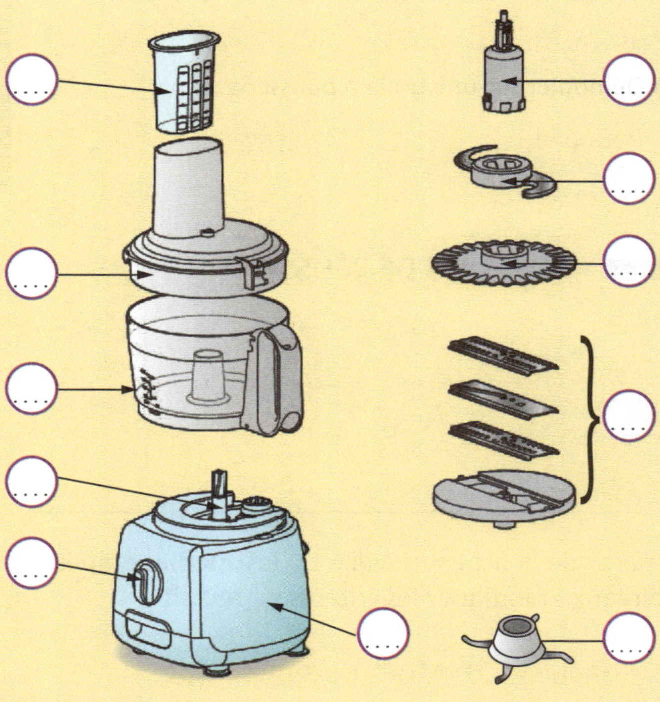

Doc. 5 Le principe de fonctionnement du robot mixeur

1 **Surligner** dans le **Doc. 4** les fonctions d'un robot multifonction.

2 **Relier** à chaque préparation le robot multifonction adapté (**Doc. 4**).

Préparations	Robots multifonctions
Carottes râpées •	• Robot mixeur
Soupe mixée •	• Robot pâtissier
Gâteau au yaourt •	• Robot cuiseur

3 **Indiquer** deux inconvénients des robots multifonctions (**Doc. 4**).

....

....

4 **Citer** les fonctions du robot mixeur (**Doc. 4 et 5**).

....

....

5 **Replacer** les numéros des organes du robot mixeur sur le schéma du **Doc. 5**.

6 **Cocher** dans le tableau s'il s'agit de consignes d'utilisation, de sécurité ou de nettoyage du robot mixeur (**Doc. 5**).

Consignes	Sécurité	Utilisation	Nettoyage
1. S'assurer que le couvercle est bien verrouillé avant de mettre l'appareil en marche.			
2. Nettoyer immédiatement après utilisation (eau et produit-vaisselle).			
3. Essuyer le bloc moteur avec un chiffon doux et humide.			
4. Essuyer les accessoires après les avoir lavés, en particulier les pièces inox pour éviter les marques d'oxydation.			
5. Ne pas ajouter d'ingrédients dans le récipient lorsque l'appareil fonctionne.			
6. Les lames sont tranchantes : ne jamais introduire d'aliments avec les mains, toujours utiliser le poussoir.			
7. Avant la première utilisation, laver soigneusement les éléments.			
8. Débrancher toujours l'appareil avant nettoyage.			
9. Pour les liquides, ne remplissez jamais au-delà de 1/3 de la cuve.			

L'essentiel à retenir

Je révise
Synthèse rédigée
www.lienmini.fr/5611-1802

Je m'entraîne
Exercices interactifs
www.lienmini.fr/5611-1803

ALIMENTS A PRÉPARER

ŒUFS

Utilisation dans de nombreuses préparations, notamment les pâtes fluides (crêpes, clafoutis...).

Conseils de conservation
– Au réfrigérateur à 4 °C.
– Dans les alvéoles prévues.
– Ne pas rompre la chaîne du froid.

Conseils d'utilisation
– Casser les œufs un à un dans un bol, pour observer le contenu avant de les utiliser.
– Utiliser à température ambiante.
– Ne pas laver les œufs pour préserver la cuticule.

Œuf frais | Œuf périmé

PRODUITS ALIMENTAIRES INTERMÉDIAIRES (PAI)

Produits alimentaires ayant subi un début de préparation (épluchage, taille, pré-cuisson...), ensemble de produits de la 2e à la 6e gamme.

Avantages
– Facilité d'utilisation
– Gain de temps
– Économie de matériel

Conseils d'utilisation
Bien lire l'étiquetage du produit pour respecter les conditions de conservation et d'utilisation.

PRÉPARER LES ALIMENTS

Robots multifonctions
– Plusieurs modèles.
– Mélange, pétrit, râpe, malaxe, peut également cuire les préparations.

SÉQUENCE 19

L'aide à la prise des repas

Réfléchissons ensemble

VIDÉO
Des verres connectés pour s'assurer que les seniors s'hydratent suffisamment

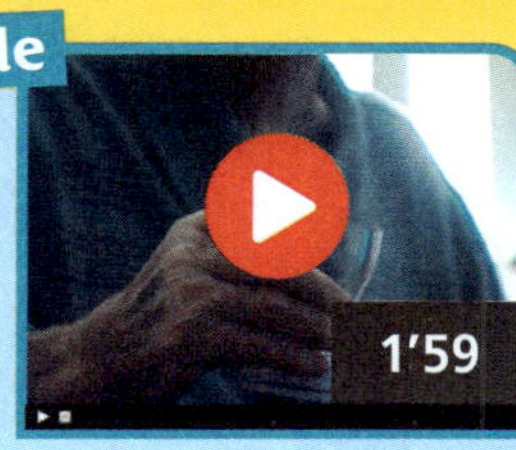

www.lienmini.fr/5611-1901

Activité 1 Le service des repas

OBJECTIF • Énoncer les critères de qualité attendus lors du service des repas.

Les repas sont des moments importants de la journée de la personne âgée. Ils doivent permettre, avec les collations, de couvrir les besoins nutritionnels. Il est donc important de stimuler l'appétit des résidents en variant les plats et en soignant leur présentation. La quantité servie doit être suffisante mais pas trop importante pour ne pas décourager la personne. Plusieurs modes de distribution sont possibles en fonction du degré d'autonomie et des pathologies du résident : service au lit, service au fauteuil, service à table. Les repas étant des moments d'échange, il est donc nécessaire de favoriser la prise de repas à table et de permettre au résident de choisir sa place et ses voisins autant que possible.

Doc. 1 Le service des repas en EHPAD

La restauration

Appréciez-vous les repas ? ❑ Oui ❑ Non

Que pensez-vous :	Très satisfaisant	Satisfaisant	Peu satisfaisant	Pas du tout satisfaisant
• Du cadre de la salle à manger ?	☐	☐	☐	☐
• De la variété des menus ?	☐	☐	☐	☐
• De la quantité servie ?	☐	☐	☐	☐
• De la qualité des repas ?	☐	☐	☐	☐

Que pensez-vous :	Très satisfaisant	Satisfaisant	Peu satisfaisant	Pas du tout satisfaisant
• Des horaires de repas ? (petit-déjeuner, déjeuner, dîner, collation)	☐	☐	☐	☐
• De la température des plats ?	☐	☐	☐	☐
• Du temps accordé au repas ?	☐	☐	☐	☐
• De la qualité de l'aide à votre installation et aux repas, si vous en bénéficiez ?	☐	☐	☐	☐

Vous a-t-on prescrit un régime alimentaire ? ❑ Oui ❑ Non

Si oui, est-il respecté ? ❑ Oui ❑ Non

Avez-vous des remarques et suggestion concernant la restauration ?

....

Doc. 2 Extrait d'un questionnaire de satisfaction

1 **Indiquer** pour chaque situation ci-dessous le mode de distribution correspondant (**Doc. 1**).

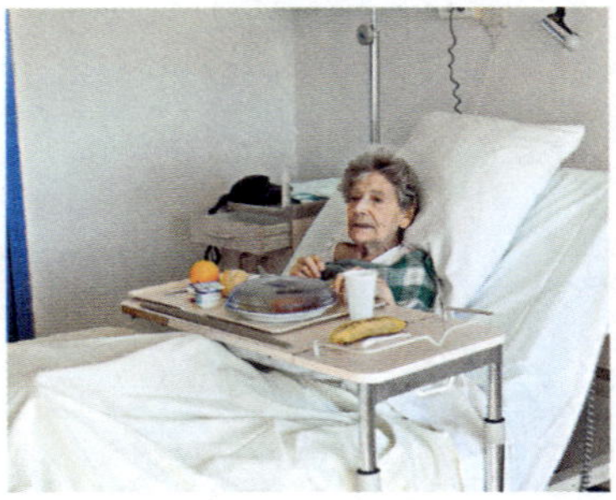

....

2 **Préciser** l'intérêt du service à table pour le résident (**Doc. 1**).

....

....

3 **Indiquer** deux éléments à prendre en compte pour stimuler l'appétit de la personne âgée (**Doc. 1**).

....

....

4 **Justifier** l'importance de stimuler l'appétit des personnes âgées (**Doc. 1**).

....

....

5 **Souligner**, dans le **Doc. 2**, les critères de qualité concernant la restauration, évalués par le questionnaire de satisfaction.

6 **Classer** les critères relevés à la question **5** dans le tableau ci-dessous.

Catégories de critères	Critères
Éléments participant à l'appétit	....
Critère en lien avec l'attitude du personnel	....
Critères en lien avec l'organisation des repas	....
Critères sanitaires	....

Activité 2 L'aide à la prise des repas de l'adulte non autonome

OBJECTIF • Justifier la technique et les précautions à prendre lors de l'aide à la prise des repas en fonction du degré d'autonomie de la personne.

L'aide à la prise de repas pourra être partielle ou totale en fonction du degré d'autonomie de la personne. Quelle que soit l'aide apportée, elle devra permettre à la personne de participer au maximum de ses capacités afin de maintenir son autonomie.

Pour cela, des aides techniques existent (couverts, assiette, set de table antidérapant, verre…) permettant de faciliter la préhension, évitant le renversement et les chutes d'aliments ou du matériel.

Dans tous les cas, le professionnel devra entre autres :

- veiller à une installation confortable et sécurisée de la personne ;
- s'assurer des conditions d'hygiène (lavage des mains, brossage des dents…) ;
- annoncer le menu et respecter les goûts et habitudes de la personne ;
- maintenir une ambiance positive favorisant les échanges et l'implication de la personne.

Doc. 3 L'aide à la prise de repas des personnes non autonomes

La déglutition correspond à un transfert de la nourriture de la bouche vers l'estomac en passant par le pharynx et l'œsophage.

Les personnes âgées souffrent souvent de dysphagie (trouble de la déglutition). Ces troubles peuvent conduire à des fausses routes (passage du bol alimentaire dans les voies respiratoires au lieu du tube digestif) et ainsi à des risques d'étouffement.

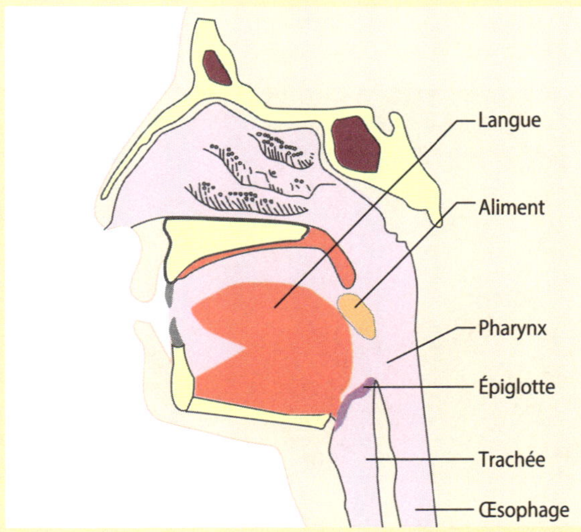

Doc. 4 La déglutition et le risque de fausse route

Quelques règles à respecter lors de l'aide à la prise de repas d'une personne souffrant de dysphagie :

1. Lors du repas, ne jamais laisser la personne seule.
2. Privilégier un environnement calme (sans source de distraction) : éteindre la radio, la télévision…
3. Ne pas parler pendant la déglutition.
4. Veiller à la bonne position assise, buste bien droit, ne jamais pencher la tête en arrière.
5. Si vous lui donnez à manger, veillez à respecter les points suivants :
   - S'asseoir au même niveau, pour lui éviter de lever la tête.
   - S'assurer que la prothèse dentaire de la personne est bien fixée le cas échéant.
   - S'assurer que son nez est bien dégagé.
   - Ne pas donner de trop grosses quantités (bouchées) de nourriture en une fois.
   - Ne pas être trop rapide pour donner à manger et s'assurer que la respiration reste fluide après chaque déglutition.

Doc. 5 L'aide à la prise de repas pour éviter le risque de fausse route

En cas de trouble de la déglutition l'alimentation doit être adaptée.
Il faut privilégier les boissons et aliments stimulant la sensibilité : sel, poivre, acide, boissons pétillantes ou aromatisées, températures franches (jamais d'eau à température ambiante). Au contraire, il faut éviter les aliments très fibreux, à enveloppe, à texture collante ou en graines (riz, semoule). On peut éventuellement épaissir les liquides avec un gélifiant.

✔ **Aliments conseillés**

Les aliments fluides comme la purée, le flan, la compote, la crème, le yaourt.
Les aliments épais comme l'omelette, les légumes écrasés, le fromage blanc.
Les aliments hachés : viande ou poisson.

✖ **Aliments déconseillés**

Les liquides comme l'eau, le lait, le thé, le jus de fruit.
Les aliments granuleux comme le couscous, le maïs, le riz, la biscotte.
Les aliments filandreux comme le jambon cru, les poireaux, les haricots verts, l'ananas, la rhubarbe.
Les aliments solides comme les crudités, la viande grillée.

Doc. 6 Les aliments adaptés en cas de risque de fausse route

1 **Indiquer** pour chaque image le type d'aide apportée à la personne (**Doc. 3**).

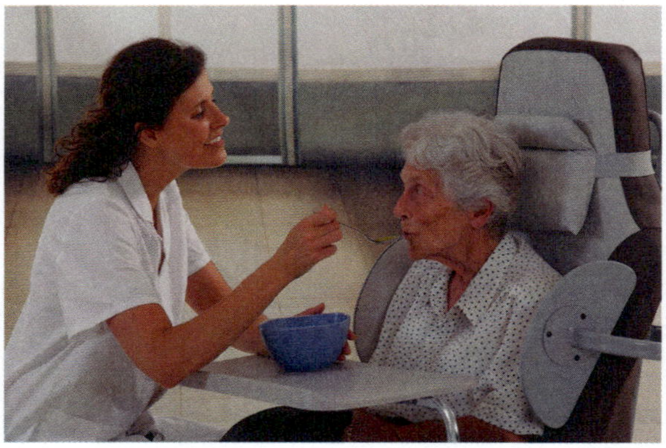

....

2 **Indiquer** l'intérêt des matériels ci-dessous pour l'aide au repas (**Doc. 3**).

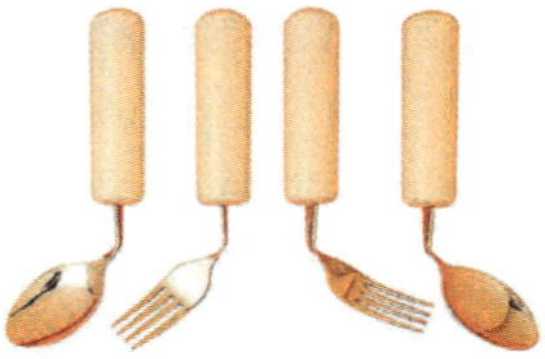

Nom : Couverts ergonomiques

Intérêt : ....

....

....

Nom : Set de table antidérapant

Intérêt : ....

....

....

Nom : Tasse avec anses

Intérêt : ....

....

....

Nom : Rebord d'assiette incurvé

Intérêt : ....

....

....

3 **Justifier** deux précautions à prendre lors de l'aide à la prise de repas (**Doc. 3**).

....

....

....

....

4 **Définir** la dysphagie (**Doc. 4**).

....

5 **Tracer** sur le schéma du **Doc. 4** :
– en vert le trajet de l'aliment lors d'une déglutition normale ;
– en rouge le trajet de l'aliment dans le cas de dysphagie.

6 **Entourer** les bonnes positions pour la personne souffrant de dysphagie lors du repas (**Doc. 5**).

7 Pour chaque situation énoncée ci-dessous (**Doc. 5**) :
– **indiquer** la précaution qui n'est pas respectée lors de l'aide à la prise de repas pour une personne souffrant de risque de fausse route ;
– **justifier** cette précaution.

Situation 1 : Amelle, aide-soignante en EHPAD, accompagne M. Mourad lors de la prise des repas en chambre. Pendant qu'il commence à manger son entrée, elle se rend à l'office pour chercher le dessert qui a été oublié.	**Précaution non respectée :** .... **Justification :** ....
Situation 2 : Loïc, aide-soignant à domicile, accompagne Mme Delmas lors de la prise de ses repas, il l'installe devant la télévision pour qu'elle puisse voir le jeu télévisé.	**Précaution non respectée :** .... **Justification :** ....

8 **Préciser** si le menu ci-contre est adapté pour une personne souffrant de déglutition. **Proposer** une modification si nécessaire (**Doc. 6**).

....

....

....

....

Activité 3 La préparation de boissons et prévention de la déshydratation

OBJECTIFS
- Justifier les intérêts des collations dans des situations données (pour une personne donnée).
- Énoncer et justifier les règles d'hygiène et de sécurité.
- Justifier le choix du matériel, des produits.
- Présenter les critères de qualité de la préparation.

Les besoins en eau chez la personne âgée sont estimés à 2,5 L par jour, dont 1 à 1,5 L doit être apporté par les boissons. Il est important de veiller à la bonne hydratation des personnes âgées en particulier lors des périodes de canicule, car la sensation de soif est souvent moins forte chez elles et elles peuvent facilement oublier de boire, alors que leur corps perd davantage d'eau.

Doc. 7 L'importance des boissons pour la personne âgée

1) ....

2) ....

3) ....

4) ....

5) ....

6) ....

Doc. 8 Les formes de boisson

1 **Justifier** le fait d'inciter les personnes âgées à boire régulièrement (**Doc. 7**).

....

....

2 **Identifier** les différentes formes de boisson qui peuvent permettre de couvrir les besoins hydriques des personnes âgées (**Doc. 8**).

3 **Justifier** l'intérêt des collations dans les situations suivantes à l'aide de vos connaissances.

Situation 1 : Pendant l'été, la distribution de verre de sirop est réalisée plusieurs fois dans la journée aux résidents de l'EHPAD « Les Tilleuls ».	**Justification :** ....
Situation 2 : Tous les matins, un jus d'orange frais est servi aux enfants de la crèche « Les Capucins ».	**Justification :** ....

FICHE TECHNIQUE 20

La préparation d'une boisson chaude : le lait chocolaté

MATÉRIEL

- Verre mesureur • Bols, ramequin
- Fouet, casserole

DENRÉES

- Lait UHT • Chocolat en poudre

TECHNIQUE

1. Contrôler la date limite de durabilité minimale (DDM) du lait et du chocolat en poudre pour ne pas utiliser de produit périmé.
2. Peser le chocolat en poudre. Mesurer la quantité de lait nécessaire à l'aide du verre mesureur.
3. Faire chauffer le lait dans une casserole ou au micro-ondes.
4. Répartir le chocolat en poudre dans les bols.
5. Verser une petite quantité de lait dans chaque bol. Délayer avec un fouet.
6. Verser le reste de lait et mélanger pour éviter la formation de grumeaux.
7. Contrôler son travail : absences de grumeaux et de coulures.
8. Placer les bols sur un plateau avec une cuillère et un sucrier pour faciliter le service.
9. Servir immédiatement pour conserver les qualités organoleptiques de la préparation.
10. Si elle n'est pas consommée dans les 30 minutes, la préparation doit être jetée.

Pourquoi ? ....

Pour les personnes présentant un risque de fausse route, la consommation de boissons liquides est déconseillée. Pour assurer les apports en eau, les boissons sont alors servies sous forme gélifiée.

Extrait d'une fiche technique d'une préparation pour eau gélifiée

NECTARYS

FICHE TECHNIQUE
Préparation déshydratée pour **EAU GÉLIFIÉE SAVEUR ABRICOT**
TEXTURE SOUPLE

DESCRIPTION : Mélange de produits déshydratés sélectionnés d'origine végétale composée de sucre et autres produits en poudre. Sans matière grasse hydrogénée – Sans exhausteur de goût (glutamate).

SUGGESTION : Pour résoudre les problèmes d'hydratation de patients souffrant notamment de troubles de la déglutition et présentant un risque de « fausse route » lors d'ingestion de liquides. Prévention de la déshydratation hypertonique des personnes âgées dues à la perte du sens de la soif.

INGRÉDIENTS : Sucre, épaississant : gomme tara – gomme xanthane, arôme, colorants : E160a – betterave poudre.

MODE D'EMPLOI : Diluer la poudre dans la quantité d'eau froide nécessaire tout en agitant vigoureusement, au fouet pendant 2 minutes. Placer au réfrigérateur pendant 1 h 30 à 2 h.

DOSAGE : 100 g de préparation pour 1 L d'eau.

CONDITIONNEMENT : Sachet de 100 g.

Doc. 9 Les boissons gélifiées

4 **Énoncer** trois étapes préalables à la préparation d'une boisson chaude à l'aide de vos connaissances.

5 **Indiquer** une règle de sécurité à respecter lors du service du bol de lait chocolaté (fiche technique 20).

6 **Justifier** l'étape 10 de la fiche technique 20.

7 **Identifier** pour chaque matériel la justification de son utilisation en les reliant (fiche technique 20).

	Matériel	Justification
	Verre mesureur •	• Permet de contenir la préparation de façon individuelle.
	Bol •	• Permet de contenir et de chauffer le lait sur une source de chaleur.
	Casserole •	• Permet de mesurer la quantité exacte de lait.

8 **Indiquer** trois critères de qualité de la préparation (fiche technique 20).

9 **Encadrer** dans le **Doc. 9** le mode opératoire pour la confection d'une eau gélifiée à partir d'une préparation déshydratée.

10 **Justifier** l'utilisation du fouet lors de la préparation (**Doc. 9**).

11 **Indiquer** deux critères de qualité de l'eau gélifiée préparée (**Doc. 9**).

12 **Justifier** l'intérêt de servir des boissons gélifiées pour certaines personnes âgées (**Doc. 9**).

Activité 4 L'aide à la prise de repas des enfants

OBJECTIF • Justifier la technique et les précautions à prendre lors de l'aide à la prise des repas en fonction du degré d'autonomie de l'enfant.

Le repas est un moment de partage et de plaisir pour les enfants. Le repas permet aussi un accompagnement éducatif : c'est le lieu des apprentissages du goût, de l'autonomie et de la socialisation.
L'encadrement du repas doit être adapté à l'âge et au degré d'autonomie de l'enfant, en gardant pour objectif un maximum de disponibilité pour l'enfant.
L'adulte est toujours installé à la hauteur de l'enfant, si possible assis à table, afin de faciliter les échanges. La durée du repas se fait au rythme de chacun.
Il est important de donner un cadre nécessaire à la libre découverte de chacun et à l'apprentissage de l'autonomie. Par exemple, il faut avoir une certaine souplesse concernant la découverte tactile de la nourriture mais amener l'enfant progressivement à l'utilisation des couverts.

Doc. 10 Quelques règles pour l'aide à la prise de repas des enfants

1 **Entourer** la photo de la situation dans laquelle l'adulte a une position adaptée à l'aide au repas des enfants. **Justifier** votre choix (**Doc. 10**).

....

....

....

....

2 **Identifier** pour chaque situation la règle qui est respectée en les reliant (**Doc. 10**).

Situations		Règles
Ne pas réveiller le nourrisson pour le faire manger. •		• Favoriser l'autonomie.
Amener progressivement à l'utilisation des couverts. •		• Favoriser la sociabilisation.
Faciliter les échanges au cours du repas. •		• Favoriser l'apprentissage du goût.
Proposer des aliments variés et adaptés à l'âge. •		• Respecter le rythme de l'enfant.

L'essentiel à retenir

Je révise
Synthèse rédigée
www.lienmini.fr/5611-1902

Je m'entraîne
Exercices interactifs
www.lienmini.fr/5611-1903

SERVICE DES REPAS

À table, au fauteuil ou au lit

L'appétit des personnes doit être stimulé :
– Veiller à la présentation des plats.
– Varier les plats.
– Respecter les goûts des personnes.

Pour la sécurité il faut :
– respecter les régimes ;
– veiller à la bonne installation de la personne.

AIDE À LA PRISE DE REPAS DES PERSONNES NON AUTONOMES

Pour l'adulte

L'aide est partielle ou totale et permet le maintien de l'autonomie.
Il faut :
– veiller à une installation confortable et sécurisée de la personne ;
– s'assurer des conditions d'hygiène ;
– annoncer le menu et respecter les goûts et habitudes de la personne ;
– favoriser les échanges et l'implication de la personne.

Aides techniques

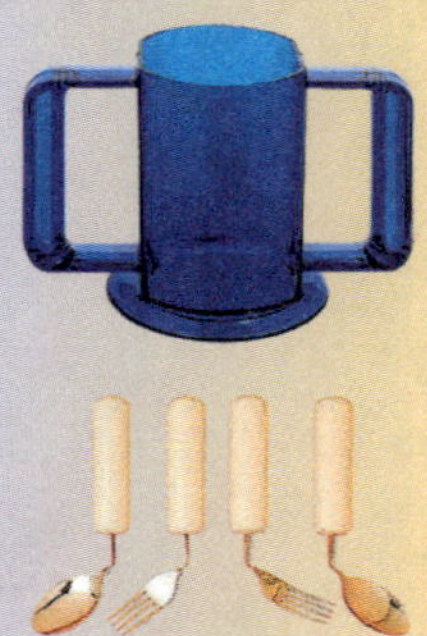

Pour l'enfant

L'aide doit :
– respecter le rythme de l'enfant, ses goûts... ;
– avoir une fonction éducative ;
– développer l'autonomie.

Prévention de la déshydratation

• Solliciter régulièrement les personnes et proposer des boissons sous différentes formes.
• Préparer les boissons en respectant les règles d'hygiène, de sécurité et d'économie, les critères de qualité.

Prévention de la fausse route

• Installation adaptée : buste bien droit, ne jamais pencher la tête en arrière, environnement calme...
• Texture des aliments adaptée : fluide, purée, mixé, pas de fibres, pas de morceaux durs, pas de liquide (l'eau peut être gélifiée).

SÉQUENCE 20

Les formes de distribution

Réflechissons ensemble

VIDÉO
Une restauration de qualité à l'hôpital
www.lienmini.fr/5611-2001

Activité 1 Les formes de distribution

OBJECTIF • Définir les différentes formes de distribution.

Dans les structures collectives, la distribution des repas peut prendre plusieurs formes.

La distribution est dite **directe** quand les repas sont préparés sur place et distribués directement à l'issue de leur préparation.

La distribution est dite **différée** quand la préparation des plats est réalisée dans une cuisine (cuisine centrale) et que les repas sont ensuite transportés jusqu'au lieu de leur distribution (cuisine satellite) puis servis aux usagers. La distribution différée peut être assurée soit :

– en **liaison chaude** : les plats chauds sont maintenus au-dessus de + 63 °C jusqu'à leur distribution qui a lieu le jour même ;

– en **liaison froide** : les préparations sont maintenues à une température de 0 à + 3 °C. Les plats à servir chauds sont remis à température avant leur consommation.

Doc. 1 Les formes de distribution des repas

1 **Identifier** chaque forme de distribution représentée (**Doc. 1**).

Distribution ....

Distribution ....

2 **Repérer** les caractéristiques de chaque forme de distribution en les cochant (**Doc. 1**).

Caractéristiques	Distribution directe	Distribution différée	
		Liaison chaude	Liaison froide
1. Les repas sont fabriqués sur le lieu de distribution.			
2. Les repas sont transportés jusqu'au lieu de distribution.			
3. Les plats chauds sont maintenus au-dessus de + 63 °C de la fabrication, durant le transport et jusqu'à leur distribution.			
4. La cuisine satellite reçoit les préparations à une température entre 0 et + 3 °C.			

Activité 2 Les différentes liaisons

OBJECTIF • Mettre en relation le principe de la distribution et les contraintes réglementaires.

La réglementation définit certaines règles à respecter lors de la distribution afin de garantir la salubrité des repas.

En liaison chaude : les préparations chaudes sont maintenues au-dessus de + 63 °C dès la fin de la fabrication et jusqu'à leur distribution.

En liaison froide : dès la fin de leur préparation, les plats doivent être refroidis rapidement de telle manière que leur température à cœur ne demeure pas à des valeurs comprises entre + 63 °C et + 10 °C pendant plus de deux heures.

Après refroidissement, les préparations sont conservées dans une enceinte dont la température est comprise entre 0 °C et + 3 °C, y compris lors du transport.

La remise en température des préparations culinaires à servir chaudes est opérée de telle manière que leur température ne demeure pas pendant plus d'une heure à des valeurs comprises entre + 10 °C et la température de remise au consommateur (+ 63 °C ou plus).

Doc. 2 Les dispositions réglementaires concernant la distribution des repas

1 **Compléter** le schéma suivant avec les températures réglementaires pour les étapes de chaque liaison (**Doc. 2**).

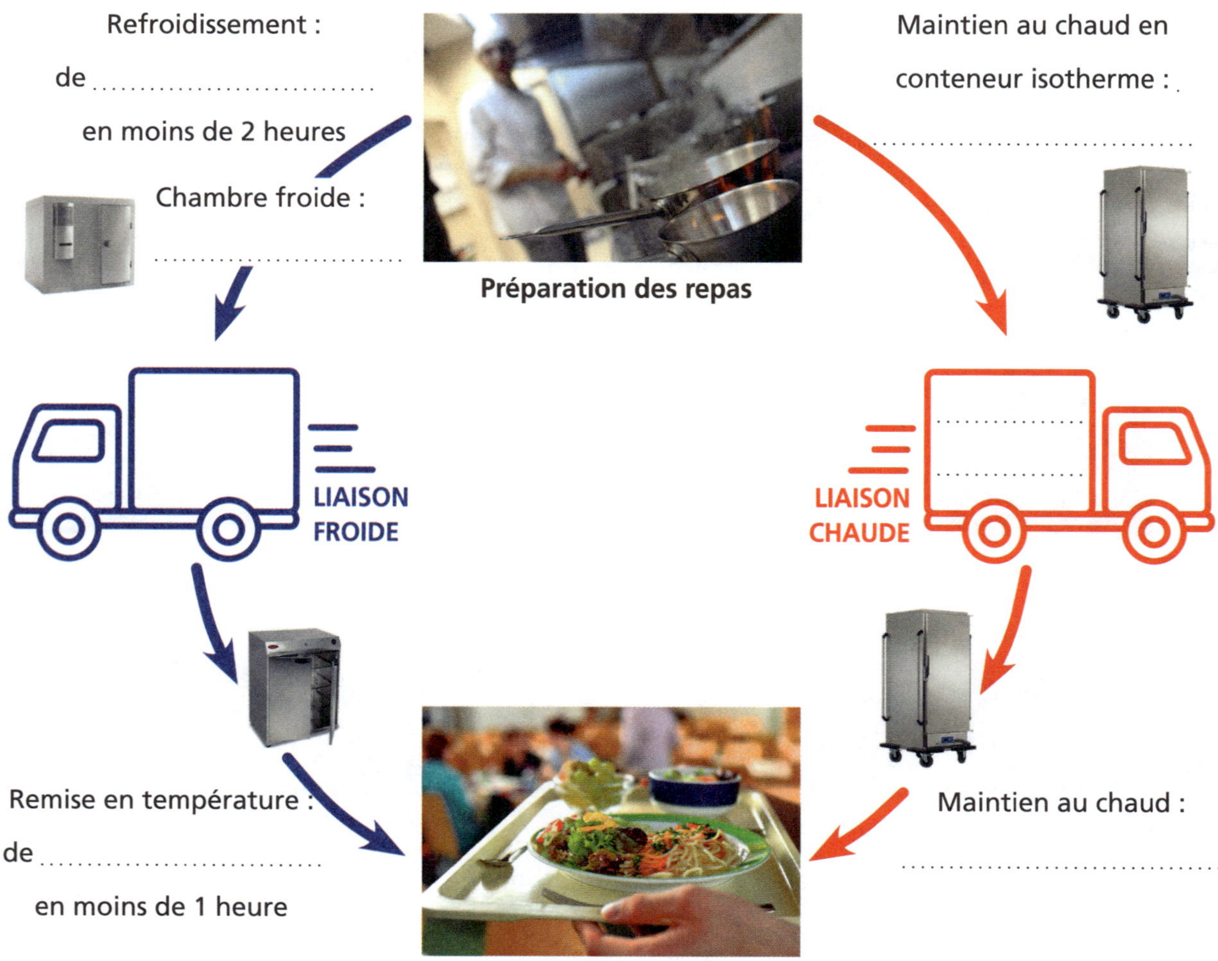

AIDE La salubrité d'un repas est son caractère sain, c'est-à-dire sa capacité à ne pas porter atteinte à la santé.

Activité 3 Les paramètres à contrôler

OBJECTIF • Indiquer les paramètres à contrôler au moment de la réception des repas ou des collations, lors du maintien et la remise en température.

 Je contrôle		 J'enregistre	Que faire en cas de non-conformité
Le **nombre de repas** (nombre de barquettes, de pains, de desserts…)	Ils doivent être conformes à la quantité prévue et mentionnée sur le bon de livraison.	Sur le bon de livraison	Remplir une fiche de non-conformité et prévenir la cuisine centrale.
La **DLC** ou la **DDM** indiquée sur les plats et desserts	Elle ne doit pas être dépassée.		
L'état des barquettes et des desserts	Les barquettes, yaourts et autres produits emballés sont bien fermés et non abîmés ; les fruits ne sont pas moisis, ni écrasés…		
La température des repas en liaison froide	Elle doit être inférieure à + 3 °C pour les produits réfrigérés.		

Doc. 3 L'extrait d'un protocole de contrôle des repas à réception

	Enregistrement contrôle remise en température						Cuisine satellite	
Date	Préparation	Quantité	Remise en température				Temps de la remise en T °C	Visa
			Début		Fin			
			Heure	T °C	Heure	T °C		
12/03	Hachis parmentier	3 plats	11 h 15	2	11 h 55	70	40 min	X

Valeurs cibles : Remontée en température de + 3 °C à + 63 °C en moins d'une heure

Doc. 4 L'extrait d'une grille de contrôle de remise en température

Les exploitants conservent des plats témoins à la disposition exclusive des agents chargés du contrôle officiel. Ces plats témoins sont des échantillons représentatifs des différents plats distribués aux consommateurs et clairement identifiés. [...]
Les plats témoins sont conservés pendant au moins cinq jours en froid positif (entre 0 et + 3 °C) après leur présentation au consommateur.

Doc. 5 **L'extrait de l'arrêté du 21 décembre 2009**

1 **Indiquer** le paramètre contrôlé lors de la réception des repas représenté par chaque image (**Doc. 3**).

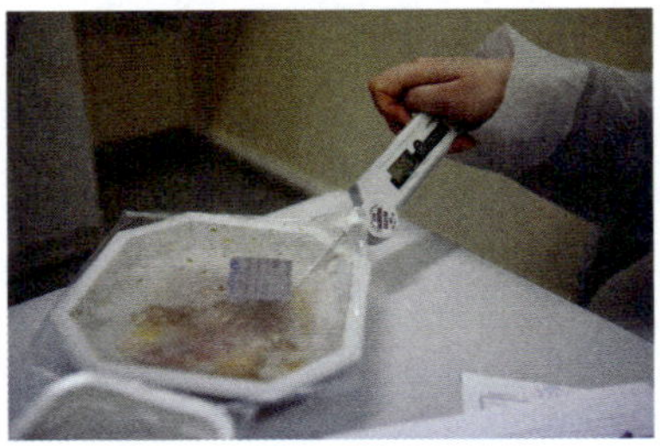

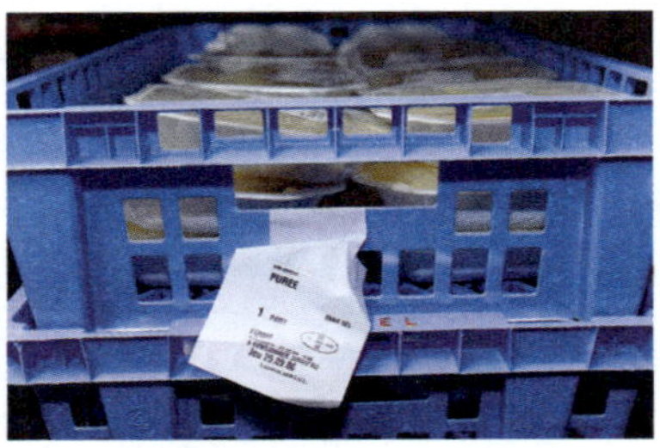

AIDE La DLC est la date limite de consommation et la DDM est la date de durabilité minimale.

2 **Indiquer** les paramètres contrôlés lors de la remise en température (**Doc. 4**).

3 **Préciser** le type de liaison concernée par ce contrôle. **Justifier** votre réponse (**Doc. 4**).

4 **Indiquer** si la remise en température du hachis parmentier est conforme. **Justifier** votre réponse (**Doc. 4**).

5 **Surligner** la définition de plat témoin dans le **Doc. 5**.

6 **Préciser** la température et la durée de conservation des plats témoins (**Doc. 5**).

Activité 3 Le chariot de distribution des repas et leur entretien

OBJECTIFS
- Expliquer la fonction globale du chariot de distribution, énoncer le principe de fonctionnement et identifier les organes (fonctionnels, de commande…).
- Identifier les consignes d'utilisation et de nettoyage.
- Justifier la fréquence des opérations d'entretien.

Un chariot mixte permet la distribution des repas en liaison froide : toutes les préparations sont maintenues au froid jusqu'au moment de la remise en température des plats à servir chauds.

Le chariot permet ainsi de réchauffer les plats à servir chauds en maintenant simultanément au froid les préparations froides.

Doc. 6 Le chariot mixte pour la distribution de plateau-repas

- Charger les plateaux dans le chariot en vérifiant la position des préparations chaudes et des préparations froides qui doivent être bien séparées et dans le bon compartiment.
- Fermer hermétiquement les portes.
- Programmer le chariot afin de remettre en température les plats servis chauds au maximum une heure avant leur distribution.
- Ne pas oublier de brancher le chariot au secteur lors de son stockage en attentant d'être amené dans les services.
- Vérifier la conformité des températures, le système électronique du chariot assure l'enregistrement des données et ainsi la traçabilité.

Doc. 7 Les consignes d'utilisation du chariot de distribution

1 À l'aide du **Doc. 6** et de vos connaissances :

a. Identifier les organes du chariot sur le schéma du **Doc. 6** en reportant le bon numéro dans la légende.

b. Relier chaque organe du chariot à sa fonction.

Organes du chariot	Fonctions des différents organes
1. Roue •	• Permet de ranger les plateaux.
2. Tablette de débarrassage •	• Permet de programmer et de contrôler les paramètres.
3. Rack de rangement des plateaux •	• Permet de fermer hermétiquement le chariot.
4. Poignée d'ouverture •	• Permet de raccorder le chariot au secteur.
5. Poignée latérale •	• Permet le déplacement du chariot.
6. Tableau de bord •	• Permet de déposer le plateau lors du débarrassage.
7. Porte •	• Permet d'ouvrir ou fermer les portes du chariot.
8. Prise •	• Permet de manipuler le chariot.

2 **Énoncer** la fonction globale du chariot mixte de distribution (**Doc. 6**).

....

....

....

3 **Surligner**, dans le **Doc. 7**, la consigne d'utilisation concernant le rangement des plateaux.

4 En **déduire** si l'organisation des aliments sur le plateau représenté ci-contre est satisfaisante pour l'utilisation d'un chariot mixte.

....

....

....

5 **Souligner**, dans le **Doc. 7**, la consigne précisant le contrôle à réaliser après chargement.

6 **Préciser** l'intérêt du système électronique du chariot (**Doc. 7**).

....

....

AIDE La traçabilité est la possibilité d'identifier l'origine et de reconstituer le parcours (d'un produit), de la production à la distribution.

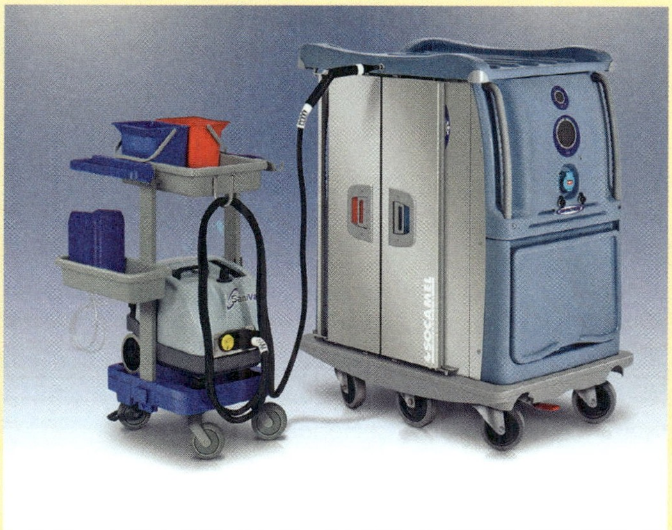

La réalisation du bionettoyage du chariot se fait par l'action de la vapeur à haute température, associée à du peroxyde d'hydrogène (agent désinfectant).

Pour réaliser ce bionettoyage il faut :

1. Éliminer au jet les macro-déchets en fond de cuve.
2. Connecter le pistolet du générateur de vapeur.
3. Attendre la fin du cycle, la gestion du temps d'injection est automatique et le chariot est verrouillé pendant tout le temps de la vaporisation.
4. Stocker le chariot avec les portes fermées, prêt à être utilisé lors du service suivant.

Doc. 8 Les consignes d'entretien du chariot

8 **Identifier** les consignes d'entretien illustrées ci-dessous en reportant le numéro correspondant (**Doc. 8**).

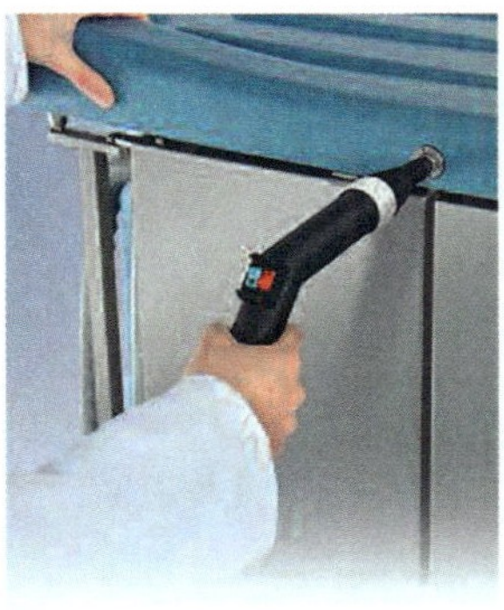

......

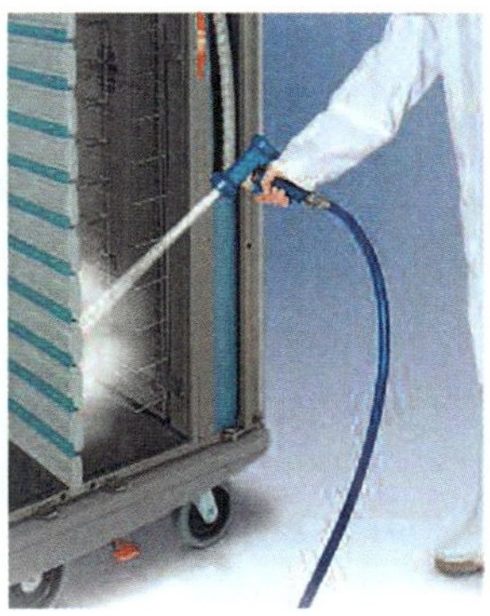

......

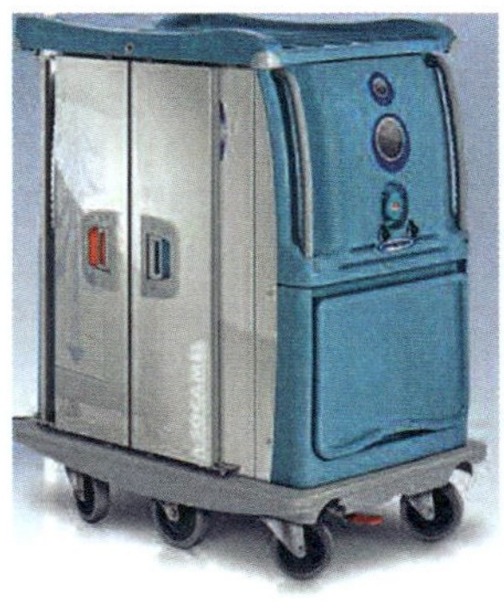

......

......

9 **Citer** les agents désinfectants utilisés pour réaliser le bionettoyage du chariot (**Doc. 8**).

....

....

10 **Justifier** chacune des consignes dans le tableau ci-dessous (**Doc. 8**).

Consignes	Justifications
1. L'entretien a lieu après chaque service.	....
2. Le chariot est verrouillé pendant tout le temps de la vaporisation.	....
3. Attendre la fin du cycle, la gestion du temps d'injection est automatique.	....

Activité 4 Le portage à domicile

OBJECTIFS
- Définir ce mode de distribution. Justifier l'intérêt du portage à domicile.
- Indiquer les paramètres à contrôler au moment de la livraison.

Souvent chez la personne âgée, l'appétit diminue, l'envie de cuisiner aussi et faire des courses peut devenir difficile. Pourtant, il est important de conserver une alimentation équilibrée pour prévenir les risques de dénutrition, de chutes et de maladie. Cela entretient également le moral. Le portage de repas peut être la solution. Il consiste en l'élaboration d'un menu complet dans une cuisine de collectivité et à sa livraison au domicile de la personne âgée. De nombreux réseaux d'aide à domicile proposent ce service. Il permet aux personnes âgées de ne pas quitter leur domicile pour les repas, de ne pas avoir à gérer les courses alimentaires, de ne pas avoir à confectionner leur repas. Le portage à domicile facilite le maintien à domicile des personnes âgées.

Doc. 9 Le portage à domicile

Les + au cours de la livraison :
- Jeter les produits non consommés à la poubelle dès que la DLC est dépassée.
- Mettre les repas dans le réfrigérateur de la personne.
- Demander aux clients si les plats livrés l'ont satisfait : goût ? quantité ? qualité ? autres informations sur la livraison ? Compléter la fiche client au fur et à mesure.
- Aider à choisir les menus à venir avec le client.
- Écrire le nom des plats en gros caractères sur les récipients et le jour de consommation prévu.
- Connaître et relayer aux clients les informations sur les plats (aliments utilisés, produits frais, technique de fabrication...) et les conseils de préparation.

Source : CNISAM, Guide « Repas à domicile ».

Doc. 10 L'extrait d'un guide de portage à domicile

1 **Définir** le portage à domicile (Doc. 9).

....

....

2 **Justifier** l'intérêt du portage à domicile pour la personne âgée (Doc. 9).

....

....

3 **Indiquer** le contrôle à réaliser lors du dépôt des plats dans le réfrigérateur de l'usager (Doc. 10).

....

....

4 **Souligner** dans le Doc. 10 les informations à transmettre à l'usager lors de la livraison.

Activité 5 Le four à micro-ondes, matériel de remise en température

OBJECTIFS
- Expliquer la fonction globale du four à micro-ondes, énoncer son principe de fonctionnement et identifier les organes.
- Identifier les consignes d'utilisation, de nettoyage, de maintien en état.
- Énumérer les règles de sécurité à respecter lors de l'utilisation et l'entretien.

Le four à micro-ondes est équipé d'un magnétron qui transforme l'électricité en ondes électromagnétiques. Lorsqu'un aliment est traversé par les ondes électromagnétiques, les molécules d'eau mais aussi les sucres et les graisses s'agitent et se réchauffent. Ainsi, le four à micro-ondes permet de cuire, de réchauffer et de décongeler les aliments suivant la puissance choisie.

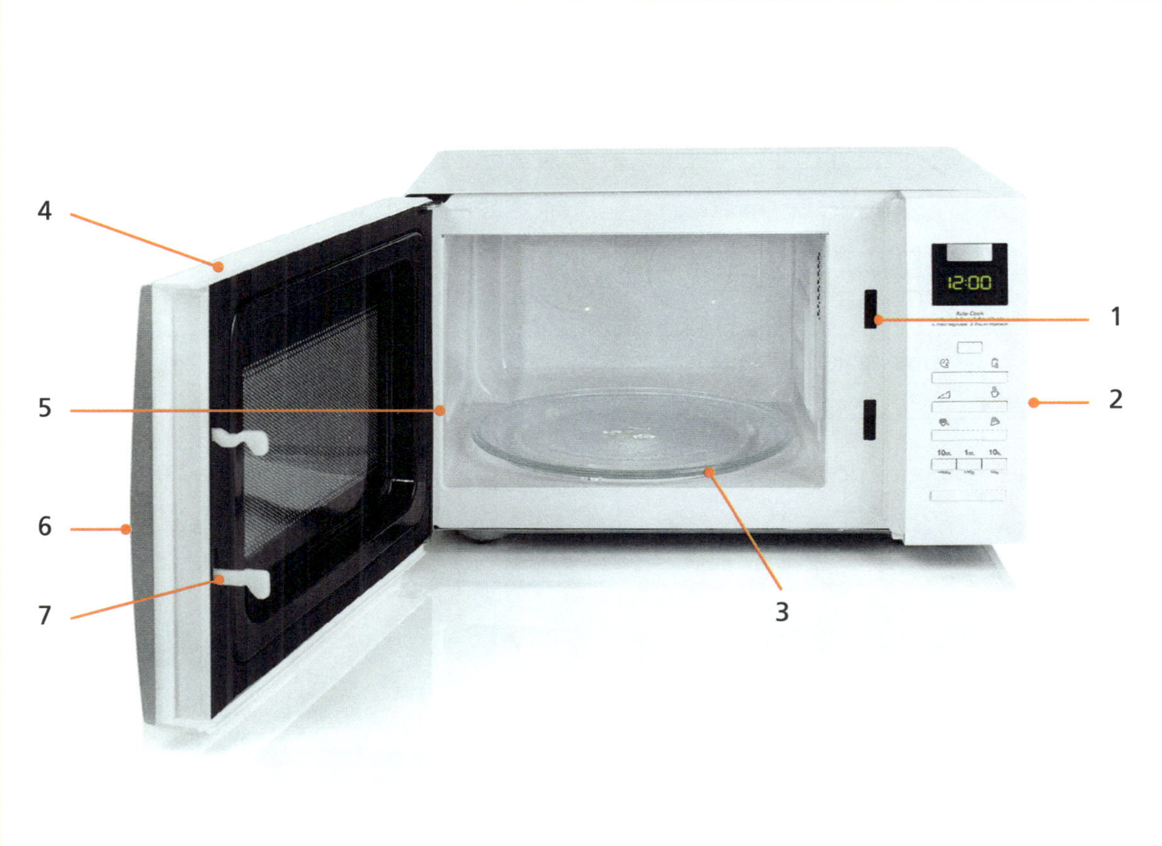

Doc. 11 La description d'un four à micro-ondes

Pour une utilisation efficace et en toute sécurité du four à micro-ondes, il faut respecter certaines règles.

1. Le four ne doit pas fonctionner à vide.
2. La porte doit être bien fermée ; si la porte ou les joints de la porte sont endommagés, le four ne doit pas être utilisé.
3. Les récipients métalliques ou présentant des décors dorés ou argentés ne sont pas autorisés.
4. Les liquides et autres aliments ne doivent pas être réchauffés dans des récipients fermés.
5. Les œufs dans leur coquille (frais ou durs) ne doivent pas être réchauffés dans ce type de four, car ils risquent d'éclater. Les aliments présentant une « peau » (saucisse, pomme de terre…) doivent être percés pour la même raison.
6. Le four doit être nettoyé régulièrement afin d'en retirer tout reste de nourriture.
7. L'appareil ne doit jamais être nettoyé avec un nettoyeur vapeur ou au jet d'eau.

Doc. 12 Les consignes d'utilisation du four à micro-ondes

1 **Identifier** le principe de fonctionnement d'un four à micro-ondes en le surlignant dans le **Doc. 10**.

2 **Expliquer** la fonction globale du four à micro-ondes (**Doc. 10**).

....

....

....

....

3 **Repérer** les principaux organes du four à micro-ondes du **Doc. 10** en reportant le bon numéro ci-dessous.

......	Porte	......	Tableau de commande
......	Poignée de la porte	......	Orifices de ventilation
......	Loquet de la porte	......	Plateau tournant
......	Orifice du système de verrouillage de sécurité		

4 **Entourer** les récipients pouvant être utilisés dans un four à micro-ondes (**Doc. 11**).

5 **Associer** les consignes d'utilisation d'un four à micro-ondes aux justifications suivantes en mettant le numéro dans le tableau (**Doc. 11**)

Numéro de la consigne	Justification
....	Afin d'éviter le risque de fuites de rayonnements.
....	Afin d'éviter que l'aliment éclate.
....	Afin d'éviter que le récipient explose.
....	Afin d'éviter que le métal forme des arcs électriques.

6 **Repérer** les consignes relatives à l'entretien du four en les surlignant dans le **Doc. 11**.

FICHE TECHNIQUE 21

L'entretien d'un four à micro-ondes

Document

Fiche technique détaillée

www.lienmini.fr/5611-2002

MATÉRIEL ET PRODUITS

• 2 lavettes • Détergent ou détergent-désinfectant alimentaire

TECHNIQUE

1. Débrancher le four à micro-ondes.

   Pourquoi ? ....

2. Enlever le plateau en verre et son support : les nettoyer avec la solution détergente au niveau de l'évier, les rincer et les sécher.

   Pourquoi ? ....

3. Éliminer les salissures non adhérentes à l'intérieur du four.
4. Nettoyer l'intérieur du four afin d'éliminer l'ensemble de salissures adhérentes à l'aide d'une lavette imprégnée d'une solution de détergent ou détergent-désinfectant alimentaire (DDA). Les produits abrasifs sont interdits car ils peuvent détériorer la paroi du four.
5. Nettoyer l'extérieur avec la même solution (structure, porte et poignée) et dépoussiérer la grille métallique au dos de l'appareil avec une lavette sèche. Les grilles doivent être dépoussiérées afin de permettre un bon fonctionnement de l'appareil.
6. Laisser agir le produit en respectant le temps de contact.

   Pourquoi ? ....

7. Rincer l'enceinte puis l'extérieur du four à micro-ondes avec une nouvelle lavette.
8. Sécher avec du papier à usage unique et replacer le support et son plateau.
9. Essuyer le cordon d'alimentation électrique.

Astuce : Rapide et écologique

– Mettre un bol avec un citron coupé en morceaux et de l'eau.

– Laisser chauffer 2 minutes à puissance maximum.

– Retirer le bol et essuyer les parois avec une lavette.

L'humidité et l'acidité facilitent le décollage des salissures adhérentes.

CRITÈRES DE RÉUSSITE

....

....

7 **Compléter** la fiche technique 21 :
– **indiquer** la liste des produits et les critères de réussite ;
– **justifier** les étapes 1, 2 et 6.

8 **Indiquer** les produits interdits pour l'entretien du four à micro-ondes. **Justifier** votre réponse.

....

L'essentiel à retenir

Je révise Synthèse rédigée www.lienmini.fr/5611-2003

Je m'entraîne Exercices interactifs www.lienmini.fr/5611-2004

LA DISTRIBUTION DES REPAS

Matériel de maintien et remise en température

Le chariot de distribution mixte
Fonction : assurer la distribution, le maintien à température et la remise en température des plats.
Son utilisation se fait dans le respect des consignes d'hygiène et de sécurité.

Le four à micro-ondes
Fonction : cuire, réchauffer et décongeler les aliments.
Principe de fonctionnement : émission d'ondes électromagnétiques qui agitent les molécules d'eau.

Portage à domicile

Consiste en l'élaboration d'un menu complet dans une cuisine de collectivité et à sa livraison au domicile de la personne âgée.

Formes de distribution

Distribution directe
Préparation sur place et distribution directement à l'issue de la préparation

Distribution différée
Préparation dans une cuisine centrale puis transport jusqu'au lieu de distribution

Liaison froide
Plats refroidis en moins de 2 heures, puis conservés à une température de 0 à + 3 °C.
Remise à une température > à + 63 °C en moins d'une heure des plats à servir chauds.

Liaison chaude
Maintien au-dessus de + 63 °C des plats jusqu'à leur distribution

Paramètres à contrôler

À réception

- Température
- DLC et DDM
- État des produits
- Quantités

Lors du maintien et de la remise en température

- Température
- Temps (pour la remise en température)

SÉQUENCE 21

La gestion familiale

DOMICILE

Réfléchissons ensemble

VIDÉO

Aide alimentaire : un libre-service du Secours populaire

www.lienmini.fr/5611-2101

Activité 1 Les structures accessibles aux personnes en grandes difficultés

OBJECTIFS
- Indiquer les structures accessibles aux personnes en grandes difficultés financières.
- Justifier le choix du lieu d'achat pour une situation donnée.

L'aide alimentaire est distribuée aux ménages précaires par des associations.

Une part de l'approvisionnement vient de la mobilisation du Fonds européen d'aide aux plus démunis (FEAD).

Quatre associations caritatives ont été habilitées au niveau national à recevoir des contributions publiques destinées à la mise en œuvre de l'aide alimentaire.

Les banques alimentaires et les associations participant au FEAD	
La Croix rouge Une de leurs nombreuses actions est l'aide alimentaire par : – la distribution alimentaire sous forme de colis, paniers, repas chauds, repas partagés, sandwichs, soupes ; – les épiceries sociales assimilables à des libres-services : les personnes en situation de précarité font leurs courses contre une participation financière se montant à seulement 10 % du prix affiché ; – les chèques d'accompagnement personnalisés (CAP) : ce sont des titres de paiement permettant aux personnes en difficulté d'acheter des produits alimentaires (hors alcool) et d'hygiène dans les commerces ordinaires.	**La fédération française des banques alimentaires : la collecte des aliments** 44 % Grandes et moyennes surfaces (GMS) 22 % Producteurs agricoles et industriels 11 % Collecte nationale 23 % État et Union européenne **Banques alimentaires** 5 400 ASSOCIATIONS PARTENAIRES & CCAS 2 millions DE PERSONNES ACCUEILLIES
Le Secours populaire français (SPF) Il offre différents services comme l'aide alimentaire grâce aux libres-services de la solidarité. Les personnes aidées sont invitées à contribuer aux actions de solidarité du SPF par une contribution financière symbolique.	**Les Restos du cœur** Plusieurs types d'aide alimentaire coexistent : – la distribution de paniers-repas équilibrés, à cuisiner chez soi ; – les repas chauds, pour ceux qui n'ont pas de toit ; – une aide spécifique pour les bébés.

Doc. 1 L'aide alimentaire, c'est quoi ?

AIDE CCAS : centre communal d'action sociale.

Qu'est-ce qu'un chèque d'accompagnement personnalisé (CAP) ?
C'est un titre de paiement utilisable facilement pour effectuer des achats dans sept catégories de dépenses :

1	2	3	4	5	6	7
Alimentation Hygiène	Habillement	Actions éducatives Culture	Loisirs Sport	Transport	Énergie	Habitat Hébergement

Comment l'utiliser ?
Le CAP peut être utilisé dans de nombreux commerces affiliés (moyennes et grandes surfaces, magasins spécialisés) dont la liste est en ligne.

Qui peut en bénéficier ?
Ils sont remis aux personnes les plus en difficultés, sur demande. Les conditions d'accès sont observées au cas par cas et changent selon les départements : foyers qui n'auraient plus aucune ressource, ménages ayant des revenus limités ou en baisse…
La demande est faite directement à certaines structures habilitées à les distribuer : collectivités territoriales, associations, centre communal d'action sociale (CCAS) ou par la caisse des écoles. Normalement, un rendez-vous est proposé, le professionnel évalue l'état de la situation financière avant de prendre sa décision. Le chèque d'accompagnement personnalisé est une aide et non un droit, il peut être refusé.

Doc. 2 Comment bénéficier des chèques d'accompagnement personnalisés ?

1 **Citer** les structures habilitées à l'aide alimentaire (**Doc. 1**).

…………………………………………………………………………………………

…………………………………………………………………………………………

2 **Repérer** l'origine de l'aide alimentaire des banques alimentaires (**Doc. 1**).

…………………………………………………………………………………………

…………………………………………………………………………………………

3 **Relier** chaque action à (aux) association(s) qui la réalisent (**Doc. 1**).

Actions	Associations
Distribution de plats cuisinés •	• Secours populaire français
Distribution de denrées alimentaires •	• Restos du cœur
Aide spécifique pour les bébés •	• Croix rouge
Attribution de CAP •	

4 **Préciser** si les affirmations suivantes sont vraies ou fausses (**Doc. 2**).

Affirmations	Vrai	Faux
1. Tous les foyers peuvent bénéficier de CAP.		
2. Les CCAS peuvent distribuer des CAP.		
3. Il est possible d'acheter de l'alcool avec le CAP.		
4. Pour bénéficier des CAP, un professionnel évalue la situation financière du foyer.		
5. Tous les magasins alimentaires acceptent les CAP.		
6. Il est possible de payer sa facture EDF avec un CAP.		
7. Même avec des faibles revenus, le CAP peut être refusé.		
8. Les types de biens ou de services sont inscrits sur le CAP.		
9. L'attribution des CAP peut être temporaire.		

Activité 2 Les modes de paiement

OBJECTIFS
- Énoncer l'intérêt des différents modes de paiement.
- Citer les règles à respecter lors de l'utilisation des différents modes de paiement.

Les espèces

Les pièces et les billets en euros sont les seuls moyens de paiement en France qui ne peuvent être refusés. Les opérations en espèces doivent cependant respecter certains plafonds :
– 300 € aux guichets du Trésor public ;
– 1 000 € pour les paiements effectués à un professionnel par des particuliers ;
– 1 500 € pour le paiement des salaires ou des fractions de salaire, au-delà l'employeur doit obligatoirement payer par chèque ou par virement sur un compte bancaire.

Les chèques

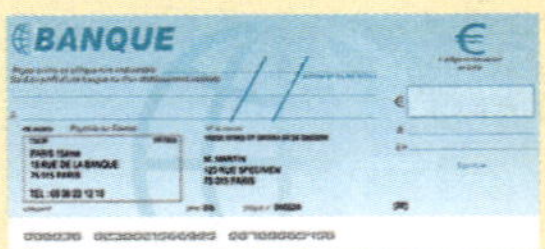

La délivrance d'un chéquier est gratuite. Le paiement par chèque permet de garder une trace du paiement. Un chèque doit être rempli correctement et est valable pendant un an et 8 jours à compter de la date de sa création (cette date doit être mentionnée sur le chèque). Un commerçant peut refuser un paiement par chèque ou refuser en dessous d'un certain montant, il doit toutefois en informer sa clientèle par un affichage sur le lieu de vente ou dans ses conditions générales de vente.

La carte bancaire

La carte bancaire est un moyen de paiement émis par un établissement agréé permettant à son titulaire d'effectuer des opérations de paiement et/ou de retraits. Il s'agit du moyen de paiement sécurisé le plus utilisé. Contrairement aux chèques, les cartes bancaires sont payantes, leur montant dépend des prestations offertes (assurance, crédit...).

Les autres moyens de paiement

– Le prélèvement automatique sert à payer à date fixe certaines factures récurrentes (électricité, téléphonie...).
– Le virement bancaire est un ordre donné à la banque de transférer une somme sur un autre compte.
– Le titre interbancaire de paiement est un moyen de paiement simple d'utilisation conçu pour régler des factures à un organisme ou une entreprise. Il suffit de le signer et de l'envoyer.
– Les modes de paiement électroniques permettent de régler une somme en ligne. Il existe plusieurs plateformes sécurisées de paiement en ligne, la plus connue étant Paypal.

Doc. 3 Les différents moyens de paiement

Les moyens de paiement sans contact communiquent avec des terminaux de paiement grâce à un protocole de communication appelé NFC (Near File Communication). Les cartes bancaires qui disposent du logo NFC fonctionnent aussi bien en mode avec contact que sans contact. La banque fixe également un montant maximum cumulé des achats sans contact par période (jour, semaine ou mois) ainsi qu'un nombre maximum de transactions autorisées.

Achat autorisé jusqu'à 50 € depuis le 11 mai 2020

1- Je pose ma carte sans contact sur l'écran du terminal de paiement affichant le pictogramme
2- Un voyant s'allume, un bip retentit. En moins d'une seconde, le paiement est validé.
3- Je récupère mon reçu.

Doc. 4 Le paiement sans contact

SEPA signifie « Single Euro Payements Area », c'est un espace unique de paiement en euros qui vise à simplifier et harmoniser les virements bancaires et les paiements par prélèvement automatique entre les pays de l'Union européenne en particulier.

Le prélèvement SEPA est un moyen de paiement utilisable pour payer des factures récurrentes ou ponctuelles libellées en euros.

Avec le prélèvement SEPA, vous n'avez plus à signer et à donner d'autorisation de prélèvement à votre banque pour que le paiement soit réalisé. Il suffit de signer le mandat de prélèvement et de l'envoyer au fournisseur en question accompagné d'un RIB. C'est le prestataire qui s'occupe de la mise en place du prélèvement et conserve le mandat de prélèvement.

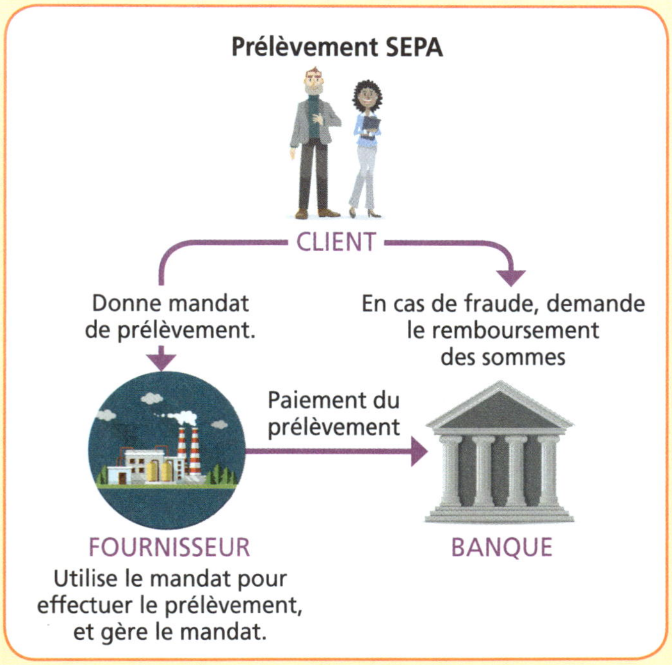

Doc. 5 Les virements et prélèvement SEPA

AIDE RIB : relevé d'identité bancaire qui indique en particulier l'IBAN (International Bank Account Number) qui sert à l'identification internationale du compte.

1 À partir du **Doc. 3** et de ses connaissances, **compléter** le tableau suivant en indiquant au moins un avantage et un inconvénient de chaque mode de paiement.

Moyens de paiement	Avantages	Inconvénients
Espèces	....	....
Chèques	....	....
Carte bancaire	....	....

2 **Indiquer** le principe du paiement sans contact (**Doc. 4**).

....

....

....

3 **Souligner**, dans le **Doc. 4**, la condition pour qu'une carte bancaire puisse être utilisée pour le paiement sans contact.

4 **Cocher** dans le tableau le (ou les) moyens(s) de paiement le(s) plus adapté(s) à chaque situation (**Doc. 3, 4 et 5**).

Situations \ Modes de paiement	Espèces	Paiement sans contact	Carte bancaire	Chèque	Prélèvement automatique	Titre automatique de paiement (TIP)	Mode de paiement électronique	Virement bancaire
1. Acheter son pain à la boulangerie.								
2. Payer sa facture d'eau à la régie municipale des eaux de sa commune.								
3. Acheter sur un site Internet un jeu vidéo.								
4. Payer sa taxe d'habitation de 450 € aux services des impôts.								
5. Acheter en librairie plusieurs livres d'un montant de 56 €.								
6. Régler son loyer à son propriétaire.								

5 Pour payer les différentes factures (eau, électricité, téléphone portable), la plupart des organismes demande de compléter un prélèvement automatique. **Citer** un avantage et un inconvénient de ce mode de paiement (**Doc. 5**).

....

....

....

6 **Définir** les spécificités du prélèvement SEPA (**Doc. 5**).

....

....

....

7 **Surligner**, dans le **Doc. 5**, les démarches à effectuer pour adhérer au prélèvement automatique SEPA.

Activité 3 La gestion du budget

OBJECTIFS
- Identifier les différents postes du budget pour une situation donnée.
- Justifier l'intérêt de la tenue d'un livre de compte.

Un budget est l'ensemble des dépenses et des recettes d'un ménage.

- **Les recettes** prennent en compte les revenus du travail, les revenus sociaux (CAF par exemple) et d'autres revenus tels que des revenus locatifs (rente…) : ce sont donc les entrées d'argent.
- **Les dépenses** sont de trois types :
  - les dépenses fixes (loyer, impôts, factures dont le montant ne peut varier pendant une certaine période) ;
  - les dépenses courantes : elles sont régulières mais le montant est variable par exemple les frais d'alimentation ;
  - les dépenses occasionnelles : l'achat d'un lave-linge par exemple.

L'objectif de bien gérer son budget est qu'en fin de mois, il reste de l'argent sur le compte bancaire pour pouvoir épargner.

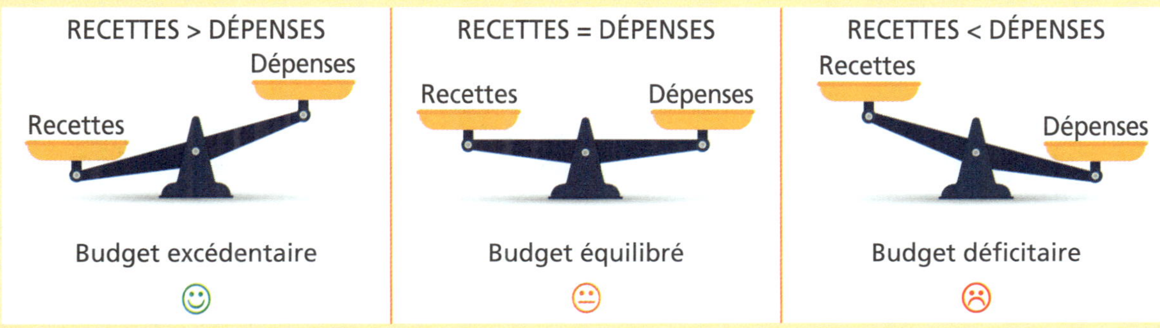

Doc. 6 Les éléments d'un budget

Les dépenses du budget peuvent être regroupées dans des familles ou postes. Cela facilite la gestion et permet d'avoir une vision d'ensemble de son budget.

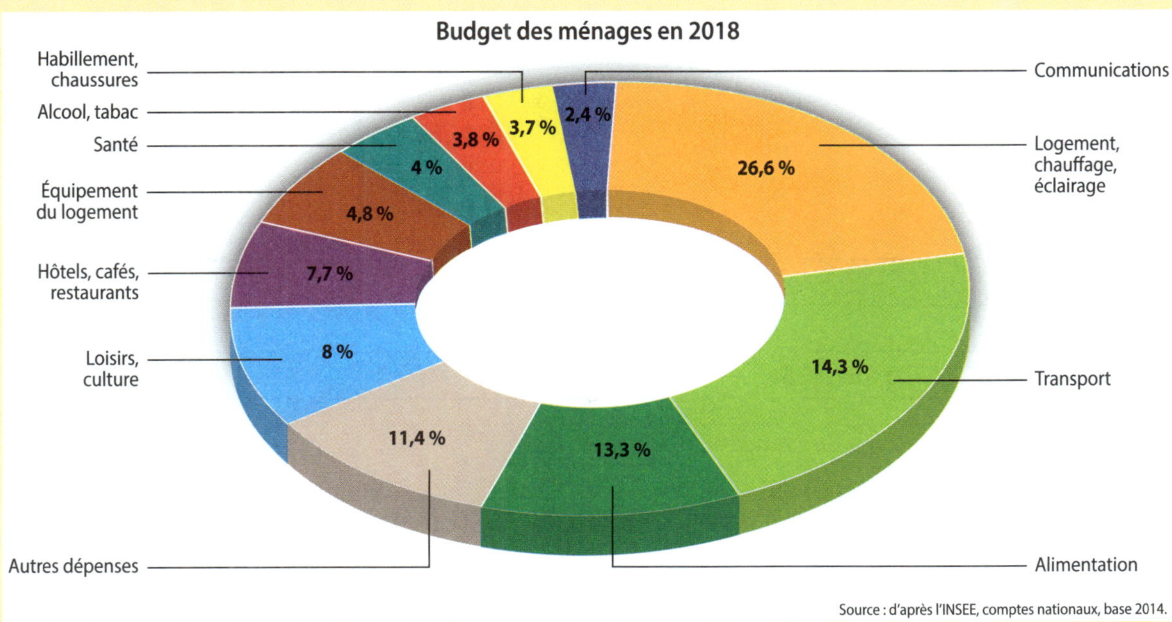

Doc. 7 Les postes du budget des ménages

1. Utiliser un livre de compte ou une application pour le téléphone par exemple.
2. Identifier et noter ses recettes.
3. Identifier et noter ses dépenses fixes.
4. Se fixer des objectifs pour prévoir les dépenses courantes et occasionnelles en fonction de ce qu'il reste d'argent sur le compte bancaire.
5. En fin de mois, faire le bilan entre recettes et dépenses puis rééquilibrer pour le mois suivant.

Doc. 8 Comment bien gérer son budget

Budget prévisionnel octobre (en €)					
RECETTES					
Revenus	2648,5				
Allocations familiales	60,25				
TOTAL	2708,8				
DÉPENSES					
Dépenses		**Dépenses**		**Dépenses**	
Loyer	335,2	Alimentation	250	Habillement	75
EDF prélèvement	120	Abonnement sport	30	Cadeaux	25
Impôts sur le revenu	100	Hygiène santé	10	Coiffeur	15
Eau	19,5	Entretien-divers	30,5		
Téléphone	50	Transports	49		
Taxe d'habitation	37,95				
Assurances	105				
Transports	600				
Total :	....	**Total :**	....	**Total :**	....
TOTAL DÉPENSES	....				
SOLDE = RECETTES-DÉPENSES	....				

Doc. 9 Un exemple de livre de compte

1 **Surligner**, dans le **Doc. 6**, la définition de budget.

2 **Préciser** le type de budget qu'il est préférable d'obtenir et **justifier** (**Doc. 6**).

....

....

3 **Relier** chaque dépense à sa catégorie (**Doc. 6**).

Dépenses	Types de dépense
Crédit de la voiture •	• Dépenses fixes
Achat de fournitures scolaires •	• Dépenses courantes
Prélèvement de la facture d'eau •	• Dépenses occasionnelles
Achat d'un casque de scooter •	
Assurance logement mensualisée •	
Courses alimentaires •	

4 **Relever** les trois postes du budget les plus importants et les trois les moins importants. **Souligner** ceux qu'il est possible de réduire (**Doc. 7**).

Postes les plus importants	Postes les moins importants
....	....
....	....
....	....
....	....
....	....
....	....

5 **Nommer** deux outils pour la gestion du budget et **justifier** leur intérêt (**Doc. 8**).

....

....

....

....

6 **Renseigner** le livre de compte du **Doc. 9**, en indiquant le nom de chaque catégorie de dépenses et **effectuer** les calculs demandés.

7 **Cocher** l'état du budget prévisionnel d'octobre (**Doc. 6 et 9**).

- ☐ Budget excédentaire
- ☐ Budget équilibré
- ☐ Budget déficitaire

8 **Indiquer** ce que pourra réaliser la famille qui détient le livre de compte présenté dans le **Doc. 9** (**Doc. 6**).

....

....

AIDE L'épargne consiste à mettre de l'argent de côté.

L'essentiel à retenir

Je révise
Synthèse rédigée
www.lienmini.fr/5611-2102

Je m'entraîne
Exercices interactifs
www.lienmini.fr/5611-2103

STRUCTURES D'AIDE ALIMENTAIRE AUX PLUS DÉMUNIS

- Distribution de plats cuisinés
- Distribution de denrées alimentaires
- Aide spécifique pour les bébés
- Attribution de chèque d'accompagnement personnalisé

MOYENS DE PAIEMENT

- **Espèces** : seul moyen de paiement accepté partout, plafond pour certaines sommes.
- **Paiement sans contact** : téléphone ou carte bancaire avec le logo NFC, jusqu'à 50 €, nombre limité d'opérations.
- **Chèque** : délivrance gratuite des chéquiers, durée de validité limitée, doit être correctement complété.
- **Carte bancaire** : moyen le plus utilisé et sécurisé, payante.
- **Prélèvement automatique** : prélèvement direct régulier sur le compte bancaire.
- **Virement bancaire** : transfert d'une somme d'argent sur un autre compte.
- **Titre interbancaire de paiement** : simple d'utilisation, à envoyer par courrier pour régler une facture.
- **Mode de paiement électronique** : mode de paiement sécurisé pour les achats sur Internet.

LA GESTION FAMILIALE

GESTION DU BUDGET

Budget = recettes – dépenses

Budget excédentaire

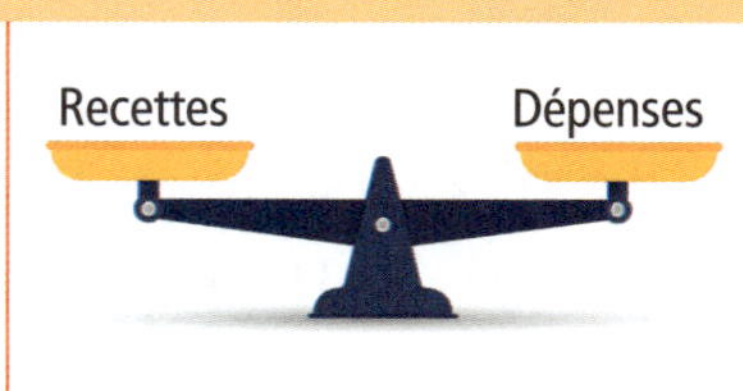

Budget équilibré

Budget déficitaire

- Utiliser un livre de compte ou une application.
- Établir un budget prévisionnel avec les recettes, les dépenses fixes, courantes et occasionnelles.
- Épargner lorsque le budget est excédentaire.

SÉQUENCE 22

La gestion des documents

DOMICILE

Réfléchissons ensemble

VIDÉO
Le coffre-fort numérique : mode d'emploi ?
www.lienmini.fr/5611-2201

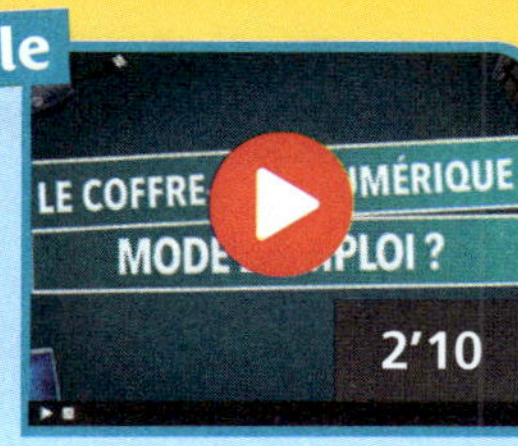

Activité 1 La gestion des documents

OBJECTIFS
- Lister les documents spécifiques utiles pour une situation donnée et indiquer les caractéristiques des documents utilisés.
- Justifier les démarches engagées.

Tous les documents administratifs collectés durant l'année peuvent être utiles. Ils constituent des éléments de preuve qui peuvent être demandés par exemple lors de la constitution d'un dossier de location. En effet, un certain nombre de justificatifs sont exigibles par le bailleur : un justificatif d'identité, de domicile, d'activité professionnelle et de ressources du candidat.

DOSSIER DE LOCATION
LES JUSTIFICATIFS ADMIS

Identité 	⚠ **Un document au choix** • Carte d'identité • Passeport • Permis de conduire	• Carte de séjour • Carte de résident • Carte de ressortissant européen
Domicile 	⚠ **Un document au choix** • Attestation d'élection de domicile • Dernier avis de taxe foncière • Titre de propriété de la résidence principale	• 3 dernières quittances de loyer • Attestation du précédent propriétaire • Attestation d'hébergement
Travail 	• Contrat de travail/stage ou attestation de l'employeur • Carte étudiante ou certificat de scolarité • Carte professionnelle	• Extrait du registre des métiers • Extrait K ou Kbis RCS • Toute autre pièce attestant de l'activité
Ressources 	• 3 derniers bulletins de salaire • Justificatif d'indemnités de stage • Avis d'attribution de bourse • Justificatif droits retraite, pension, allocations…	• 2 derniers bilans comptables • Avis d'imposition ou non-imposition • Simulation aides au logement • Titre de propriété ou avis taxe foncière • Justificatifs revenus fonciers

Le bailleur demande également de souscrire un contrat d'assurance habitation et de lui fournir une attestation lors de la signature du bail.

Doc. 1 Le dossier de location

1 À partir du **Doc. 1** et de vos connaissances, pour chaque illustration ci-dessous :
- **nommer** les pièces justificatives demandées pour un dossier de location ;
- **relier** chaque document à ses caractéristiques ;
- **souligner** l'intérêt des principales pièces justificatives demandées.

Documents utiles	Justifications et caractéristiques des documents
	Document officiel rédigé par le bailleur qui atteste du bon règlement du loyer. Il peut servir de justificatif de paiement et de domicile.
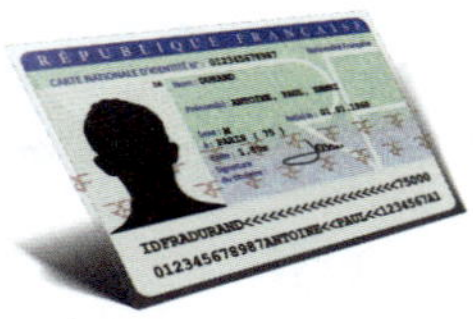	Document remis une fois par mois au salarié au moment du versement de la rémunération, qui atteste du salaire versé au salarié. Le salarié doit conserver ce document durant toute sa vie afin de faire valoir ses droits à la retraite.
	Document officiel délivré gratuitement par l'État français, qui permet d'identifier une personne et d'effectuer des démarches : voyager, s'inscrire à un concours, effectuer des opérations bancaires…
	Ce document peut servir de justificatif de domicile et de justificatif de revenus. Il permet à l'administration de calculer le montant de l'impôt sur les revenus et de mettre à jour le taux de prélèvement à appliquer à la source sur les revenus.
	Document qui engage un salarié à effectuer un travail pour un employeur moyennant une rémunération. Il a une valeur juridique forte. La nature et les caractéristiques de la relation de travail y sont décrites.
	Il est indispensable pour couvrir des aléas de la vie quotidienne, mais également de ceux qui pourraient toucher un logement voisin. Par le biais d'un dédommagement, les compagnies d'assurance permettent une indemnisation en cas de sinistre.

Activité 2 Les techniques de classement

OBJECTIFS
- Présenter et justifier les différentes techniques de classement.
- Indiquer les délais à respecter et les durées d'archivage pour ces documents.

Avant de commencer le classement des documents administratifs, il faut les trier et conserver seulement les documents nécessaires. En effet, le délai de conservation des papiers varie selon le type de document : assurance, logement, véhicule, banque... Les durées indiquées sont des durées minimales durant lesquelles il est prudent de garder les documents. Il s'agit des délais durant lesquels on peut exercer un droit (par exemple, demander un remboursement). Il peut aussi s'agir des délais pendant lesquels on peut vous réclamer quelque chose (par exemple, payer une amende).

Rubriques	Types de document	Durées de conservation
Assurance	Contrat d'assurance habitation et automobile	Durée du contrat + 2 ans
	Assurance sur la vie et assurance décès	10 ans
Banque	Relevés de compte	5 ans
Logement	Factures d'électricité, de gaz, d'eau	5 ans
	Factures de téléphone	1 an
	Contrat de location et quittances de loyer	Durée de la location + 3 ans
Travail	Bulletins de salaire, contrat de travail	Permanente
	Allocations chômage	3 ans
	Titres de paiement de pension de retraite	Permanente
Voiture	Factures d'achat, de réparation…	Durée de conservation du véhicule
Famille	Contrat de mariage	Permanente
	Livret de famille	Permanente
Impôts et taxes	Avis d'imposition sur le revenu	3 ans
	Taxe foncière et taxe d'habitation	1 an
Santé	Remboursement d'assurance maladie	2 ans
	Carnet de vaccination	Permanente

Source : www.service.public.fr

Doc. 2 Les papiers à conserver

1 **Compléter** la rubrique auquel appartient chaque document et **cocher** sa durée de conservation (**Doc. 2**).

Document	Rubrique	Durée de conservation					
		Permanente	1 an	2 ans	3 ans	5 ans	10 ans
Bulletin de paie	....						
Quittance de loyer	....						
Impôts sur le revenu	....						
Contrat d'assurance habitation	....						
Livret de famille	....						
Factures de téléphone	....						
Relevés de compte	....						

Le classement des papiers administratifs est une étape nécessaire pour gérer tous les domaines de la vie quotidienne : santé, travail, logement, assurance…

1re étape : Trier ses papiers
Pour plus de sécurité, vous pouvez les numériser et les stocker sur ordinateur et/ou sur clé USB, DVD, disque dur externe ou dans un coffre-fort numérique sécurisé accessible en ligne.

2e étape : Classer les documents
Classer les documents par rubrique (impôts, banque…) puis, dans chaque thème, faire des sous-dossiers (par exemple pour « banque » : relevés de compte, remises de chèques ou d'espèces…) et enfin classer les documents par ordre chronologique en mettant le plus récent au-dessus de la pile.

3e étape : Ranger les documents
Pour cela, diverses fournitures peuvent être utilisées : chemises cartonnées, classeurs avec des intercalaires et des pochettes plastifiées, trieurs simples ou à soufflet, valisettes en métal avec des dossiers suspendus, boîtes à archives...
Pour les personnes en perte d'autonomie ou ayant une baisse visuelle, il est important d'adapter les rangements : utiliser des boîtes, des corbeilles ou des pochettes de couleur, réaliser des marquages à l'aide de feutres ou de gommettes colorées, écrire en caractères agrandis, amplifier l'information visuelle en utilisant des rubans adhésifs ou du vernis à ongles et replacer les objets à la place que l'usager a choisie.

Doc. 3 Quelques conseils pour ranger ses documents administratifs

2 **Souligner** en rouge dans le **Doc. 3** les trois étapes du classement des documents administratifs.

3 **Relier** chaque situation à la fourniture la plus adaptée (**Doc. 3**).

Situations		Fournitures
Lorsqu'une nouvelle année commence, archiver ses documents dans des boîtes à archives. •		• 
Afin de gérer les documents administratifs au quotidien, un trieur peut s'avérer être plus pratique. •		• 
Des chemises cartonnées pour chaque rubrique avec des sous-chemises facilitent l'archivage en fin d'année. •		• 
Pour la gestion de l'ensemble des documents, une valisette en métal avec des dossiers suspendus pourra être utilisée. •		• 

4 **Indiquer** ce qui peut être fait pour améliorer la sécurité et la sauvegarde des documents administratifs (**Doc. 3**).

....

....

5 **Souligner** en bleu dans le **Doc. 3** les conseils qui peuvent aider une personne ayant une baisse visuelle dans le classement de ses documents administratifs.

Activité 3 Les outils de gestions des papiers administratifs

OBJECTIFS
- Indiquer les caractéristiques d'une facture.
- Justifier l'échéancier établi et les démarches engagées.

VIDÉO
Comment lire et comprendre rapidement ma facture ?
www.lienmini.fr/5611-2202

VOTRE FACTURE DU 17/03/17

ENGIE

......

M. DUPONT
1, rue de la République
75000 PARIS

......

......

......

Vos contacts utiles

Service Clients
particuliers.engie.fr
Retrouvez votre espace client 24h/24 - 7j/7

Du lundi au vendredi: 9H-20H. Le samedi: 9H-13H
N°Cristal 0 969 324 324
APPEL NON SURTAXÉ

ENGIE
TSA 42108-76934 ROUEN CEDEX 09

Dépannage
Urgence sécurité gaz 24h/24 GRDF
N° Vert 0 800 473 333
(Prix de l'appel selon votre opérateur)
Dépannage électricité 24h/24 Enedis
N° Cristal 0 972 675 078
(Appel non surtaxé)

Avec la Facture en ligne, vos factures sont disponibles 5 ans sur votre Espace Client : vous pouvez les consulter et les imprimer comme justificatif de domicile.

ENGIE - SA au capital de 2 435 285 011 € - RCS Nanterre 542 107 651 - N TVA FR 13 542 107 651 - 1 place Samuel de Champlain - 92400 COURBEVOIE

MONTANT TTC PRELEVE LE 31 mars 2017 **1 269,87 €**

Gaz naturel		2 180,26 €
Déduction Tarif Spécial de Solidarité		-37,31 €
Electricité		2 147,64 €
Total TTC des éléments facturés		**4 290,59 €**
	Dont Total hors TVA	3 612,51 €
	Dont Total TVA	678,08 €
Déduction des prélèvements effectués		-3 020,72 €
Montant TTC de la facture	échéance au 31 mars 2017	**1 269,87 €**

Détails au verso

Vos informations Client
- **Référence client :** [redacted]
- **Compte de contrats :** [redacted]
- **Lieu de consommation :**

RDC
RDC RDC
[redacted]

......

Vos consommations facturées

Du 15/03/16 au 14/03/17, vous avez consommé 37242 kWh de gaz naturel
Cette consommation repose sur les index relevés par le distributeur.
Votre index au 14/03/17 : 0 4 6 6 9 m³

Du 15/03/16 au 15/03/17, vous avez consommé 13739 kWh d'électricité
Cette consommation repose sur les index relevés par le distributeur.
Votre index au 15/03/17 : 0 9 1 8 4 9 kWh

Bilan de votre consommation dans les pages suivantes

......

......

Vos prochaines échéances
- Prochain relevé de compteur vers le 10 septembre 2017
- Prochaine facture vers le 10 mars 2018
- Pour votre prochaine facture, votre compteur gaz et électricité sera relevé par un technicien : pour avoir la garantie d'être facturé au plus près de vos consommations réelles, le technicien du distributeur doit accéder à votre compteur au moins une fois par an.

......

Vos coordonnées bancaires

Conformément à votre demande, le montant de cette facture sera prélevé sur le compte dont les références apparaissent ci-dessous

Nom du titulaire du compte : MME [redacted]

Identifiant Créancier SEPA : [redacted]
Référence du compte : Nom de la banque
[redacted]

Référence Unique du Mandat : [redacted]
Numéro de compte
[redacted]

Pour tout contact ou réclamation sur ce mode de paiement, la modification ou la révocation du mandat, vous pouvez contacter notre service client dont les coordonnées figurent ci-dessus.

Doc. 4 La facture de gaz

On peut régler une facture avec différents modes de paiement :

• Par prélèvement automatique : avec le prélèvement automatique, vos dépenses d'énergie sont directement prélevées sur le compte de votre choix à la date indiquée sur votre facture. Sur votre facture figurera un avis de prélèvement automatique mentionnant vos coordonnées bancaires. Si vous avez choisi la mensualisation, le prélèvement automatique est mensuel et identique tous les mois.

• Par carte bancaire sur Internet depuis votre Espace Client : vous pouvez ainsi payer votre facture rapidement, en toute sécurité et 24 h/24.

• Par e-TIP SEPA sur Internet ou par flashcode (présent sur votre facture) : vous renseignez votre IBAN de manière sécurisée et vous êtes prélevé du montant de la facture à payer. Il faudra renouveler l'opération pour les factures suivantes.

Il existe également d'autres moyens de paiement, dont le délai de prise en compte est de quelques jours : par TIP (titre interbancaire de paiement), par chèque ou en espèces.

Source : d'après www.particuliers.engie.fr

Doc. 5 Les modes de paiement

Quand vous souscrivez à la mensualisation, une estimation de vos consommations est réalisée. Vous recevez ensuite un échéancier sur 11 mois. Il vous indique le montant que vous réglerez chaque mois, par prélèvement automatique, à la même date. Vous pouvez ainsi gérer plus facilement vos dépenses d'énergie.

Après 11 mois, nous faisons un rapprochement entre l'estimation et vos consommations réelles. Si vos consommations sont plus importantes que prévues, vous aurez une 12e mensualité à régler. Dans le cas contraire, nous vous rembourserons la différence.

Ce service permet de lisser les dépenses sur l'année indépendamment des saisons et de connaître à l'avance le montant des mensualités à payer. Grâce à cela, le budget est maîtrisé. Vous savez le montant et la date des prélèvements. L'échéancier permet également de s'acquitter d'une facture facilement. Pour obtenir un échéancier, vous devrez choisir la mensualisation. Lors de la souscription de votre contrat, vous pouvez directement choisir ce mode de paiement. Si vous êtes déjà client, vous pouvez demander à changer le mode de paiement : par téléphone en appelant le service client ou en ligne.

Échéancier au 24 avril 2021	
Date du prélèvement	**Montant TTC**
20 mai 2021	58,98 €
20 juin 2021	58,98 €
20 juillet 2021	58,98 €
20 août 2021	58,98 €
20 septembre 2021	58,98 €
20 octobre 2021	58,98 €
20 novembre 2021	58,98 €
20 décembre 2021	58,98 €
20 janvier 2022	58,98 €
20 février 2022	58,98 €
20 mars 2022	58,98 €
Total	648,78 €

Source : d'après www.particulier.engie.fr

Doc. 6 Un règlement identique chaque mois pour plus de sérénité

1 À l'aide des éléments du tableau ci-dessous, **replacer** sur le Doc. 4 les numéros correspondant à chaque caractéristique de la facture.

N°	Caractéristiques de la facture	N°	Caractéristiques de la facture
1	Informations bancaires	5	Contacts utiles
2	Date de la facture	6	Prochaine échéance
3	Consommation	7	Nom et adresse du client
4	Montant à régler	8	Références client

2 **Indiquer** le mode de paiement choisi par M. Dupont (Doc. 4).

....

....

3 **Citer** un avantage du mode de prélèvement choisi par M. Dupont (Doc. 4 et 5).

....

....

....

4 M. Dupont a dû payer sa facture en une fois, il décide de mensualiser pour l'année suivante. **Indiquer** le document qu'il devra fournir pour que ce mode de paiement soit possible.

....

....

5 **Nommer** le document que M. Dupont va recevoir après avoir choisi la mensualisation de ses factures de gaz (Doc. 6).

....

....

....

6 **Justifier** deux intérêts que présente le prélèvement mensuel (Doc. 4 et 6).

....

....

....

....

....

7 **Indiquer** si M. Dupont peut adhérer à la mensualisation. Si oui, **indiquer** les démarches qu'il devra effectuer (Doc. 4 et 6).

❑ OUI ❑ NON

....

....

....

L'essentiel à retenir

Je révise
Synthèse rédigée
www.lienmini.fr/5611-2203

Je m'entraîne
Exercices interactifs
www.lienmini.fr/5611-2204

GESTION DES DOCUMENTS

Identité

- Carte d'identité
- Passeport
- Permis de conduire
- Carte de séjour…

Domicile

- Quittances de loyer
- Taxe d'habitation
- Attestation d'hébergement
- Assurance auto, habitation…

Travail

- Contrat de travail
- Carte étudiante
- Carte professionnelle…

Ressources

- Bulletins de salaires
- Avis d'attribution des bourses
- Taxe foncière
- Revenus fonciers…

TECHNIQUE DE CLASSEMENT

1 Trier
Durée de conservation des documents administratifs de 1 à 10 ans

2 Classer
- Classer par rubrique.
- Faire des sous-dossiers.
- Classer par ordre chronologique.

3 Ranger
- Chemises, trieurs, boîtes à archives…
- Coffre-fort numérique

GESTION DES PAPIERS ADMINISTRATIFS

Factures

- Prélèvement automatique
  - Mensualités
    - Échéancier
- Carte bancaire
- e-TIP
- TIP
  Chèque
  Espèces

SÉQUENCE 23

La gestion des produits d'entretien

Réfléchissons ensemble

VIDÉO
Assurer la gestion des stocks à l'hôpital
www.lienmini.fr/5611-2301

Activité 1 La gestion des stocks en structure

STRUCTURE

OBJECTIFS
- Définir la notion de stock.
- Justifier les quantités et la rotation d'un stock.

Une gestion de stock optimisée prend en compte la maîtrise des étapes :
– la réception physique et/ou informatique des produits et matériels ;
– la gestion du stock : mise en stock et sortie ;
– le renouvellement du stock.

Il y a rupture du stock lorsque qu'il est impossible de satisfaire le réapprovisionnement d'un service. Pour l'éviter, le gestionnaire doit veiller à ne pas être en dessous du stock de sécurité du produit ou du matériel.

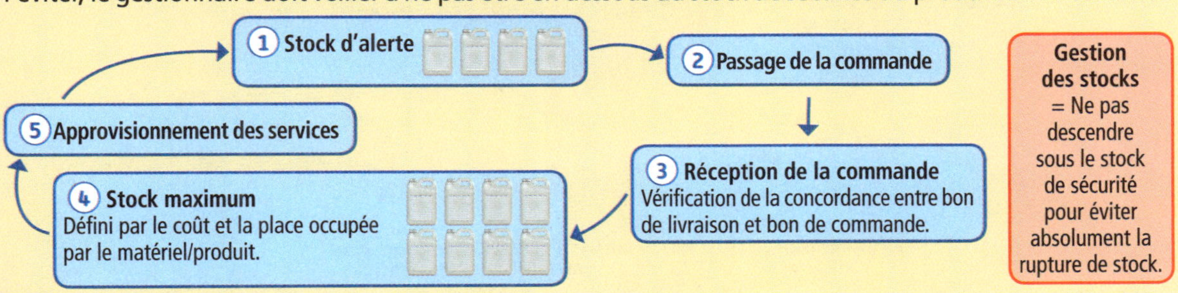

Doc. 1 La notion de stock

FICHE DE SUIVI DE STOCK : *Gel hydroalcoolique*

Fournisseur : *Ecobello, ZA St Frédéric 64100 Bayonne*

Stock de sécurité 6
Stock maximum : 30
Stock alerte : 12

Livraison moyenne : 24 h

Date d'entrée	Quantité entrée	Date de sortie	Quantité sortie	Stock réel
02/01/2020	12			14
		05/02/2020	1	13
		06/03/2020	1	12
		07/03/2020	1	11

Doc. 2 Un exemple de fiche de suivi de stock d'un produit d'hygiène

GESTION DES PRODUITS

TITAN INTENDANCE permet de gérer tous les stocks de produits de l'EHPAD, comme par exemple matériels médicaux, dispositifs médicaux, tous types de produits compris ou non dans la nouvelle réforme budgétaire. Concernant le matériel médical, il est possible de suivre aussi les matériels loués.

COMMANDES FOURNISSEURS / ALERTES DE STOCK

TITAN vous aide à commander les quantités de stock nécessaires au fonctionnement de l'établissement à l'aide d'un puissant module de calcul de commandes manuelles ou calculées automatiquement sur base des historiques et/ou des besoins des résidents pour une période déterminée.

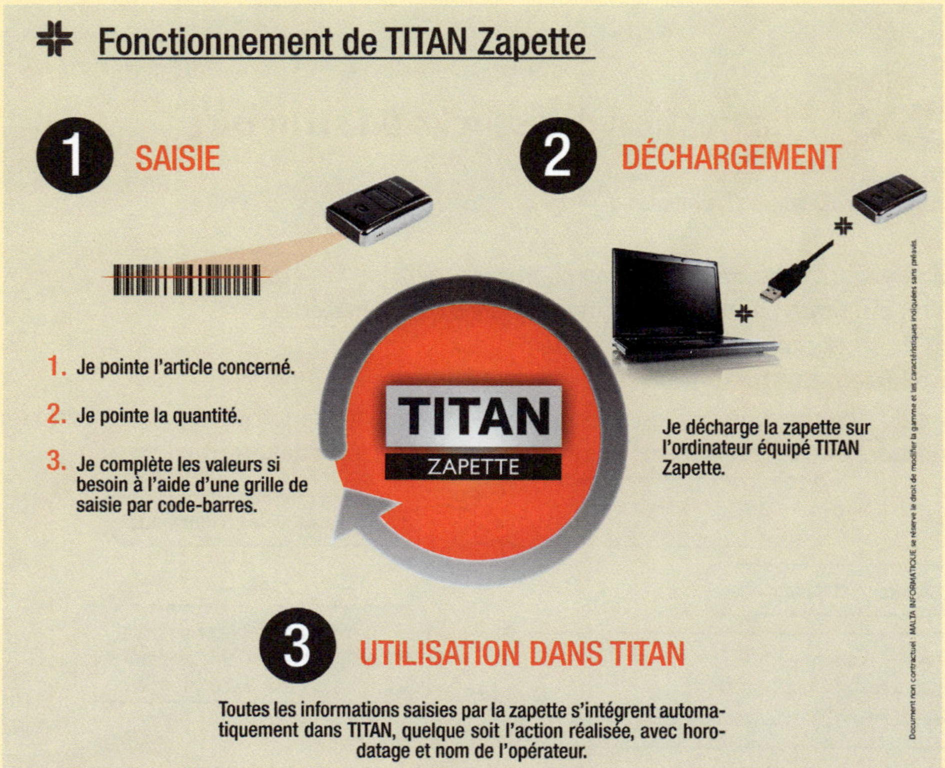

Source : www.malta-informatique.fr

Doc. 3 Un exemple d'outil de gestion des stocks

Les lieux de stockage doivent être vérifiés régulièrement pour gérer la rotation du stock et garantir que tous les produits sont utilisés avant d'atteindre leur DLC (date limite de consommation) ou DDM (date de durabilité minimale) pour les denrées périssables. Pour faciliter la rotation des produits, une méthode peut être appliquée : le principe FIFO (*first in/first out*) ou PEPS (premier entré, premier sorti), c'est-à-dire que le premier produit entré et stocké doit être pris et distribué en premier.

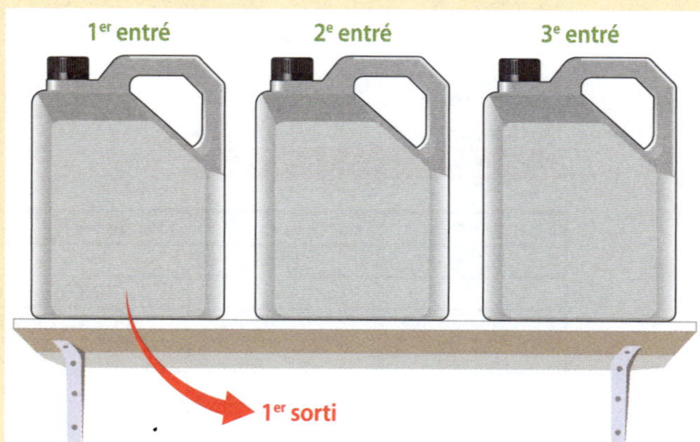

Doc. 4 La rotation de stock

1 **Définir** la notion de stocks (Doc. 1).

....

2 **Relier** chaque état du stock à sa définition (Doc. 1).

États du stock		Définitions
Stock de sécurité •		• Quantité de produit et/ou matériel qui peut être stockée en fonction de la place et du coût financier.
Stock maximum •		• Quantité de produit et/ou matériel sous laquelle il ne faut pas descendre.
Stock d'alerte •		• Quantité de produit et/ou matériel qui ne permet pas le réapprovisionnement d'un service.
Rupture de stock •		• Quantité de produit et/ou matériel qui déclenche la commande du produit et/ou du matériel.

3 **Retrouver** le nom du produit correspondant à la fiche de suivi du stock du Doc. 2.

....

....

4 **Préciser** le stock du produit à la date du 7 mars 2020 et **nommer** l'état du stock (Doc. 2).

....

....

5 **Expliquer** l'action du gestionnaire des stocks à la lecture de cette fiche de stock et **justifier** (Doc. 1).

....

....

6 **Nommer** les outils de gestion de stock correspondant à chaque fonction (Doc. 3).

Noms	Fonctions
....	Permet d'identifier chaque famille de produits ou de matériels.
....	Permet de scanner puis de comptabiliser le nombre de produits présents dans le stock.
....	Intègre les informations scannées.

7 **Souligner**, dans le Doc. 3, les deux intérêts d'utiliser un logiciel pour la gestion des stocks dans les structures de soins par exemple.

8 En **déduire** l'intérêt pour une structure de gérer correctement ses stocks.

....

....

....

Activité 2 Les outils de gestion des stocks en structure

OBJECTIF • Indiquer la fonction et l'utilisation des différents outils de gestion.

EcoBello
Produits d'hygiène et d'entretien pour collectivités

(.....) EcoBello
ZA St Frédéric
64100 Bayonne
05/59/89/96/89

Livraison N° 569874 (.....)

(.....) EHPAD L'or bleu
Ave Marne
64100 Bayonne Code client : 5698

Commande : F6236 (.....)

Date
08/03/2020

Mode de règlement
virement bancaire

(.....) (.....)

Référence	Quantité	Désignation	Observations
D 698	15	GEL HYDROALCOOLIQUE	
D 896	2	DÉTERGENT SANITAIRE Bidon 5 L	En rupture, livrés le 10/03/2020
D 8963	15	DÉTERGENT DÉSINFECTANT	
S 589	8	SAC POUBELLE 50 L Rouleau	

Livré le
08/03/2020
(.....)

Signature du client
M. Dupont

Poids 2,600 kg

Doc. 5 Le bon de livraison

9 **Repérer**, sur le **Doc. 5**, les éléments suivants en reportant le numéro correspondant.

1. Nom et adresse du fournisseur
2. Nom et adresse du client
3. Nom des articles livrés
4. Date de livraison
5. Quantités livrées
6. Identification de la commande
7. Identification de la livraison

10 **Observer** les quantités de produits reçues et **faire une remarque** (**Doc. 5**).

....

....

11 **Compléter** la fiche de stock du gel hydroalcoolique du **Doc. 2** (p. 203).

12 D'après vos connaissances, **citer** l'intérêt de l'information entourée en rouge sur le **Doc. 5**.

....

....

Activité 3 Le rangement des produits (entretien et pharmacie)

OBJECTIF • Énoncer les règles de sécurité et d'hygiène pour le rangement des produits d'entretien, d'hygiène et de pharmacie.

Les produits d'entretien sont stockés dans un local spécial : son accès doit être réservé aux seules personnes autorisées, et son identification facilitée par une signalétique sur la porte. Ce local doit être correctement ventilé ; il faut afficher dans le local les consignes de sécurité ainsi que les numéros d'appels d'urgence.

De nombreux produits ménagers sont stockés dans le local, il est donc important de respecter quelques règles et de mettre en place un classement rigoureux :

- séparer les produits incompatibles : ce sont des produits qui peuvent réagir ente eux, comme un produit combustible et un produit comburant ;
- ranger les produits inflammables dans une armoire de sécurité anti-feux ;
- placer les produits d'entretien sur des bacs de rétention afin de retenir les écoulements accidentels ;
- ranger les produits les plus lourds en bas des étagères ;
- stocker les produits d'entretien dans leur contenant d'origine ;
- respecter les dates de péremption des produits ;
- mettre en place une procédure d'élimination des produits inutiles et périmés.

Les incompatibilités de stockage

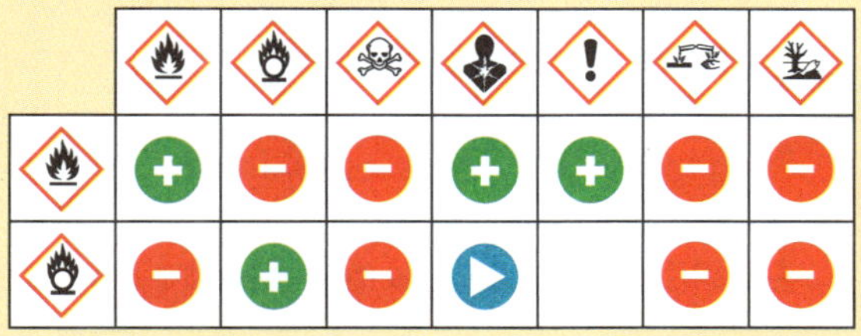

(+) Peuvent être stockés ensemble

(−) Ne doivent pas être stockés ensemble

Doc. 6 Le rangement des produits d'entretien : quelques règles

Les médicaments ou produits de pharmacie sont stockés dans un local fermé à clé, en bon état et bien rangé. On évitera les températures extrêmes, la lumière ou l'humidité qui peuvent dégrader les médicaments et détériorer les autres produits pharmaceutiques.

Tous les produits sont conservés dans leur emballage d'origine, récipient ou boîte d'origine.

Les produits similaires doivent être rangés ensemble sous leur dénomination commune internationale (DCI). Il faut vérifier à intervalles réguliers les dates de péremption des produits et enlever également ceux détériorés ou de mauvaise qualité. En effet, une fois la date de péremption dépassée, les médicaments peuvent perdre leur efficacité, provoquer des effets indésirables chez les patients ou ne plus avoir aucun effet. Il faut également tenir à jour les fiches de stock en notant toute sortie de produit.

Les déchets de médicaments notamment issus des activités de soins des établissements de santé relèvent de la réglementation relative aux déchets d'activité de soins.

Doc. 7 Le local de pharmacie

Pendant leurs premières années, les enfants portent tout à leur bouche.
Les principales causes d'intoxications des enfants sont l'ingestion de médicaments, de produits ménagers et de bricolage qui sont laissés à leur portée.

Que faire pour éviter les intoxications ?
- Rangez toujours les médicaments dans une armoire en hauteur fermée à clé.
- Ne laissez pas de médicaments dans un sac à main, sur une table.

- Rangez toujours les produits ménagers et de bricolage en hauteur hors de portée des enfants et si possible dans un placard fermé à clé.
- Expliquez à votre enfant les dangers que représentent ces produits et éloignez-le quand vous les utilisez.
- Ne transvasez jamais un produit ménager dans une autre bouteille.
- Utilisez des produits munis de bouchons de sécurité.

Doc. 8 **Les réflexes pour éviter les intoxications**

1 **Indiquer** trois caractéristiques d'un local de stockage des produits d'entretien en structure (**Doc. 6**).

....

....

2 **Surligner** dans le **Doc. 8** les consignes de stockage des produits ménagers à domicile.

3 **Justifier** l'importance d'un stockage rigoureux des produits ménagers et des médicaments à domicile (**Doc. 8**).

....

....

4 **Compléter** le tableau en justifiant chaque règle de stockage des produits d'entretien.

Règles de stockage	Justifications
1. Les produits d'entretien doivent être conservés dans leur emballage d'origine et étiquetés.	....
2. Les produits doivent être fermés hermétiquement.	....
3. Regrouper les produits d'entretien par famille.	....
4. Instaurer une règle de déstockage « premier entré/premier sorti ».	....

5 **Souligner** dans le **Doc. 6** une règle d'organisation en rapport avec la protection de l'environnement.

6 **Relier** chaque illustration à la règle de gestion du local de pharmacie (**Doc. 7**).

1- • • Tenir à jour les fiches de stocks.

Fiche de stocks

Date	Désignation	Entrées			Sorties			En stock		
		Quantité	C.U.	Valeur	Quantité	C.U.	Valeur	Quantité	C.U.	Valeur

2- • • Tous les produits sont conservés dans leur emballage d'origine.

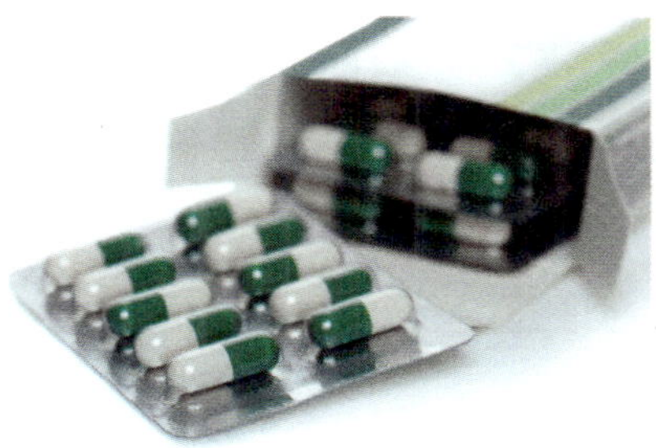

3- • • Conserver les médicaments à l'abri de la lumière.

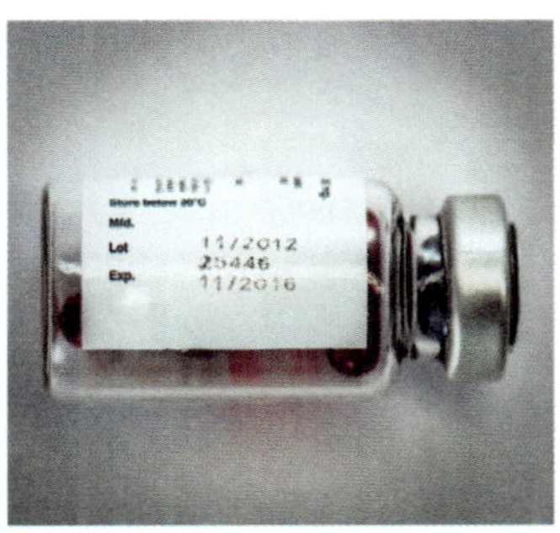

4- • • Vérifier régulièrement les dates de péremption des produits.

7 **Indiquer** une règle de stockage des médicaments à domicile pour prévenir les intoxications (**Doc. 8**).

....

8 **Souligner** dans le **Doc. 7** pourquoi il est important de vérifier régulièrement les dates de péremption des médicaments.

9 Des savons bactéricides viennent d'être livrés dans la structure dont l'étiquette ne mentionne pas la date de péremption. **Indiquer** la règle à respecter pour le rangement de ces produits.

....

L'essentiel à retenir

Je révise
Synthèse rédigée
www.lienmini.fr/5611-2302

Je m'entraîne
Exercices interactifs
www.lienmini.fr/5611-2303

GESTION DES PRODUITS D'ENTRETIEN ET D'HYGIÈNE

Gestion des stocks

- Stock de sécurité : quantité minimale
- Stock d'alerte : déclenche la commande
- Rotation des stocks : premier rentré, premier sorti
- Fiche de stock : quantifier les produits et matériels

Des outils numériques aident cette gestion.

Livraison de la commande

À réception :
- Vérifier les emballages, dates de péremption.
- Compléter les fiches de stocks.
- Ranger selon les règles de stockage.

Règles de stockage

- Séparer les produits incompatibles.
- Produits étiquetés et/ou conservés dans leur emballage d'origine.
- Règle : premier rentré, premier sorti.
- Procédure d'élimination des produits périmés respectueux de l'environnement.
- Vérification régulière du stock et fiche de stock à jour.

LOCAL DE STOCKAGE

- Fermé à clé, bien rangé
- Identifié
- Accessible seulement au personnel autorisé
- Ventilé, à l'abri de la lumière, des températures extrêmes et de l'humidité

GESTION DES PRODUITS DE PHARMACIE

Règles de stockage

- Ranger par produits similaires ou sous leur DCI.
- Produits conservés dans leur emballage d'origine.
- Règle : premier périmé = premier sorti.
- Procédure d'élimination des déchets selon la réglementation relative aux déchets d'activité de soins.

Je me prépare au BAC

Les épreuves du domaine professionnel du Bac Pro ASSP

Épreuves/ sous-épreuves	Savoirs associés	Forme d'évaluation et coefficient	Situation	
Sous épreuve E13 : Conduite d'un projet d'accompagnement	• Sciences médico-sociales • Techniques professionnelles et technologie associée : – Animation-Éducation à la santé	Contrôle en cours de formation (CCF) Coeff. 4	DOMICILE	STRUCTURE
Sous épreuve E2 : Analyse de situations professionnelles	• Biologie et microbiologie associée • Sciences médico-sociales • Nutrition-Alimentation • Techniques professionnelles et technologies associées dont : **– Services à l'usager**	Épreuve ponctuelle écrite de 4 heures Coeff. 4	DOMICILE	STRUCTURE
Sous épreuve E31 : Accompagnement des actes de la vie quotidienne à domicile	• Techniques professionnelles et technologie associée : **– Services à l'usager** – Ergonomie-Soins	Contrôle en cours de formation (CCF) Coeff. 4	DOMICILE	
Sous épreuve E31 : Soins d'hygiène et de confort, de services à la personne en structure	• Techniques professionnelles et technologie associée : **– Services à l'usager** – Ergonomie-Soins	Contrôle en cours de formation (CCF) Coeff. 4		STRUCTURE
Sous épreuve E32 : Organisation d'intervention à domicile	• Sciences médico-sociales • Techniques professionnelles et technologie associée : **– Services à l'usager** – Animation-éducation à la santé	Contrôle en cours de formation (CCF) Coeff. 2	DOMICILE	
Sous épreuve E32 : Projet d'animation	• Techniques professionnelles et technologie associée : – Animation-éducation à la santé • Sciences médico-sociales	Contrôle en cours de formation (CCF) Coeff. 2		STRUCTURE
Sous épreuve E33 : Aménagement et équipement de l'espace privé	• Techniques professionnelles et technologie associée : **– Services à l'usager** – Ergonomie-Soins	Contrôle en cours de formation (CCF) Coeff. 2	DOMICILE	
Sous épreuve E33 : Conduite d'action d'éducation à la santé	• Techniques professionnelles : – Animation-éducation à la santé • Biologie et microbiologie associées • Nutrition-Alimentation • Sciences médico-sociales	Contrôle en cours de formation (CCF) Coeff. 2		STRUCTURE

Nous traitons dans cette partie uniquement les épreuves professionnelles liées aux enseignements des techniques professionnelles et technologie associée : services à l'usager.

Épreuve commune aux deux options

E2 Analyse de situations professionnelles

Épreuve ponctuelle écrite de 4 heures qui prend appui sur une (ou des) situation(s) professionnelle(s) et un dossier technique fourni.

Elle porte sur des savoirs associés de biologie et microbiologie appliquées, de sciences médico-sociales, de nutrition, de technologies associées aux techniques professionnelles, communs aux deux options.

Option « Domicile »

E33 Aménagement et équipement de l'espace privé (dossier + exposé et oral de 30 minutes)

Elle permet d'évaluer les compétences mises en œuvre pour l'aménagement d'un espace en vue du maintien de l'autonomie de la (ou des) personne(s) qui l'occupe(nt) et de la sécurisation, du suivi des commandes, des contrats de location et/ou maintenance de matériels et/ou d'équipements.

Cette épreuve orale prend appui sur un dossier élaboré par le candidat au cours de sa PFMP à domicile.

E31 Accompagnement des actes de la vie quotidienne à domicile

Elle permet d'évaluer les compétences d'organisation, de communication et de gestion de la qualité mises en œuvre lors des activités : d'aide aux soins d'hygiène et de confort auprès d'une personne adulte ; de mobilisation et/ou d'installation de la personne ; de conception, de préparation et service de repas et de collations ; de maintien de l'hygiène de l'environnement de la personne.

Elle a lieu au cours d'une PFMP à domicile en fin de classe de 1re ou en Terminale.

E32 Organisation d'intervention à domicile (préparation 1 h 30, exposé + oral de 30 minutes)

Elle permet d'évaluer des compétences mises en œuvre lors de l'organisation des interventions à domicile, de la préparation et animation d'une réunion ; d'une intervention à domicile, et de la gestion des documents de la vie quotidienne.

À partir d'une situation empruntée au secteur de l'aide à domicile, le candidat rédige un dossier qu'il présente à l'oral et qui est suivi d'un entretien. Elle a lieu au cours de l'année de Terminale.

Option « En structure »

E31 Soins d'hygiène et de confort, de services à la personne en structure (évaluation en PFMP)

Elle permet d'évaluer les compétences mises en œuvre en milieu professionnel auprès d'adultes non autonomes sur des activités : de soins d'hygiène et de confort auprès d'adultes non autonomes ; de techniques de manutention ; de préparation et service de collations et distribution des repas ; de surveillance de l'état de santé ; de maintien de l'hygiène de l'environnement de la personne

Elle a lieu au cours d'une PFMP en de classe de 1re ou de Terminale.

Conseils aux candidats option « Domicile » pour l'épreuve E33 Aménagement et équipement de l'espace privé

En PFMP à domicile, les compétences mises en œuvre permettent de recueillir tous les éléments nécessaires à la réalisation du dossier. Ce dernier, de 10 à 15 pages annexes non comprises, doit présenter les éléments pertinents suivants :

1. Le contexte humain et matériel
2. Une proposition d'aménagement justifiée de l'espace de vie, illustrée par des plans
3. Un choix d'équipement(s) justifié en fonction du contexte
4. Des documents liés aux commandes
5. Des contrats de location et/ou de maintenance des équipements

Les grandes étapes pour l'épreuve E33

Étape 1 : Cibler et recueillir les éléments nécessaires à la réalisation du dossier en PFMP.
Il est indispensable de demander le maximum d'informations à votre tuteur.

Étape 2 : Préparer les parties du dossier nécessitant l'exploitation des éléments recueillis.

Étape 3 : Construire le plan du dossier.

Étape 4 : Rédiger le dossier.

Étape 5 : Préparer l'oral par écrit et s'entraîner.
En 10 minutes maximum, vous devez synthétiser le dossier et en dégager les éléments pertinents. Terminez votre oral par une poursuite de votre réflexion.

Lors de l'exposé :

L'expression orale doit être claire :

- Voix claire, audible
- Débit de paroles moyen
- Ton de la voix modulé
- Absences de parasites (« euh »…)
- Langage courant avec utilisation du vocabulaire professionnel
- Clarté du message
- Explicitation des sigles et des termes techniques

La gestuelle est tout aussi importante et peut être travaillée en accompagnement personnalisé.

Quelques conseils en PFMP

- Vous présenterez votre travail tout au long de votre PFMP à votre tuteur.
- Tout au long du dossier, vous veillerez au respect de la personne, au secret professionnel et aux règles d'éthique.
- Vous demanderez l'autorisation de collecter les informations, de prendre éventuellement des photos.
- Vous rechercherez les personnes les plus compétentes pour répondre à vos questions (ex : ergothérapeute pour l'aménagement de l'espace, auxiliaire de vie pour les habitudes de la personne, etc.).
- Vous utiliserez un langage adapté et veillerez à respecter les règles de politesse.

La signification des verbes dans les consignes

Lexique non exhaustif de quelques verbes utilisés dans les consignes

Analyser : réaliser une étude approfondie d'un texte en le décomposant en ses éléments essentiels afin d'en saisir les rapports.

Caractériser : indiquer avec précision les éléments essentiels d'un phénomène, d'une situation.

Citer : mentionner, indiquer un ou plusieurs éléments d'un document ou de ses connaissances.

Comparer : confronter les points communs et les différences de deux ou plusieurs éléments et conclure.

Déduire : donner une ou des conséquences logiques d'une situation, d'un mécanisme…

Définir : énoncer la nature, les qualités, les propriétés essentielles que le mot désigne.

Déterminer : établir un élément, le définir avec suffisamment de précision au terme d'une recherche, d'une réflexion, d'une analyse (préciser).

Différencier : comparer et rechercher des éléments distincts entre deux ou plusieurs notions.

Énoncer : exprimer avec clarté et précision une idée.

Expliquer : rendre claire et compréhensible par une argumentation développée une observation, le sens d'un texte.

Identifier : reconnaître, repérer, retrouver, recenser, nommer un élément.

Indiquer : faire voir de façon précise.

Justifier : donner les raisons, les arguments pour conclure dans ce sens.

Légender : inscrire (annoter) le nom exact d'un élément sur un schéma, un plan, une photographie…

Mettre en relation : établir un rapport entre des éléments, considérer qu'ils sont liés l'un à l'autre.

Nommer : identifier par son nom un élément.

Préciser : exprimer, présenter de façon plus nette, plus claire (détailler) un élément d'une notion.

Présenter : décrire et expliciter de façon structurée l'exposé d'un ou plusieurs éléments.

Proposer : présenter (suggérer) une ou plusieurs solutions, actions, possibilités.

Qualifier : caractériser un élément par une ou plusieurs de ses qualités, en exprimer la nature.

Repérer : situer, examiner avec précision.

Spécifier : indiquer un élément avec toutes les précisions nécessaires pour qu'aucune ambiguïté ne subsiste.

Conseils aux candidats pour mieux réussir à l'examen

- Lisez le sujet dans son intégralité avec le dossier technique avant de répondre à toute question.
- Lisez attentivement chaque question en repérant les consignes (verbes employés puis types et nombre de réponses attendues).
- Repérez pour chaque question le (ou les) document(s) du dossier technique s'y reportant et inscrivez le numéro du (ou des) document(s) devant chaque question.
- Surlignez les mots importants du dossier technique.
- Si un blocage se fait sur une question, passez à la suivante et revenez-y plus tard.
- Relisez votre copie et corrigez si besoin les fautes de grammaire, de syntaxe et d'orthographe.
- Rendez une copie soignée.

Je me prépare au BAC pour l'épreuve E2

SITUATION PROFESSIONNELLE

La structure « Les Lys blancs » est une structure innovante. C'est un établissement associatif à but non lucratif, qui regroupe dans un même local un EHPA et une crèche.

Des locaux partagés permettent aux personnes âgées de participer aux activités et à certains moments de la vie des enfants et réciproquement. La mission du personnel dans ce type de structure intergénérationnelle est de veiller à ce que les besoins et les attentes des personnes de tous les âges soient satisfaits. L'EHPA est une maison de retraite non médicalisée hébergeant les personnes âgées valides et autonomes qui ne souhaitent plus vivre seules et/ou qui souhaitent bénéficier de services collectifs, elles peuvent bénéficier d'appartement indépendant. La crèche a une capacité de 58 places et accueille les enfants âgés de 10 semaines jusqu'à 3 ans.

Pour ce travail, vous devez vous référer au dossier documentaire joint.

Elaia intervient dans cette structure sous la responsabilité de l'infirmière. Elle travaille le matin côté EHPA et à partir de 11 heures côté crèche.
Elle se rend dans le studio de M. Etchebarne qui lui demande de ranger son réfrigérateur et de procéder à son nettoyage mensuel.

1 **Nommer** le produit à utiliser pour l'entretien du réfrigérateur et **justifier** son choix.

....

....

....

AIDE Lisez les documents 1 et 2 ; repérez sa famille ; n'oubliez pas de justifier votre choix.

2 **Préciser** le type de salissures que permet d'éliminer le produit du document 1.

....

....

3 **Indiquer** deux règles d'utilisation et deux précautions de rangement des produits d'entretien.

Règles d'utilisation : ....

....

....

Précautions de rangement : ....

....

....

....

4 Sur l'étiquette du produit à utiliser figure ce pictogramme, **indiquer** sa signification et en **déduire** deux précautions d'utilisation.

Signification : ....

Précautions : ....

....

AIDE La signification est le danger que représente le produit et les précautions sont les conditions dans lesquelles il faut utiliser le produit.

5 **Classer** les aliments selon leur température de conservation : beurre, fruits, œufs, viande, yaourts.

0 °C et 3 °C	4 °C et 6 °C	8 °C et 10 °C	6 °C et 8 °C : contre la porte
....	....	....	....

6 **Citer** les altérations possibles des fruits.

....

AIDE Pour répondre, aidez-vous du document 3.

7 **Proposer** un moyen pour les conserver.

....

8 **Citer** au moins trois autres types de conservation des aliments.

....

....

M. Etchebarne se plaint souvent que l'air de son appartement n'est pas sain.

AIDE Aidez-vous de la séquence 11 pour répondre aux questions suivantes.

9 **Indiquer** les sources possibles de la pollution de l'air intérieur.

....

10 **Proposer** des mesures pour améliorer la qualité de l'air dans le bâtiment.

....

....

AIDE Pour répondre à cette question, aidez-vous du document 4.

11 **Expliquer** le principe de fonctionnement des ventilations mécaniques contrôlées.

....

....

Lors de la préparation des repas pour les enfants, Elaia participe à la préparation des biberons et au service des repas. Ce service a lieu dans une salle assez bruyante, et le personnel souhaite que des travaux d'isolation phonique soient effectués.

12 **Indiquer** si la distribution des repas, en crèche, est directe ou différée en justifiant.

....

....

AIDE Pour répondre, aidez-vous du document 5.

13 **Préciser** le type de liaison.

....

14 **Citer** au moins quatre contrôles à effectuer à la réception des conteneurs isothermes.

....

....

....

AIDE Les contrôles sont les mêmes que pour la distribution des repas en collectivité.

15 **Expliquer** l'intérêt du plat témoin et **préciser** les éléments d'identification à noter.

....

....

AIDE Attention, il y a deux consignes car deux verbes d'action.

16 Dans le groupe des plus petits, certains enfants consomment un biberon de lait au déjeuner dans lequel des céréales sont ajoutées. **Préciser** la gamme de commercialisation de ces céréales.

....

AIDE Pour répondre, aidez-vous du document 6.

17 **Expliquer** la signification du label présent sur les céréales.

....

....

AIDE Pour répondre, aidez-vous du document 6.

18 **Proposer** deux mesures d'aménagement et/ou d'organisation pour limiter le bruit dans la salle à manger.

....

....

AIDE Pour répondre, aidez-vous du document 7.

Détergent neutre concentré sans parfum

- Détergent neutre d'entretien quotidien pour sols protégés ou non.
- Présente un excellent pouvoir nettoyant et ne laisse pas de trace.
- Sa formulation non moussante ainsi que sa concentration importante en matières actives en font le détergent idéal pour une utilisation en autolaveuse.

Mode d'emploi

- Nettoyage manuel : diluer à partir de 5 % dans l'eau.
- Nettoyage à l'autolaveuse : diluer à 1 % dans l'eau.
- Inutile de rincer (sauf dans les cas de surfaces alimentaires).

Doc. 1 Produit Eyrnet sol

Détergent-désinfectant surfaces alimentaires

COMPOSITION

Chlorure de didécyldiméthylammonium, chlorhydrate de polyhexaméthylène biguanide, excipients.

PROPRIÉTÉS MICROBIOLOGIQUES

Actif sur	Normes	Temps de contact
Bactéries	EN 1040, EN 1276	5 minutes
Mycobactéries	Mycobacterium tuberculose	5 minutes

Doc. 2 Produit ANIOS TSA

La conservation des aliments vise à préserver leur comestibilité et leurs propriétés gustatives et nutritives. Elle implique notamment d'empêcher la croissance de micro-organismes et de retarder l'oxydation des graisses qui provoque le rancissement. Les méthodes courantes de conservation de la nourriture reposent principalement sur un transfert d'énergie ou de masse qui ont pour objectif d'allonger la durée de vie des produits alimentaires ou de les transformer par le jeu de réactions biochimiques ou de changement d'état. Ces transformations sont rarement exclusives et les transferts souvent couplés sont associés à des changements d'états.

Source : www.inra.fr

Doc. 3 La conservation des aliments

Aération/ventilation

De façon générale, ventiler les locaux pendant et après l'utilisation de produits chimiques odorants ou munis de pictogrammes de danger (dont l'utilisation doit être limitée).

	Bonne pratique respectée ?		
	✔	✘	SO*
Nettoyer/dépoussiérer les grilles, entrées d'air, bouches d'extraction (*a minima* une fois par an).		x	
S'assurer que les potentiels défauts identifiés lors de la dernière évaluation obligatoire des moyens d'aération ont été corrigés :			
- ouvrants en état de fonctionnement (effectivement ouvrables) ;	x		
- ouvrants facilement accessibles (ouvrables sans obstacles, ni action supplémentaire nécessaire) ;	x		
- ouvrants facilement manœuvrables (ouvrables par un adulte sans effort particulier).	x		
En cas de présence de système de ventilation mécanique, changer régulièrement les filtres lorsque les équipements de ventilation en comportent.		x	

* SO : sans objet.

L'établissement vérifie régulièrement la qualité de l'air en s'aidant d'un questionnaire qui permet de rendre compte des bonnes pratiques.

Doc. 4 La qualité de l'air des appartements de l'EHPA

Les repas sont préparés dans la cuisine de l'EHPA. Des plats témoins sont prélevés en fin de préparation. Les plats sont transportés dans des chariots isothermes jusqu'à la salle à manger des enfants. Les enfants sont répartis en plusieurs groupes selon leur dépendance. Un professionnel encadre chaque groupe : il sert le repas et aide à la prise alimentaire. Les plats sont découpés en petits morceaux ou mixés selon l'âge dans la cuisine de la crèche qui possède le matériel nécessaire ainsi qu'un four à micro-ondes pour la remise en température, si nécessaire.

Doc. 5 Le service des repas à la crèche

Ingrédients : Farines (riz, maïs, tapioca) (100 %), vitamine B1.

Céréales infantiles en poudre instantanée mélange **3 céréales** (riz, maïs, tapioca) pour le biberon ou à la cuillère en bouillie. S'utilise avec la boisson habituelle de l'enfant.

CERTIFIÉ AB AGRICULTURE BIOLOGIQUE

Doc. 6 Mélange trois céréales

Le sol de la pièce est en carrelage, les tables et chaises sont en bois et frottent sur le sol en faisant un bruit strident. À chaque fois qu'un enfant fait tomber sa fourchette, le bruit résonne car la pièce présente un haut plafond (type cathédrale). L'hiver, cette même pièce est difficile à chauffer.

Doc. 7 Description de la salle à manger des enfants au sein de la crèche

Je me prépare au BAC pour l'épreuve E2

SITUATION PROFESSIONNELLE

Le foyer d'hébergement « Les jours heureux » est un établissement destiné à l'accompagnement d'adultes présentant une déficience intellectuelle légère ou un handicap physique. Le foyer accueille 20 hommes et femmes âgés de 20 à 50 ans. L'accompagnement des résidents dans leur vie quotidienne par l'équipe pluridisciplinaire présente 24 h/24 est une des priorités de cette structure. Certains résidents travaillent à l'ESAT accolé à la structure et spécialisé dans l'entretien du linge. Chacun possède dans sa chambre un coin cuisine pour préparer ses repas mais ils peuvent également prendre leur déjeuner ou dîner dans la salle commune où les repas y sont distribués en liaison chaude. Chaque résident a la charge de l'entretien de son logement avec ou sans aide selon leurs capacités.

Pour ce travail, vous devez vous référer au dossier documentaire joint.

Aujourd'hui Jérôme, résident, décide de prendre son repas au réfectoire

1. **Expliquer** le principe de la liaison chaude.

....

2. **Citer** les contraintes réglementaires de cette liaison.

....

3. **Préciser** la conséquence d'un non-respect de ces contraintes.

....

4. **Énoncer** les règles générales de sécurité et d'hygiène à appliquer en restauration collective pour la préparation des plats et les **classer** selon la méthode des 5M.

Méthode	Matériel	Main-d'œuvre	Matière première	Milieu
....	....	....	....	....
....	....	....	....	....

5. **Énoncer** deux règles générales de sécurité et d'hygiène à appliquer en restauration collective pour le rangement des produits alimentaires.

....

....

Jérôme présente une allergie alimentaire, il doit veiller à surveiller ce qu'il consomme.

6. **Préciser** deux précautions visant à limiter les risques d'allergie et d'intolérance.

....

....

7 **Citer** au moins deux mentions obligatoires d'une étiquette alimentaire.

Jérôme doit réaliser l'entretien de sa salle de bains et pour cela Maeva l'aide.

8 **Expliquer** le cercle de Sinner.

9 **Expliquer** l'interdépendance des facteurs intervenant dans les opérations de nettoyage et l'**illustrer** par un exemple.

10 **Citer** les types de salissures rencontrés dans un lavabo en donnant un exemple pour chacun.

11 **Nommer** un produit spécifique pour l'entretien du lavabo de la salle de bains en se référant au dossier technique puis **justifier** ce choix en donnant le principe actif du produit.

12 **Donner** deux avantages des carreaux en faïence présents dans la salle.

Jérôme se plaint du froid qu'il fait dans son appartement en hiver et de la chaleur en été.

13 **Donner** la définition du confort thermique.

14 **Justifier** deux mesures simples à mettre en place pour améliorer le confort thermique de l'appartement actuel de Jérôme.

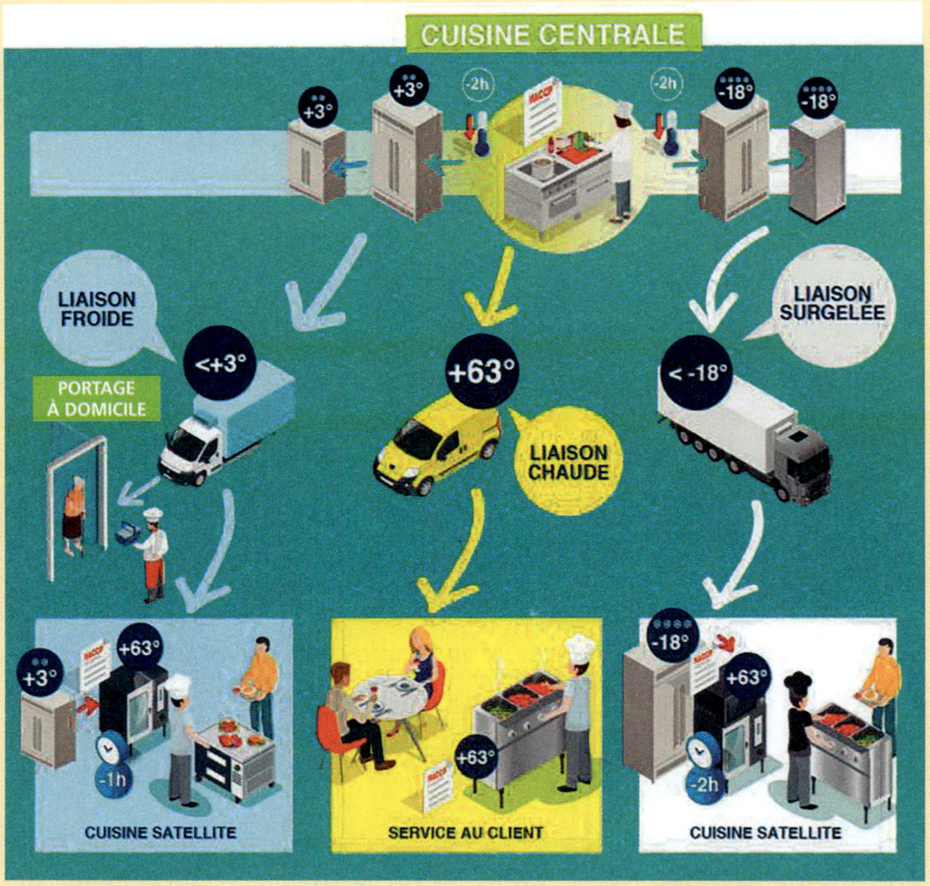

Doc. 1 Les liaisons en collectivité

Avantages produit :
- Nettoie et fait briller sans rayer grâce à la poudre de marbre.
- Parfum agréable d'agrumes.
- Apte au contact alimentaire après rinçage à l'eau potable.
- S'utilise sur toutes les surfaces. Rinçage facile.
- Produit conçu et fabriqué en France.

Mode d'emploi :
Entretien courant : appliquer sur la surface à nettoyer, frotter et rincer.

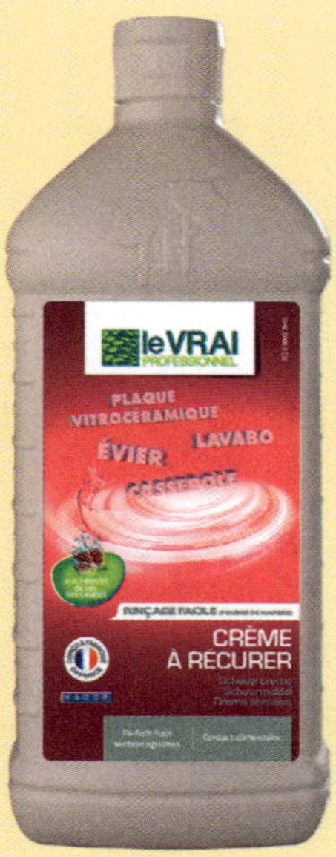

Doc. 2 Produit d'entretien : la crème à récurer

Avantages produit :
- Nettoie et dégraisse parfaitement.
- Efficace en trempage sur salissures incrustées.
- pH neutre en dilution, respecte les mains sensibles.
- Formule sans parfum.
- 99 % d'ingrédients d'origine naturelle.
- Sans pictogramme ni mention de danger.
- Sans COV.

Composition :
5 % ou plus mais moins de 15 % : agents de surface anioniques ; moins de 5 % : agents de surfaces non ioniques, agents de surfaces amphotères ; enzymes.

Doc. 2 Produit d'entretien : enzypin vaisselle main

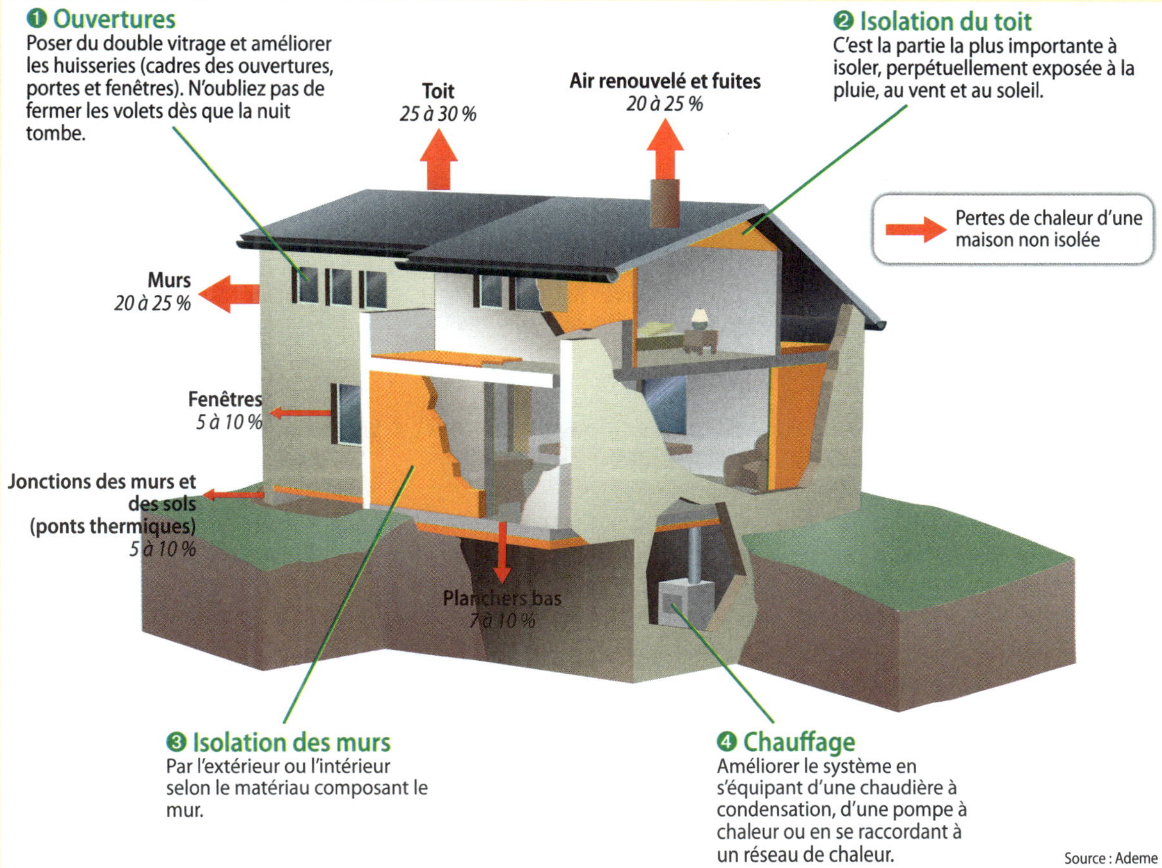

Doc. 4 Les déperditions de chaleur et l'isolation dans une maison

Le règlement européen concernant l'information des consommateurs sur les denrées alimentaires (INCO) a renforcé depuis le 13 décembre 2014, l'indication de la présence d'allergènes (d'après une liste de 14 substances provoquant des allergies ou intolérances).

Le décret n° 2015-447 du 17 avril 2015 relatif à l'information des consommateurs sur les allergènes et les denrées alimentaires non préemballées – publié au Journal Officiel du 19 avril 2015 – en précise les modalités d'application. Celles-ci sont entrées en vigueur le 1er juillet.

Pour les denrées préemballées, la liste des allergènes doit être indiquée sur l'étiquetage.

Pour les denrées non préemballées (servies par les cantines, restaurants, traiteurs rayons à la coupe des hypermarchés et supermarchés...), l'indication de la présence d'allergènes se fait obligatoirement par écrit, sans que le consommateur n'ait à en faire la demande. L'État français a choisi de laisser le libre choix aux opérateurs d'utiliser le système qui leur convient le mieux et leur permet, de la façon la plus simple, de remplir cette obligation.

Pour les produits en vue d'une consommation immédiate, l'information doit être signalée à proximité immédiate de l'aliment (ex : vitrines des traiteurs, boucheries...), de façon à ce que le consommateur n'ait aucun doute sur le produit concerné.

Pour la consommation au sein d'un établissement de restauration ou cantine, les professionnels devront tenir à jour un document écrit sur la présence d'allergènes dans les plats proposés. Ce document devra être facilement accessible pour le consommateur à sa demande, le choix de présentation étant laissé à l'appréciation des professionnels.

Source : www.economie.gouv.fr

Doc. 5 Indication de la présence d'allergènes sur l'étiquetage des produits alimentaires

CRÉDITS

p. 13 : ACTION PIN - p. 14 : ACTION PIN ; Milton - p. 15 : ACTION PI - p. 16 : ACTION PIN ; European Commission - p. 17 : Starwax - p. 21 : Procter & Gamble - p. 24 : Bernard France SAS. Visuel issu du catalogue Bernard, le spécialiste du matériel de nettoyage professionnel et des produits d'entretien. ; Reproduit avec l'aimable autorisation de Lamatex - www.lamatex.fr - p. 27 : Matthias Buehner / Fotolia ; afishman64 / Fotolia - p. 33 : luckeyman / Fotolia - p. 35 : Vileda - p. 36 : NUMATIC INTERNATIONAL - p. 38 : Dewitte - p. 47 : Sanivap - p. 48 : Liofilchem s.r.l. ; CHARLES D. WINTERS / BSIP - p. 53 : Plazur ; Groupe Barbier; Cartospé packaging - p. 54 : Carrosserie industrielle PIOGER - p. 55 : Plazur - p. 59 : CC BY-SA 3.0 - p. 60 : ©3M - p. 61 : ©3M - p. 67 : SCLESSIN PRODUCTIONS - p. 69 : Mercurochrome / Laboratoires Juva Santé / D.R. ; GIFRER ®; HG International b.v. - p. 70 : WikiHow - p. 85 : Reproduit avec l'autorisation de la société HABICAP - www.habicap.com ; sripfoto / Fotolia - p. 97 : Source ANAH - p. 98 : Mairie de Toulouse / D.R. - p. 99 : B. BOISSONNET / BSIP ; ANAH - p. 101 : SDIS 36 - p. 135 : Comptoir des lys - www.comptoirdeslys.fr - p. 137 : Modilac - p. 142 : Modilac - p. 176 : AMELIE BENOIST / BSIP ; CHASSENET / BSIP - p. 198 : Olympixel / Fotolia ; Ivonne Wierink / Fotolia - p. 207 : AST 35 - p. 209 : pepifoto / IStock / Getty Images Plus ; idambeer / Fotolia - p. 218 : EYREIN INDUSTRIE ; ANIOS - p. 222 : ACTIONPIN.

© Delagrave : 73 ,11, 78, 79, 80, 81, 84, 86

Pour tous les autres visuels : © Adobe Stock, © iStock, © Shutterstock.

Vous utilisez un Manuel connecté Delagrave, qui propose des QR codes et/ou des liens hypertextes permettant d'accéder en ligne à des ressources numériques complémentaires.
Les éditions Delagrave font leurs meilleurs efforts pour sécuriser la consultation et l'utilisation des ressources en ligne qu'elles éditent, produisent ou hébergent, conformément aux règles d'usages de l'Internet. Delagrave ne saurait être tenu responsable des interruptions de services dues aux caractéristiques et limites du réseau Internet, notamment dans le cas d'interruptions quelle qu'en soit la cause, des performances techniques et des temps de réponse pour consulter ou interroger les ressources proposées. L'accès aux ressources associées au Manuel connecté Delagrave est garanti pour une période maximum de deux ans, à compter de la date de parution de cet ouvrage indiquée en page 224 (copyright). Au terme de cette période, l'utilisateur du Manuel connecté Delagrave ne saurait exiger le maintien du service proposé.
Dans le cas où les QR codes et liens hypertextes permettent d'accéder à des sites internet tiers, la responsabilité des éditions Delagrave n'est pas engagée, notamment quant à leur éventuel dysfonctionnement ou à leur indisponibilité d'accès.

Couverture : Favre & Lhaïk, Cyrille de Swetschin
Conception graphique : Véronique Lefebvre, Cyrille de Swetschin
Édition : Virginie Maillart
Mise en page : Cyrille de Swetschin
Iconograhie : Aurélie Teisseire
Droits textes : Sara Demazure
Infographie : Marie-Christine Liennard, Valérie Goncalves, Christel Parolini

ISBN : 978-2-206-10561-1

Éditions Delagrave – 5, allée de la 2e D.B. – 75015 Paris
www.editions-delagrave.fr

Certifié PEFC
Ce produit est issu de forêts gérées durablement et de sources contrôlées
PEFC
PEFC/18-31-264
www.pefc-france.org

Achevé d'imprimer en mars 2021
par «La Tipografica Varese Srl» Varese en Italie
N° éditeur : MAGSI20200683
Dépôt légal : mars 2021

IMPRIM'VERT
Votre imprimeur agit pour l'environnement